戦時下日本の娯楽政策

文化・芸術の動員を問う

戸ノ下達也
Tonoshita Tatsuya

青弓社

戦時下日本の娯楽政策——文化・芸術の動員を問う

目次

カバー・本扉の写真――朝日新聞社提供
装丁――神田昇和

凡例

［1］引用文中の旧漢字は新漢字に改め、旧仮名遣いは原文どおりに表記した。ルビは適宜省略した。

［2］引用文中の（略）は省略を表す。

［3］引用文中の□は判読不能を表す。

［4］引用に際しては、書名は『　』で、新聞・雑誌名、記事のタイトルは「　」で統一した。

はじめに

なぜ戦時期の娯楽政策か

世界を席巻している新型コロナウイルス感染症は、これまでの「当たり前の日常」を根底から覆し、衣・食・住、医療・福祉、労働、教育、文化・芸術、余暇や娯楽・レジャーなど生活に関わるほぼすべての形態や意識などの抜本的な変革を強制している。二〇二三年五月八日をもって内閣は基本的対処方針を廃止し、新型コロナウイルス感染症は五類感染症に変更された。しかし、感染拡大の影響は、余暇・娯楽に関する事象だけでも、文化活動、コンサート・ライブや演劇の鑑賞、スポーツ観戦やそれに対する声援、さらに店舗での飲食や飲酒、旅行や帰省などに顕在化し続けている。

それは単にウイルスの感染拡大という猛威にとどまらず、政治・経済の矛盾や文化・芸術活動の停滞、さらには人々の分断にまで拡大しているのではないか。企業や法人の経済活動だけでなく、人々の日常生活は、計り知れない深刻な影響を受けている。さらに、コンサートやライブの鑑賞やスポーツ観戦、そして部活動や幅広い世代を担い手とする文化・スポーツのサークル活動、旅行、飲食などの娯楽が剝奪され、人との交わりが制限された事実がある。生活に潤いと活力をもたらしてくれる余暇・娯楽が制限され続けている状況には、背景の違いこそあれ、戦時期の文化・芸術のありようと酷似する側面がみられる。

日本の新型コロナウイルス感染症対応の構造は、内閣が制定した新型インフルエンザ等対策特別措置法（平成二十四年法律第三十一号）に基づき、内閣が発表した基本的対処方針を踏まえて、都道府県知事による政策が推進される制度設計になっていた。そこで繰り出された政策は、イベントなどの開催制限、飲食業への営業時間や酒類提供への規制、大型商業施設の営業規制、文化・芸術活動や施設の規制、社会教育施設の利用制限が主軸になり、ときにネオンサインの消灯、外出・移動や宴会など飲食の「自粛」だった。これらは、感染拡大防止という観点から最優先とされ実施が強制されたが、その目的は過度に強化され本来の意図とはかけ離れた私権制限や規制だったのではないか。しかもこれらの施策は、戦時期に実施された数々の取り組みとあまりにも酷似してはいないか。文化・芸術や飲食、旅行などの娯楽を規制することは、文化そのものの停滞や衰退になりかねない重大な問題である。

さらに、第二次安倍晋三内閣、菅義偉内閣、岸田文雄内閣と続くここ十年ほどの自由民主党・公明党連立政権と、勢力伸長に固執する野党の多弱化は、強引かつ議論を尽くさない政治の「成果」を歴史に刻印した。例えば、第二次安倍内閣による二〇一四年七月の集団的自衛権の容認や一五年九月の安保関連法の成立、菅内閣による日本学術会議の新会員の任命拒否問題や臨時国会召集の拒絶、岸田内閣による二二年十二月の安全保障三文書改定や二三年六月のＬＧＢＴ理解増進法の成立や入管法改正などに、その傾向が顕著に現れている。集団的自衛権や安全保障三文書改定の問題では閣議決定という手法で案件を処理しているが、この内閣の意思決定のあり方も、本書の「おわりに」で指摘するように、戦時期との共通項が見いだせる。

そして何より二〇二二年二月二十四日に、ロシアによるウクライナへの侵略という武力によって他国の主権を侵害する戦争に直面し、全世界の懸念はついに現実になった。戦争という殺戮行為を眼前に突き付けられ、核兵器への脅威、平和の尊さ、国際協調と支援の重要性を再認識させられる。コロナ禍、そして戦争という事実を目の当たりにして、一体、この先、日本は、世界は、どのような道を歩むことになるのだろうか。

感染拡大防止と両立させながら、経済や文化の停滞や衰退を回避すべく様々な努力や支援がなされている現状を考えるうえで、また内閣の意思決定のありようを考えるうえで、さらに国家や地域の対立が、人々を蹂躙している現実を考えるうえでも、戦時期日本の歴史から現代社会を捉え直し、教訓にできるのではないか。戦時期から戦後の社会と音楽文化や文化政策の考察をライフワークとしている筆者にとって、社会のいまとこれからの姿を歴史から学ぶことが急務だと思える。

満洲事変期からアジア・太平洋戦争期に至る戦時期には、政治・経済だけでなく文化や人々の日常が総力戦体制構築とその遂行のために統制され、動員されていた。何より政府による統制、取り締まりや指導が徹底されていたのが、ほかでもない余暇・娯楽だ。この事実は、コロナ禍で、文化・芸術活動が制約され、飲食や旅行が規制されている現在、自民党・公明党の連立政権が続いている現在、そして戦争が現実になった現在を考えるうえでも非常に示唆的である。本書は、そのような問題意識を発端として、戦時期の娯楽政策を再考することで、現代社会に警鐘を鳴らそうという試みである。

本書の構成

本書は、十五年戦争期の娯楽政策のありようを、主に筆者の問題関心である音楽文化の観点を中心に考察する。娯楽とは、『広辞苑』（第七版、新村出編、岩波書店、二〇一八年）によれば「人間の心をたのしませ、なぐさめるもの。また楽しむこと」とされている。その娯楽のありようは様々であり、例えば、映画・演劇・音楽・文学・美術・漫画・紙芝居・古典芸能・祭礼・地域行事などのような文化・芸術の表象として展開される。戦時期の内閣は、戦争遂行のための体制維持と国体護持を大前提に、人々を楽しませ慰める娯楽を統制し、日常生活そのものに介入する強制的な動員のための政策を展開した。総力戦体制が進行するなかで、人々の日常生活も、娯楽だけでなく思想や風俗など様々な面でその影響が深刻化したのである。

戦時期の娯楽に関する先行研究には、個々の文化領域の考察や、時代を反映した文化状況を横断的に見渡す考察、そして歴史学や社会学などの観点から社会との関わりを見据えた考察というくつかの特徴が見いだせる。以下、その主な著作や論集を挙げておく。

第一は、映画、演劇、音楽、浪曲、レビュー、ダンス、メディアなど個々のジャンルの特徴を考察したものである。映画では、ピーター・B・ハーイ『帝国の銀幕――十五年戦争と日本映画』（名古屋大学出版会、一九九五年）、今村昌平／佐藤忠男／新藤兼人／鶴見俊輔／山田洋次編『戦争と日本映画』（「講座 日本映画」第四巻）、岩波書店、一九八六年）、古川隆久『戦時下の日本映画――人々は国策映画を観たか』（吉川弘文館、二〇〇三年）、加藤厚子『総動員体制と映画』（新曜社、二〇〇三年）、音楽関連では、櫻本富雄『歌と戦争――みんなが軍歌をうたっていた』（アテネ書房、二〇〇五年）、拙著『音楽を動員せよ――統制と娯楽の十五年戦争』（「越境する近代」）、青弓社、二〇〇八年）、兵藤裕己『〈声〉の国民国家――浪花節が創る日本近代』（「講談社学術文庫」）、講談社、二〇〇九年）、上田誠二『音楽はいかに現代社会をデザインしたか――教育と音楽の大衆社会史』（新曜社、二〇一〇年）、河口道朗『音楽文化 戦時・戦後――ナショナリズムとデモクラシーの学校教育』（社会評論社、二〇二〇年）、演劇やレビュー、ダンスでは、永井良和『社交ダンスと日本人』（晶文社、一九九一年）、渡辺裕『宝塚歌劇の変容と日本近代』（新書館、一九九九年）、ジェニファー・ロバートソン『踊る帝国主義――宝塚をめぐるセクシュアルポリティクスと大衆文化』（堀千恵子訳、現代書館、二〇〇〇年）、矢野誠一『エノケン・ロッパの時代』（「岩波新書」）、岩波書店、二〇〇一年）、津金澤聰廣／近藤久美編著『近代日本の音楽文化とタカラヅカ』（世界思想社、二〇〇六年）、メディア関連では、竹山昭子『戦争と放送――史料が語る戦時下情報操作とプロパガンダ』（社会思想社、一九九四年）、同『史料が語る太平洋戦争下の放送』（世界思想社、二〇〇五年）、山本武利『紙芝居――街角のメディア』（「歴史文化ライブラリー」）、吉川弘文館、二〇〇〇年）が、それぞれの文化領域の表象を考察している。

第二は、ジャンルを横断した考察で、同時代建築研究会編『悲喜劇 一九三〇年代の建築と文化』（「踏分道としての戦後」）、現代企画室、一九八一年）、津金澤聰廣／有山輝雄編著『戦時期日本のメディア・イベント』（世界思想社、一九九八年）、津金澤聰廣編著『近代日本のメディア・イベント』（同文舘出版、一九九六年）、都市史の視点による奥須磨子／羽田博昭編著『都市と娯楽――開港期～1930年代』（「首都圏史叢書」第五巻）、日本経済評論社、二〇〇四年）などが、社会状況や政策なども関連付けながら様々な文化状況を描いている。

第三は、歴史学や社会学の観点からの戦時期の文化へのアプローチである。歴史学では、赤澤史朗『戦中・戦後文化論――転換期日本の文化統合』(法律文化社、二〇二〇年)、北河賢三『戦後の出発――文化運動・青年団・戦争未亡人』(〔AOKI LIBRARY 日本の歴史現代〕、青木書店、二〇〇〇年)、大門正克/安田常雄/天野正子編『近現代日本社会の歴史 戦後経験を生きる』(吉川弘文館、二〇〇三年)、高岡裕之『総力戦体制と「福祉国家」――戦時期日本の「社会改革」構想』(〔シリーズ戦争の経験を問う〕、岩波書店、二〇一一年)、大串潤児『「銃後」の民衆経験――地域における翼賛運動』(〔シリーズ戦争の経験を問う〕、岩波書店、二〇一六年)などの著作のほか、高岡裕之「戦争と大衆文化」(大津透/桜井英治/藤井譲治/吉田裕/李成市編集委員『近現代4』〔「岩波講座 日本歴史」第十八巻〕所収、岩波書店、二〇一五年)、アンドルー・ゴードン「消費、生活、娯楽の「貫戦史」」(豊田真穂訳、倉沢愛子/杉原達/成田龍一/テッサ・モーリス‐スズキ/油井大三郎/吉田裕編集『日常生活の中の総力戦』〔「岩波講座 アジア・太平洋戦争」第六巻〕所収、岩波書店、二〇〇六年)などの講座に所収された論文が、また社会学では、石川弘義編著『娯楽の戦前史』(〔東書選書〕、東京書籍、一九八一年)で明治期から敗戦に至る娯楽の表象を見通したほか、南博/社会心理研究所『昭和文化――1925~1945』(勁草書房、一九八七年)でも生活・情報・大衆の三つの視点から個々の文化状況を考察するなど、社会と文化、人々の意識や感情と文化との関わりという視座からの考察が深耕している。

さらに、資料復刻では、南博責任編集『近代庶民生活誌』全二十巻(三一書房、一九八五―九五年)や『余暇・娯楽研究基礎文献集』全二十九巻(大空社、一九八九―九〇年)で、当時の資料から個々の娯楽状況や考察・調査などを検証することができる。

これらの先行研究は、一次資料をひもときながら、戦時期の娯楽のありようをそれぞれの視点で丹念に考察した労作ばかりである。しかし、内閣がどのような根拠に基づき、どのような目的や意識で娯楽政策を企画立案し、どのような手法で推進したのかという政策の実態については、そのプロセスを含めて十分に解明されているとは言い難い。何よりどのような根拠に基づいて政策が実施されたのかを明らかにしないと、戦時期の文化の全体像がつかめないのではないか。

そこで本書では、文化統制に関わっていた内務省・府県警察と、戦時期のインテリジェンスや文化政策を推進した内閣情報部（一九四〇年十二月に情報局に改組）の政策を軸に考察し、①内閣が国策遂行のために「娯楽」をどのように活用したのか、②どのような役割を期待し、どのようなプロセスで政策を実施したのか、そして③その狙いを音楽界がどのように意識して対応したのかを見通すことで、国民の日常に欠かすことができない娯楽がどのように総力戦体制に組み込まれていったのか再考する。

その際、娯楽政策の企画立案と実施の過程や意識、目的を探るために、内閣のスタンスとその政策をメディアや人々がどのように認識したのかに留意して考察したい。何より内閣の意識を洞察するには、その原典資料を検証する必要がある。このため、娯楽政策の担い手になった文部省、内務省、内閣情報部（情報局）など内閣の通牒や決定、議会答弁資料、閣議決定などの資料と、内閣の施策を議論し決定した帝国議会の議事録などの立法の資料を可能なかぎり見通しながら考察していく。そして人々がこれらの政策をどのように受け止め、意識していたのかについても新聞記事などから概観してみたい。政治史や政治思想史ではなく、文化史の視点から娯楽政策を再考するのが本書の特徴である。

第1章「戦時期の娯楽認識」では、戦時期に娯楽がどのように認識され位置付けられていたのかを、内閣の認識と娯楽状況の調査結果から概観する。そして第2章「満洲事変期の娯楽政策」で、満洲事変期の娯楽政策を、文部省と内務省の認識を確認したうえで、娯楽政策として展開したダンスホール（舞踏場）取り締まりとレコード検閲を軸に整理する。第3章「日中戦争期の変遷」では、満洲事変期の娯楽政策が日中戦争期に至ってどのような変遷を遂げていくのかを整理する。そして第4章「内閣情報部の娯楽政策」では、内閣情報委員会が内閣情報部、情報局と改組・拡充するなかで、どのような娯楽政策が推進されたのか、特に国民精神総動員運動に焦点を当てて考察する。第5章「アジア・太平洋戦争期の内閣の文化政策」では、アジア・太平洋戦争期の娯楽政策を推進した情報局と内務省を中心に娯楽政策に対する意識と具体的な施策を検証する。第6章「戦略的守勢から敗戦に至る文化政策」では、戦略的守勢期に展開した娯楽政策のありようとその影響を、決戦非常措置要綱を軸に整理する。そして第7章「敗戦に至る娯楽政策」では、一九四四年後半から東久邇宮内閣に至る娯楽政策の状況を再考する。

人々の身近にあった娯楽や慰安、また規律維持のための音楽を通じた政策を再考することは、今日の芸術・芸能という文化のありようや、政府の国民統合の狙いを見据えることに直結するのではないだろうか。

第1章　戦時期の娯楽認識

1　日中戦争期に至る娯楽政策

満洲事変期から日中戦争期の娯楽政策は、従前から続く内務省による風俗警察や興行警察と位置付けられる取り締まりや、文部省が社会教育と位置付けた読み物、幻灯や映画の認定や推薦のほか、一九三九年の映画法公布、三九年十二月の文部省による演劇映画音楽等改善委員会と演劇法制定の動き、内閣情報部（情報局）による政策などが挙げられる。(1)本章では、まず三〇年代の娯楽認識を整理したうえで、内閣の娯楽政策がどのような根拠に基づいておこなわれたのかを考察したい。

都市化や娯楽の多様化が進展するなかで、風紀維持が課題になっていた内務省・府県警察による取り締まりは、内務省警保局が推進した風俗警察がその役割を担い、ダンスホール（舞踏場）や興行場の取り締まりが厳格化された。その典型が、警視庁管内では一九四〇年の警視庁令第二号・興行取締規則の公布や、四〇年十月末日の東京府内のダンスホールの強制的な閉鎖だ。また、二〇年代以降次第に普及していった蓄音機レコード（以下、レコードと表記）は、頽廃的・厭世的な流行歌や講談・落語への危機意識という風紀面だけでなく、左翼・右翼の急進的思想の流布という思想面からも統制が強化されたことで三四年九月に出版法改正が施行され、レコードを出版物として取り締まることになった。

さらに内閣情報委員会が主導して一九三七年四月に発表した国民教化宣伝方針は、盧溝橋事件を挟んで、結果として三七年から本格化する国民精神総動員運動（以下、精動と略記）に継続し、思想戦講習会だけでなく、生活刷新を標榜した日常生活や娯楽への取り締まりとして展開した。これらの施策は、次第に強化されながら日中戦争期に継続していった。

盧溝橋事件を契機とする日中全面戦争化は、官民挙げての総力戦体制構築のきっかけになった。文化領域でも、日中戦争遂行と中国大陸への進出を側面から支援・正当化する世論形成や宣伝、教化動員のための取り組みが様々に展開した。

音楽に現れたこの時期特有の動向としては、内務省・警察によるレコード検閲や興行の取り締まり強化、国民教化動員を目的に制定・普及された公的流行歌ともいえる「国民歌」の発表・普及、国家目的に即応した演奏会開催、物資・資材統制や税制などの経済統制の実施といった事象が挙げられる。(2) そして一九四〇年になると、紀元二千六百年奉祝や新体制運動、内閣情報部が情報局に改組されたことによる情報宣伝行政の強化といった施策が、より密接に社会状況を映し出すことになる。(3) しかし娯楽の面では、精動で展開した施策も風俗警察の一端を担い、日常生活への介入となって展開していた。これらの風俗警察は、都市部の映画・演劇・演芸だけでなく、農山漁村など地方で愛好されていた祭礼やお囃子、盆踊りなどの伝統娯楽にも影響した。

音楽文化は、結果として盧溝橋事件のあと、その時々の軍事や国内情勢を反映し、国民意識高揚や国策の啓発のための施策に主体的に関わることになるが、その内実は、政策として実施されたもの、音楽界やメディアが社会状況に即応したものなどが混在していた。しかし、内務省・警視庁・各府県警察による警察行政の施策、法令などによる経済統制、情報局による文化領域の指導・監督は、国民の日常生活に直結し、また戦後にも継続していく政策であり、その内実やありようは今日的課題にも直結する。

前述したように、これまで戦時期の娯楽については、映画、流行歌、ラジオ放送などの視聴覚メディアや、演劇、雑誌などを題材に論じられてきた。これらの文化・芸術は、それらを享受できる映画館や劇場、店舗などの施設や、蓄音機やラジオなどの機器媒体の存在が必須になる。しかし、娯楽を全国レベルで俯瞰するには、これらの施設の集積や機器媒体の購入が可能な都市部や上層の世帯だけでなく、農山漁村と総称される地方（行政単位での町村や、民俗学で定義する「ムラ」）の娯楽についても考慮すべきだろう。都市部と農山漁村の地域特性や人々の意識を踏まえた娯楽のありようも、時代状況とともに理解する必要がある。

2　権田保之助の地方娯楽への意識

これら郷土娯楽と総称される地方の娯楽は、戦時期にどのように認識されていたのだろうか。本節では、郷土娯楽の評価とその限界を、戦時期の娯楽考察で必ずといっていいほど言及され、文部省の娯楽調査も担っていた権田保之助の考察を取り上げて検証したい。一九一四年に東京帝国大学哲学科を卒業した権田は、帝国教育会から様々な調査委員を委嘱されたあと、二一年に文部省社会教育調査委員を嘱託され、同年には大原社会問題研究所員も嘱託された。二七年四月に文部省から教育映画調査を、三一年一月には同省から民衆娯楽調査をそれぞれ嘱託され四三年四月まで継続していた。三九年四月からは日本大学芸術科講師のほか、同年五月に日本厚生協会専門委員を委嘱されて、同年十一月には内閣から労務管理調査委員会委員に任命、十二月には内閣から演劇・映画・音楽等改善委員会委員に任命されている。[4]このように三〇年代の権田は、主に文部省の調査という観点から娯楽を注視していたといえる。

権田の娯楽に対する意識は、従前の研究ではおおむね「その基盤は娯楽の「大衆性」の重視にあり、自己の生活と情感との密着にあった」[5]という津金澤聡廣の評価に集約されるだろう。しかし権田の娯楽論にみられる意識には、以下のように、あくまで教育・教化が前提の娯楽であり、むしろ都市娯楽への視点が中心だった。

権田の農村娯楽への意識は、『国民娯楽の問題』で「現時農村の生活はそれと相響く農村文化を有してゐない。実に現代農村生活から農村文化は全く遊離してゐると云っていゝ。これは農村生活が近代に於て急激な変転を閲したが為である」[6]と位置付け、「新しき農村の生活を旧きがまゝの盆踊や村芝居といふ色褪せた衣で装ふ事に少なからぬ不満を感ずる我々」[7]と評価する視点に顕著だろう。そして権田は、自らが都市娯楽に着目する理由を『民衆娯楽論』で次のように解説する。

> 新興無産階級が其の生活要求の間よりその生活意識に照応した民衆娯楽を、その無産階級の発祥の地たる大都会の生活の裡に創り出してより、大都会地に於てはそれは愈々深く其の根幹を張りもて行くのであるが、此の無産階級の生活が大都会より中都会へ、中都会より地方千邑へ、そして最後に農村・漁村・山村へと、其の深刻な波紋を描いて行くに伴れて、民衆娯楽は大都市及び中小都市に於ていよ〳〵其の重要さを増大して行くと同時に、地方農漁村に進出して、其の所々の旧い生活に新しい驚喜を投げ付けて行く。[8]

そのうえで、その根拠を次のように述べている。

> 郷土娯楽は斯く其の土地の地理的風土的条件によつて、其の表現の形式は種々多様であるけれども、夫等の間には大きな共通点の存在することを見遁がし得ない。それは農業を主要産業とする此等地方に於ては、その生産過程の一周期を一箇年とすることによつて、夫等郷土娯楽の享楽にも一年が単位となり標準となつてゐる。盆踊・豊年踊・角力・村芝居・鎮守祭礼の如き、歳の市を機会とする各種の娯楽的催しの如き、農業の産業過程に於ける季節を基として定められたる祭祀等を機として行はるゝ娯楽の如き、何れも皆一年てふ

長き期間を単位としての娯楽なのである（略）即ち其処には一年を生産過程の単位として、それを中心とする経済過程の各節に組成されゐた娯楽生活だけを以てしては到底現在の農村人を満足せしめ得ぬ事となつたのである。斯くの如くにして今日の農村生活は、その経済生活的変革によつて在来とは異つた意識と情調とに立ちつゝ、それが要求する娯楽にも全く新しき形式を内容とを望みながら、なほこれが十分なる供給を受け得ずして、今や、農村生活者・漁村生活者・山村生活者は等しく此の娯楽に飢えつゝあるの状態に置かれてゐるのである。(9)

この権田の分析は実情に即した見方ではあるが、その意識には郷土娯楽が「善良」な娯楽でないうえに、人々の意識から乖離しているという権田自身の意識が鮮明である。

彼処の生活には、たゞ無為でゐることを、たゞ寝てゐることを、たゞ怠けてゐることを止むを得ずに娯楽と考へねばならぬやうにされてゐる場合が少なくないのに接する。又、其処の或る者は川に釣することを以て、唯一の娯楽としてゐるものもある。或は唯だ食ふことを以て、無二の娯楽となしてゐる地方もある。而して飲酒・賭博・酌婦買ひが、其の間隙に侵入し来つて、農漁村民の娯楽を変態的畸形的に逸脱せしめ、頽廃せしめて行く。実に一年を単位とする従来の娯楽行事は、到底今日の農漁村の生活者の新しき生活に目覚まされた新しい娯楽の要求を満足させて行くことは不可能なことゝなつた。斯くて従来の郷土娯楽はいよく郷土民の実際生活より離れ行き、農漁村生活者の現実生活の圏外に擲出され行きて、益々衰亡の道を辿るのである。仮令夫等が二・三人工的方策によってなほ維持されゐるものあるとするも、それは既に郷土民の現実生活との結縁は早く断ち切られて、僅かに郷土史の一記録として、郷土伝統の一遺物として考へられ感ぜられて、保存されゐるにすぎぬ有様である。今日に於ては、斯種の郷土娯楽に対しては、過去の郷土人が感じたるが如き全我的な感興を湧かし得るものは、よく一人あるまいと信ずるのである。此の如くにして農漁村は、それが有したる郷土的娯楽行事は現実生活的意義及び興奮を喪失し、現実生活に於ける娯楽には余りにいみじくも窮乏を告げてゐる。此の娯楽の側面に於ける状態と、農漁村生活者の経済生活の変遷とが相結んで、其処に前節に述べたる都会娯楽の農漁村への侵入を必要とし、又それを可能ならしむるに至ったのである。[10]

もっとも、文部省の委嘱で娯楽調査を実践した権田は、農山漁村の娯楽が置かれた状況やその必要性は理解し把握していた。しかしその意識は、次の権田の論文「農村娯楽問題考察の基底」[11]にみるように、農村窮乏や農村救済が主張されるなかで、農村娯楽も合わせて活性化し、近代化し、醇化されるべきというものだった。

これまで蔽い被されていた伝統の衣から剝がれた索漠たる農村の現実に直面する時、其処に改めて新しい切実さを以て、農村生活に於ける娯楽が考えられざるを得なくなる。転形せる様式と、推移したる内容とを有する今日の農村生活は、「郷土」「伝統」の因襲を脱して、其処に生活美化の為の娯楽を考えねば止み得ぬこととなったのである。[12]

現時農村生活に対する正確忠直なる認識に立脚する時、我々は旧い農村が作り出して因襲的に伝承され来った「盆踊」の伝統から先ず以て自己解放を為すべきであり、又、所謂回顧的郷土趣味の一切を清算せねばならぬのである。郷土の誇と称する今は空しい美名に魅惑を感じている時ではない。同に又、「再吟味」という新しげな名辞によって盆踊を鵜呑みにせんとする愚を敢えてすべきではない。新しき意識と情感と生活リズムに灼熱せる新しき農村の熔炉に、新しきリズムとテンポ、新しき内容を投入して、其処に自らに農村娯楽が新創成さるることを待ち望もうではないか。[13]

このように、権田の認識について、これまでの戦時期の娯楽研究が主に映画、演劇、音楽、メディア、ダンスホール、カフェーやバーなどのモダニズム文化論と結び付いて考察され続けてきた弊害をもたらしているように感じられる。権田の意識には、時代に見合った民衆娯楽こそが真の娯楽であり、人々の意識の涵養や向上に直結していくという期待があり、それこそが後述する文部省の娯楽政策と同一だった。この権田の限界が戦時期の娯楽研究から、農山漁村など地方の郷土娯楽のありようを欠如させる方向に導いてしまっている。

権田が「変態的畸形的に逸脱せしめ、頽廃せしめて行く」もので「郷土民の実際生活より離れ行き」と位置付けた郷土娯楽が、盧溝橋事件を契機に禁止・停止されたことがいかに農山漁村の人々を失望させ、その復活が待ち望まれたのか、その実情は後述するとおりであり、地域に根付いた郷土娯楽と人々の意識は、単純に駆逐できるものではなかった。この事実からは、人々の心情、地域とのつながり、娯楽の地域特性、生活習慣や各年代の意識など、農山漁村が立地するそれぞれの地域を見据えて娯楽を捉え、考察することの重要性を見いだすことができるだろう。

しかし、これら地方の娯楽のありようは、その地域の風俗や生活習慣などによって千差万別であり、一概に論じることは難しい。権田も、「地方の別によって其処に現はれ来る娯楽の性質に著しい差を生ぜしむるものである。即ち一方に於ては、其の地理的地域の別による伝統的郷土的根拠と産業的原因とにより、他方に於ては、都会地及び地方地の別による経済的差別と人口的原由とによって、其の間に現はれ来る娯楽に余りにも明らかな差異が齎らさるゝに至るのである」(14)と分析しているように、農山漁村など地方娯楽には、地域の歴史や立地特性、産業動態など、様々な要因が複雑に絡み合っていた。地方娯楽の状況を把握することは、戦時期の娯楽のありようをより深く見据えることに直結する。

3　社会教育としての娯楽政策

本節では、満洲事変期から日中戦争期の一九三〇年代の地方の娯楽状況を概観するため、『全国農村娯楽状況』[15]と『地方娯楽調査資料』[16]の整理から、地方の娯楽のありようを整理する。この二つの調査結果を検証する理由は、全国規模かつ府県別の特徴が整理されていること、調査実施主体が内閣と新聞社という違いはあるものの、『全国農村娯楽状況』が三〇年、『地方娯楽調査資料』が四〇年末から四一年初頭にかけてそれぞれ実施された調査であり、満洲事変直前と、新体制運動が展開した時期の比較検証が可能であることによる。以下、この調査からみえてくる農山漁村の娯楽状況を考察したい。

地方娯楽調査の検証の前に、なぜ文部省社会教育局が『全国農村娯楽状況』の調査主体だったのかを、『学制百年史』に依拠しながら整理しておきたい。

文部省の社会教育施策は、一八七〇年代から進められた図書館や博物館などの社会教育施設の整備が中心になっていた。その一方で、学校教育と合わせ八五年十二月の文部省達によって通俗教育も普通学務局の所轄事項と既定されていたものの、一九〇〇年代に入るまでは具体的施策は実施されずにいた。日露戦争（一九〇四―〇五年）以降、「社会情勢の新たな変化や流動化に対処して、国家の発展に向って、いよいよ通俗教育の整備を行うこととなった」のである。一一年五月に通俗教育調査委員会官制と文芸委員会官制が制定され、通俗教育普及と文学奨励の観点から社会教育を通じた人々の感性や情操育成の検討が開始された[17]。

この一九一一年に設置された通俗教育調査委員会は、読み物編集と懸賞募集、通俗図書館・巡回文庫展覧会事業を第一部、幻灯映画と活動写真のフィルム選定・調製・説明書編集などに関する事項を第二部、講演会に関する事項と講演資料編集その他を第三部とする三部構成で検討し、一三年六月に同官制が廃止されるまで、一一年十二月に通俗図書審査規程と幻灯映画及活動写真フィルム審査規程を定めるなど「書籍や娯楽施設の改善に指示を与えた」[18]。このように文部省は、学校や地方の教育家と連携して娯楽改善の効果を期待していたのである。そして通俗教育調査委員会官制廃止と同時に、文部省分課規定を改正し、図書館・博物館・通俗教育・教員会に関する事項を普通学務局に統合して機能強化を図ることになった。

ちなみに文部省は、この時期に社会教育のもう一つの柱として青年団を重視し、一九〇五年十二月に普通学務局長名で、地方青年団体の誘掖指導とその設置奨励を通牒している。地域の男女青年団は、後述するように地域振興や意識高揚を目的とした文化・芸術活動を推進したケースもあり、文部省が意識した社会教育としての娯楽政策もまた見逃せない。

その後は第一次世界大戦後の教育方策立案のため、文部省に臨時教育会議を設置して、教育制度全般について「すでにできあがった制度の枠の中で、これを時代の新しい要望にこたえていかに編制して運営するかに力を注いだ」[19]。娯楽政策の観点でも臨時教育会議の答申は重視すべきだろう。一九一八年十二月に発表された通俗教育の改善に関する答申では、文部省に調査会を設置、施策実施のため文部省と地方に主任官を設置、善良な読み物供給の施設充実と取り締まりの強化、通俗図書館・博物館の充実、講演会の奨励、活動写真・興行物取り締まりの全国規模の準則設置、健全な和洋の音楽奨励と俗謡改善、劇場・寄席などの改善、学校外の体育施設の充実など十一項目を答申した。この答申は、二三年五月の活動写真フィルム幻灯映画及び蓄音機レコード認定規程、二五年五月の活動写真フィルム検閲規則、二六年一月の図書認定規程、二八年七月の文部省製作活動写真フィルム頒布規程、三〇年九月の図書推薦規程などの規定や規則制定へと発展し、結果的に文部省の娯楽政策のルールの構築につながった。また組織体制の拡充では、さらなる社会教育振興のため二九年に社会教育局が発足することになる。社会教育局の所管は、青少年団に関する事項、青年訓練所に関する事項、実業補習学校に関する事項、図書館に関する事項、博物館その他観覧施設に関する事項、成人教育に関する事項、社会教化団体に関する事項、図書の認定と推薦に関する事項、その他社会教育に関する事項の九項目だった。さらに図書や映画、レコードの

表1 「番組種目嗜好および聴取状況」の「慰安種目嗜好率」(1937年)

放送種目	全国平均	放送種目	全国平均
義太夫	39.7	アコーディオン・ハーモニカ	30.5
常磐津	17.5	ジャズ	22.8
清元	17.6	ラジオドラマ	78.5
新内	22.7	放送舞台劇	63.6
長唄	35.3	舞台劇中継	61.7
うた沢	13.1	能・狂言	13.3
小唄・端唄・俗曲	44.7	レヴュー	23.3
古曲(一中・河東・荻江など)	6.2	少女歌劇	31.9
雅楽	8.8	映画劇	62.6
謡曲	18.7	ラジオ風景・ラジオスケッチ	67.7
箏曲・三曲	33.6	浪花節	83.6
尺八	49	講談	77
琵琶	54.8	落語・人情噺	78.7
詩吟	54.6	漫談・モダン小噺	69
俚謡・民謡	49.2	漫才	76.4
新日本音楽	34.8	声色・物真似	47.4
歌謡曲	75.5	寄席中継	71.8
国民歌謡	64.3	ニュース演芸	78.4
唱歌(軍歌・校歌・産業歌など)	55.2	ラジオ小説・物語	60.5
和洋合奏	45	名作朗読	31.6
管弦楽	32.5	詩歌朗詠	22.8
室内楽	25.2	レコード音楽・トーキー音楽	33.4
吹奏楽	37.1	野球	63.6
ピアノ・オルガン	24.5	庭球	9.3
ヴァイオリン・チェロ	29.7	蹴球(ア式・ラ式)	8.6
フリュート・クラリネット	20.3	陸上	34.2
木琴・鉄琴	33.2	水上	44.4
歌劇	30.8	漕艇	11.3
合唱	23.5	拳闘	14.2
独唱	33	相撲	55.5
マンドリン・ギター	31.5	柔剣道	15.8

(出典:『放送五十年史 資料編』日本放送協会、1977年、601ページ)

推薦についても「健全なものを奨励して社会教育に資せしめ[20]」ることを目的に実施していた。

ここで明らかなように、文部省は、「国民」の意識向上と啓発が社会教育の役割と捉え、映画やレコードなどの人々の娯楽が「健全」であることを第一義としていた。「健全」な娯楽を提供し、また維持するために何が必要で内閣としてどのような施策を推進すべきかを模索していたのである。この意識は、前述した臨時教育会議の答申とその後の施策に顕著だろう。答申の「健全な和洋の音楽を奨励し、ことに俗謡の改善を図ること」や「劇場寄席等の改善を図ること」という二項目は、従前の俗謡や劇場寄席の内容が社会教育の観点ではふさわしくない「不健全なもの」であると認識していたということであり、この答申を踏まえて策定された規定が「健全なものを奨励して社会教育に資せしめ」る目的だったことからも、文部省の娯楽に対する意識が明白である。この社会教育局の意向が、「最近に於ける民衆娯楽の急激な発展は、更にこの施設拡充の急務なるを告げている。そこで、その一般状況を観察し、右の計画の立案に資すべき基礎的資料を蒐集せん[21]」という当該調査の目的に表れている。

文部省の娯楽に対する意識が、当時の人々の娯楽への認識をそのまま反映したものであることは、時代は下るが、満洲事変期から日中戦争期にかけてのラジオ番組の嗜好状況調査（表1）の結果からも明らかだろう。このデータからは、浪花節（浪曲）、講談・落語などの番組への支持が突出し、半面でまだ西洋音楽が違和感をもって受け止められていた事実が見て取れる。一九一〇年代から三〇年代にかけての娯楽の実情を物語るものと言えるだろう。

4　文部省の地方娯楽調査

前節で概観したような認識をもっていた文部省社会教育局が、一九三〇年に娯楽の現状を把握するために実施

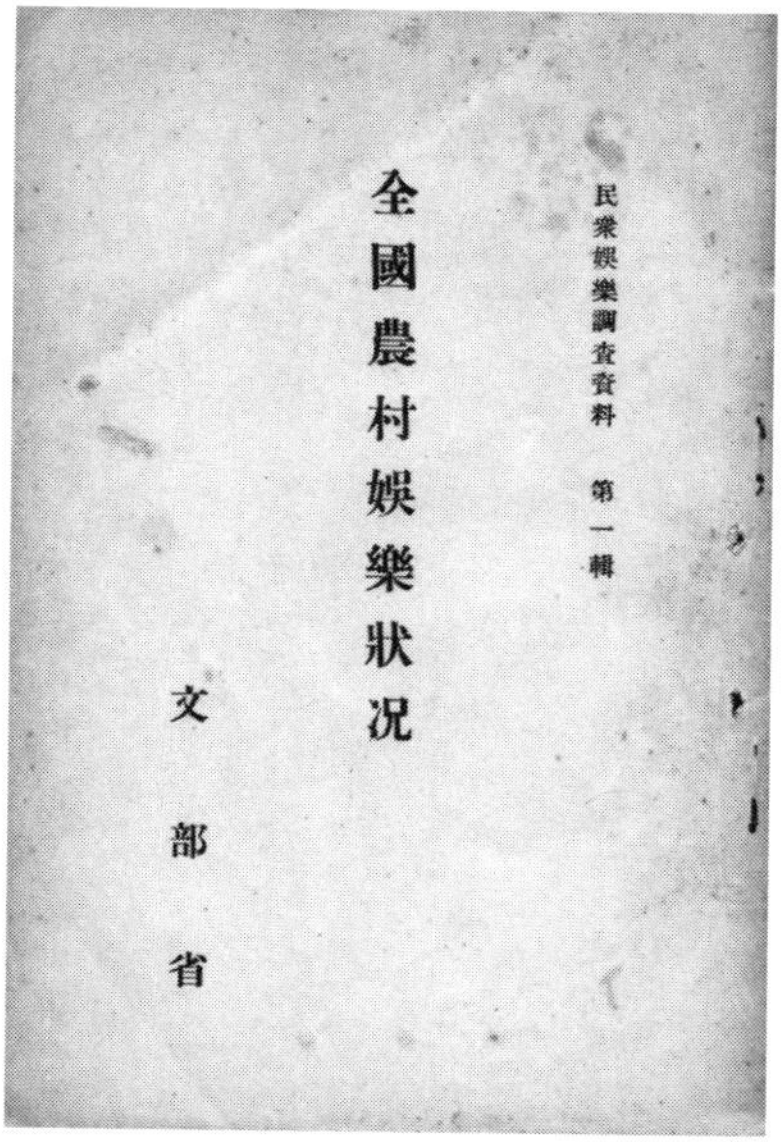

写真1　文部省社会教育局編『全国農村娯楽状況』（文部省社会教育局、1931年）の表紙

したのが『全国農村娯楽状況』だった。この調査は、文部省社会教育局が同年五月から六月末日までに調査した四十七都道府県の農村娯楽を整理したもので、「民衆娯楽調査資料」第一輯[22]として公刊された全八十六ページの資料である。

調査結果の概況

調査結果の概要と総括は、第一章「全国農村娯楽状況」で整理されている。それによれば、娯楽として挙げられたものの総数は百二十種で「全国的に言へば農村最大の娯楽は、尚、祝祭行事・踊・唄・芝居・海山の遊び・遊覧・講等、設備熟練を要せず、物日・農閑期等に比較的簡単に行はるゝものゝみである」と傾向を指摘した。そのうえで、「農村娯楽は、気候、地勢、産業、交通等郷土の事情と最も密接な関係を有ってゐる」として、踊りや唄による伝統的な郷土娯楽、信仰の集いと近隣親睦の機関としての「講」、修養会・戸主会・母会などの各種会合などを地方娯楽の柱として位置付けていた。また郷土娯楽は、保存振興が図られていることから衰退の傾向にあるとしながらも「元来娯楽に乏しき農村に於ては歴史を有する郷土娯楽は尚農村生活者にとって最も有力なる慰安である」と断定した。調査で挙げられた郷土娯楽は四百余種で、うち三百六十余種が踊りと唄だったと整理している。この郷土娯楽の衰退に対し、近代的な都市娯楽の拡大も特徴としていて、特に都市近郊の農村の傾向として、「運動競技は農村に行はるゝ近代娯楽の中では比較的に優勢なものであるが、野球の如きは特に都市近傍のものであるが如きである。興行物、カフェー、撞球等が同様殆ど市街部或は都市近傍に限らるゝのは言ふまでもない所である」と整理した。さらに「農村に於ける近代娯楽の先駆をなすものは巡回活動写真にして、その発展は注目に値するものがある」と指摘したうえで、「これらは何れも農村の亡びゆく娯楽に対し、新しい娯楽の創造を意味するものにして、農村振興上重要な意義と役割を持ってゐるが、殊にそれらの運動が青年或は青年団等の手に依って行はれつゝある事実こそ落莫たる農村の将来に対し期待すべきものあるを思はしめる」と総括した。

各府県の状況

第二章では、「各道府県農村娯楽状況」として四十七都道府県について、「娯楽の一般状況」を概説し、代表的な「郷土娯楽」を列挙して府県ごとの特徴を整理した。以下、この「娯楽の一般状況」のなかで、特に郷土娯楽が主たる位置付けになっている例をみておきたい。

東北地方で郷土娯楽が主流として報告されたのは、青森県、岩手県、秋田県だった。そこでは、各県の特徴が整理されている。

津軽地方は民謡、南部地方は舞踊発達し居れり。季節も盆踊、又はゑんぶり（正月）を除くの外一ヶ年を通じて行ひ居れり。

（青森県、前掲『全国農村娯楽状況』七ページ）

県北九戸郡に特殊なる牛追唄あり、県南農村に於ては主に田植踊、獅子踊、剣舞、盆踊、七軒町とす。海岸地方には大漁節、漁歌、米崎節、鉱業地には銭鋳節等にして、県内一般共通に行はるゝものは南部謡曲、豊年踊、農民芝居、神楽、虎舞、手踊、操り人形芝居等なり。

（岩手県、同書九ページ）

春季より秋季に於て行はるゝ鎮守社祭礼又は盂蘭盆等の際に最も賑を呈し

（秋田県、同書一六ページ）

関東甲信越地方では埼玉県、千葉県で郷土娯楽の報告がみられた。

農閑期の娯楽として著しきものは演劇・里神楽・種々の語り物・謡ひ物等（略）農繁期なりとも旧来の習慣たる節句の如き、盆供養の如きは依然として行はれ、盆踊は農繁期娯楽の著しきものなり。

（埼玉県、同書二五ページ）

民謡として割合に多く行はれ居るは大漁節（踊）なり。（略）次は盆歌（踊）にして専ら七月の盆の季節に主に海岸地方及び寺院に於ける施餓鬼施行の際夜分に歌はれつゝあるものなり。
次は地方独特の歌詞にて音頭なるものを歌ひつゝあるもの相当数に上る。

（千葉県、同書二六ページ）

一方で、都市部の影響や伝統的な郷土娯楽への忌避が顕在化していることも報告されているのが、この地域の特徴といえる。神奈川県と新潟県などは、その典型だろう。

従来伝統的に全県下は（ママ）亘り行はれつゝある義太夫・村芝居、村祭に於ける獅子等は今尚行はるゝも漸く衰微の傾向にあり、又田植踊・盆踊等は一時全く廃止されたるも、近時農村娯楽の必要認められ二、三復興したる村あるも昔時の面影はなし。今や民衆の趣味娯楽は（其期間伝統的娯楽の復興運動等あるも）運動競技、活動写真等に転向したり。

（神奈川県、同書二八ページ）

尚四季を通じ口吟まるゝ民謡の如き。高田市のスキー小唄を始めとし、各地に其の特色を表現する小唄の新作流行し在来卑俗なる俚謡が之に依り漸次廃頽せられつゝあるは喜ぶべき現象なりとす。

（新潟県、同書三二ページ）

続く北陸・東海地方では、富山県が「本県下の於て地域職業の如何に関らず一般民衆の娯楽として行はるゝものの左の如し」として、「盆踊」「獅子舞」「角力」「盤持」「囲碁将棋」「小原節踊」などを挙げている（同書三三―三四ページ）。

本県の一般的娯楽と称するものは盆踊、謡曲等である。盆踊の季節は八月より九月迄で、謡曲は一ヶ年を通じて行ふ。（石川県、同書三五ページ）

農村に於ける娯楽は殆んど季節的に行はるゝもの多く、主として七八月頃の農閑期特に旧盆の時期に於て其の大部を占む。

地域上より見れば概して山間部地方に行はれ、平坦部には極めて少し。随って神事等に関するものゝ外は主として商工業地帯よりも農業地帯に行はるゝ状況なり。（岐阜県、同書四三ページ）

農村に於ける最も一般的の娯楽としては鎮守の祭典の神楽及地方巡業の芝居を招きての年数回の村芝居なりとす。（愛知県、同書四五ページ）

そして関西地方では、首都圏同様、都市部が近接している状況があるものの、郷土娯楽が主流とする滋賀県や大阪府の報告もみられた。

農村に於ける娯楽中最も普遍的なるものは江洲音頭に依る踊、所謂「盆踊」と称せらるゝものにして、職業・年齢・性別の如何を問はず毎年夏期県下各地方に於て行はれつゝあり。（滋賀県、同書五一ページ）

農村（漁村）娯楽は主として夏季及秋季に盛にして、夏季には盆踊及音頭等の踊に類するもの多く、秋季には祭礼に伴ひ太鼓台・地車曳・角力を主に行へり。
（大阪府、同書五四ページ）

中国・四国地方についても、次のように指摘している。

県下に渉り夏季（八月上旬より九月下旬）に於て夜間寺院・境内・其の他広場に老若男女職業を問はず相集り「盆踊」をなし秋季に於ては各神社祭礼に神楽舞芝居等をなし観覧す。
（島根県、同書六三ページ）

農村漁村にありては旧盆を中心として盆踊をなすもの（七四ヶ町村）、秋の収穫後に於て神楽をなすもの、年一回位活動写真・辻芝居・浪花節等を催し、老若男女相会して観覧するもの、又は花見・七夕・重陽等の節句をなすもの等あるも、漸次娯楽を失ひつゝある傾向あり、今回の調査に於ても何等娯楽の施設なしと回答せる町村一〇五（三〇九市町村の内）に及べり。
（岡山県、同書六四ページ）

農村娯楽は極めて貧弱なるものにて主なるものは盆踊（夏季）神楽（秋季）其他囲碁将棋尚年数回の活動写真、村芝居あるに過ぎず。
（広島県、同書六六ページ）

農村に於て適当なる娯楽なきは遺憾とする所なり。
1 盆踊は盂蘭盆会を中心とし夏季に於て県下各地に行はるゝ農村唯一の娯楽なり。
然れ共其の歌詞一般に卑猥にして聞くに堪へざるものあり之が改善につき県に於ても目下研究中なり。
（略）
3 浄瑠璃・謡曲・将棋・囲碁・撞球等も地方によりては相当行はれ居れり。（山口県、同書六六―六七ページ）

本県農村は一般に産地多き為、別に娯楽機関の設備としては無く、近隣者が集りて休日業閑期に於て囲碁将棋、旧盆等にありては盆踊又は巡回興行物（月一回）を見物する程度なり。　（徳島県、同書六七ページ）

殆と《（ママ）》全部旧来の年中行事たる氏神祭、盆、正月節句、田植休み等を利用して娯楽日として今日に及べるものにして、農村経済等よりして現代向大衆娯楽施設に乏しく、最も数多く催さるる盆踊も近年次第に衰微する傾向あり。其の他角力、村芝居、浪花節芝居、巡回活動写真等最も多く行はる。（愛媛県、同書七〇ページ）

そして九州地方では、郷土娯楽にも地域特性が色濃く反映されている。

農村漁村に於ては、民衆娯楽の施設として、劇場・活動写真常設館等を有するもの極めて少く、市街地に隣接する村に於ては、僅かに農閑期に観劇を試みる位にて、正月・三月節句・五月節句・七夕祭盆会・秋季の神社祭礼等の諸行事は之等の地方に於ける娯楽と密接不離の関係にあり。　（福岡県、同書七三ページ）

殆ど全県下に亘り浮立（鏡浮立・太鼓浮立・面浮立）を全職業のもの実演す。殊に秋の祭礼に行ふもの多し。本県下唯一の娯楽なり。　（佐賀県、同書七五ページ）

一般娯楽を季節の上より観察するに、夏季八九月頃の農閑期に於けるもの最も多し。即ち盆前後に行はるる盆踊・夏季祭典に於ける各種の余興・舟遊・遊泳等にして、其他は或は春季に於ける祭典の余興・春秋小学校を中心として行はるる運動会・登山・遠足或は随時に行はるる談話会、冬季に於ける歌留多会等にして、其地域は全県下の農漁村に行はる。　（大分県、同書八〇ページ）

本県管下農村に於ける一般の娯楽は季節としては、主に夏季にして娯楽も亦殆んど盆踊に限られ居り、一部に於て春秋二季に射的・運動会・活動写真・村芝居等をなす所あるも極少数なり。（宮崎県、同書八一ページ）

ここで整理した報告は、郷土娯楽に特化して記載されたものを抽出したが、北海道と茨城県、東京府以外の府県は、基本的には農山漁村の主たる娯楽が郷土娯楽と位置付けられる伝統芸能だとされている。そこには、各府県の地域の特性が色濃く反映し、農村での郷土娯楽がどのように日常化し、人々の生活と密着しているのかを明らかにしている。それは、繁忙期と農閑期とで従事者の生活リズムが全く異なることや、東北や北陸などの豪雪地域の冬期の特性などが、娯楽の状況に大きく反映していることを物語っている。

郷土娯楽の特徴

調査では、各府県で独自の郷土娯楽が根付いて支持されていると報告している一方で、調査概要も強調しているとおり、その衰退傾向と、活動写真など都市娯楽の浸透を具体的に報告していた。

農村独特の娯楽は年と共に廃れ其の影をひそめ行く傾向あるに反し、活動写真の発達と共に農村にも開催せらるゝこと漸く多く、市街地付近にありては休日等に常設館に観覧するもの多くなれり。

（福島県、同書一九ページ）

従来よりの農村に於ける独特娯楽依然行はるゝも、近時交通機関の整備に伴ひ市街地に於ける活動写真等の興行物が漸次付近の農村を吸収するの傾向を来し、従来に於ける農村独特の娯楽は市街地付近に於ては漸次退歩の状勢なり。

（長野県、同書四〇ページ）

時勢の進運に伴ひ農漁村に於ける娯楽の伝統的なりしものは年を追ふて漸次衰退せり。

（熊本県、同書七七ページ）

これらの指摘からは、農村の生活形態や人々の意識の変容が娯楽にも直結していたことが確認できる。また地域連携も農村娯楽の特徴である。それは、小学校の運動会など、学校イベントが地域の娯楽の場として理解されていたことも特徴だろう。

小学校の運動会、学芸会は何れの地に於ても行はれざるなく

（宮城県、同書一四ページ）

小学校、青年団運動会・教化活動写真及新聞社信用組合等の活動写真。

（兵庫県、同書五六ページ）

小学校を中心として諸行事を挙け同時に娯楽を供す。

（和歌山県、同書五八ページ）

2　秋季に於て行はるゝ小学校男女青年団の運動会は体育奨励の一施設なると共に農村娯楽としても価値あるものたるを失はず、毎年一回実施され居れり。

（山口県、同書六六ページ）

小学校男女青年団の運動会・学芸会等は、県下を通じて一面娯楽と認めらるゝ傾向に在るが如し。

（熊本県、同書七七ページ）

文部省は、その後「最近に於ける農村問題の趨向は、農村に於ける娯楽の重要性を益々増大した。而してこれ

写真2　小豆島の安田踊り（盆踊）（1935年）（毎日新聞社提供）

に対する施設の緊要度は、益々加はりつゝあるのである。そこで之が対策考究上詳細なる資料の必要を感じ」、一九三二年十月に「農村娯楽調査」を実施し、三四年九月に「民衆娯楽調査資料」第六輯として『全国農山漁村娯楽状況』上巻[23]を刊行した。

この調査では、第一部で地域別の特徴を府県別にデータ化して解説している。それによれば、郊村地帯は「映画が大勢を圧せる現状」、農村地帯は「中部以東の諸地方に於ては悉く映画が第一位を占むるに対し、近畿以西に於ては盆踊が優位を示せる」、山村地帯は「盆踊が首位を占むるは各地方殆ど共通にして、たゞ北海道と四国地方との例外があるだけである。各地方中、伝統的色彩の最も著しきは東北地方と九州地方とであって、東北地方に於ては講が第四位に現れてゐる。九州地方ではさすがの映画も漸く第五位を占むる有様である」、漁村地方は「各府県の首位娯楽は区々に異れるを見るのである。之各地に於ける本地帯の娯楽が尚互いに郷土的特性を保持し居る」と、それぞれの地域特性を整理している。

そして全国的傾向として、郊村地帯は映画愛好が突出しているものの、農村地帯では映画と盆踊りが拮抗し、山村・漁村地帯は、盆踊りが映画をしのいでいて「盆踊は映画の場合とは逆に山村、漁村、農村、郊村の順序を以てその愛好度を逓減している」とし、さらに「映画の場合と同様の傾向を呈する娯楽は、演劇一般、浪花節、囲碁将棋、スポーツ等であって、盆踊の場合と同様の傾向を有てる（ママ）娯楽は、村芝居、角力、草角力、運動会、神社祭礼等である。即ち、前者に於ては囲碁将棋、スポーツを除いては概して興行物娯楽にして全体的に新興娯楽型式を具ふるものなるに対し、後者は主として郷土娯楽にして伝統娯楽型式を具ゆるものなるを知るのである」と総括していた。ちなみに、ここでの「盆踊」には「郷土舞踊を含む」と注記していることも踏まえると、一九三二年段階でも、三〇年調査と同様の傾向が継続していることが明白だった。

　第二部では、娯楽要求の実情と娯楽施設の実績を府県別の報告そのままに採録しているが、この府県別の状況は、一九三三年八月に先行して公刊された「民衆娯楽調査資料」第五輯の『全国農山漁村娯楽状況』下巻[24]に所収の娯楽の地域・季節・状況概要と合わせて、調査の全容が把握できる構成になっていた。

　これらの調査からは、全道府県の農山漁村の地域別の娯楽状況を俯瞰し、映画が娯楽の主軸にあること、地域の歴史や特性の蓄積による郷土娯楽が息づいていること、年齢層によって娯楽への意識が異なることなどが鮮明になっていた。この結果が、後述する文部省の娯楽政策の基礎になっていることは、その取り組みからも明白だろう。

5　朝日新聞社の地方娯楽調査

　朝日新聞社が同社の通信局を通じて全国規模で娯楽の状況を調査したのが『地方娯楽調査資料』だった。この調査は、一九四〇年十二月下旬から一カ月間実施されたものを朝日新聞中央調査会が集計編輯したもので、四一年七月に発表された。四十七道府県の農村百八地域、山村九十二地域、漁村七十二地域、地方都市百十六地域から回答を得ている。以下、その概要をみておきたい。[25]

調査結果の概況

本調査の娯楽利用種別のランキングは、映画、スポーツ、ラジオ、演劇、祭典行事、浪曲、図書、盆踊り、囲碁・将棋、音楽、学校行事、舞踊、民謡の順だった。調査概要によれば「現在、映画が大衆の慰安、慰楽の対象として占める地位が非常に大きい」なかで、特に青少年層の支持が際立っていること、演劇は壮・老年層の支持が大きいこと、音楽は地方都市の青少年層に支持がみられるものの、「いまだ一般に、著しく大衆性の希薄である」こと、ラジオはどの地域・年齢層でも二五％前後の支持を得ていて「普遍的に利用されてゐる点からは、映画、演劇の上位に置かれるべき」こと、スポーツでは、相撲が圧倒的多数であり、釣り、運動会、ハイキング、スキー・スケートと続いていて男子青少年層が過半を占めていることを特徴として総括している。

もっとも、どの府県でも映画の支持が高いことは事実だが、それは常設映画館の存在や、巡回映画が開催されるなどの要件が充足された地域に限られていた。このため、各府県の農山漁村の地域別回答を分析してみると、地方都市部やその周辺以外の地域では、郷土娯楽と位置付けられる祭り・祭礼・盆踊り・神楽などが、主たる娯楽と報告していた。

これら郷土娯楽を挙げている地域は、東京府八王子農村部、千葉県茂原農村部、群馬県郡部、栃木県山間部、山梨県大月地域、長野県上田地域、福島県会津地域・相馬地域、兵庫県豊岡地域などで、地域独自の娯楽として報告されている。また、一部地域ではなく、府県の全般的な傾向として郷土娯楽を主たる娯楽としていたのが、山形県、宮城県、秋田県、青森県、埼玉県、愛知県、岐阜県、富山県、石川県、福井県、滋賀県、三重県、山口県、島根県、高知県、福岡県、大分県、佐賀県、長崎県、宮崎県、鹿児島県、沖縄県で、特に農山漁村地域の娯楽として郷土娯楽を挙げていることは、この時期の娯楽状況を考えるうえでも重視すべきだろう。

また、以下の事例からも、郷土娯楽へのまなざしが見て取れる。

一般に都会地は、映画、音楽会、浪花節、野球、ラジオ、図書館、祭典等の機会に恵まれてゐるが、郡部にあつては、慰安、娯楽の貧困を訴へている。したがつて、都会に出ること、映画をみること、村の祭、盆踊といつた、ありふれたものに慰安を求めてをり、特殊なものは認められない。

（群馬県、『地方娯楽調査資料』五七ページ）

農山漁村は、これといふ娯楽機関を持たず、お正月、お盆、お祭など特別な時期にある芝居、漫才、見せもの、神事が大きな慰安となる。

（三重県、同書一一三ページ）

また大阪府では、都市近郊の農村の変化が顕在化していて「府下の農山漁村居住者の娯楽、慰安も、ほとんど大阪市内に集中されんとしてゐる[26]」と報告していた。

そして、これら地方の娯楽を取り巻く状況が、その後の地方翼賛文化運動や、移動演劇運動などに通底していくことになる。現に本調査でも「農山漁村には、映画、演芸関係会社あるひは大政翼賛会宣伝部、文化部などで、映画班、演芸班などを組織して、どし〳〵派遣してほしい」（愛媛県八幡宿地域）などの希望が表明されていることは、都市と農山漁村の格差の顕在化、生活レベルの平準化といった人々の意識が顕在化していることの表れとみることができるだろう。

郷土娯楽の継続

前述した文部省『全国農村娯楽状況』の結果と比較してみると、郷土娯楽が娯楽の主流である地域は、一九四〇年になってもあまり変化していない。郷土娯楽が引き続いて愛好されている状況は、どちらの調査報告からも明らかだろう。

農村では盆踊（老婆も参加し心から楽しむ）、相撲、馬市　（青森県、同書八六ページ）

昔からあるもの―鎮守祭典（祭そのものはもちろん、余興、歌合せ等）、盆の獅子舞、番楽（霜月）、山遊び（四月三日）、八皿（田植終了の慰安日）、縄はづし（秋の収穫祝ひ）、山神祭り、夷子講、仁王立乙、盆正月の休み　（秋田県、同書八五ページ）

四季の祭礼、郷土踊等が大きな位置を占めてゐる。平常の娯楽に恵まれぬ彼等の息抜きである。　（埼玉県、同書五六ページ）

映画が大衆娯楽の王座を占めてゐる。しかし一方、古典的祭典行事や盆踊には人々の精魂を傾けつくす傾向があって、たしかに「たのしむ心」が窺へる。　（愛知県、同書一〇一ページ）

農山漁村においては、越中の小原節踊や来る麦屋《（ママ）》村などが相当に普及、また春秋の祭礼には獅子舞、八月の盂蘭盆には盆踊、青少年層には紙芝居、相撲などが娯楽　（富山県、同書一〇六ページ）

娯楽機関に恵まれない農山漁村にあっては、年一度の村祭の小興行のほか、男女青年団、小学児童の劇、音楽会などが一年越しの楽しみといってよく　（島根県、同書一一五ページ）

農山漁村方面においては、宮相撲、神社の祭礼に付属した行事、娼妓、魚釣などが一般の娯楽として行はれてゐる。

（福岡県、同書一三二ページ）

農山漁村では祭典、盆踊が年中行事の大きな慰安対象となってゐるが、年々衰微の傾向にある。

（大分県、同書一三二ページ）

そのなかで、一九三〇年代から四〇年にかけて農村娯楽の一貫性が顕著なのが滋賀県や佐賀県だろう。滋賀県では、『全国農村娯楽状況』で江州音頭が「普遍的なるもの」として報告されていたが、『地方娯楽調査資料』でも、「江州音頭は全県的に行はれ、都郡の別なく大衆娯楽の随一となす」と、地域に根付く郷土娯楽への支持が根強いことを報告している。

また佐賀県は、『全国農村娯楽状況』で「浮立」が「本県唯一の娯楽なり」として報告されていたが、『地方娯楽調査資料』でも佐賀県鳥栖地方では、「大衆娯楽と名のつくものはほとんどないが、町村によっては郷社または村社の祭典に「振立」（大名行列のやうなもの）や獅子舞などを奉納し、これに参加することや見物することが楽しみとされている」と報告されている。ここには地域に根付いた郷土娯楽が、社会状況の変化にあっても継続している状況が現れていた。

近代以前から地域に根付いている郷土娯楽は、人々のささやかな慰安であり、何より生活の一端だった。内閣がいかに映画や演劇、音楽などを社会教育や国民教化の観点から「健全」な娯楽として推奨しようとも、映画・演劇・音楽を供給できる施設・フィルムやレコードなどの素材、演者や舞台装置などが整備しきれない状況で、郷土芸能が引き続き人々の娯楽として許容され、愛好され続けていたのは当然の帰結である。

社会状況の反映

しかし本調査では、日中戦争の影響や、社会状況の変化が農山漁村の娯楽のありように直結していることが浮き彫りになっている。何より盧溝橋事件を発端とする日中全面戦争化は、農山漁村の労働力であり郷土娯楽の担い手である男性の招集という人的要因だけでなく、娯楽自体の自粛や規制という状況が直接現れていた。日中全面戦争化に伴う郷土娯楽への規制や自粛の影響が郷土娯楽に波及していることが明らかになっている。それは農山漁村の唯一の娯楽が奪われたことを意味していた。

『全国農村娯楽状況』で指摘された娯楽感の変化は、地域特性が表れる唄や踊りに顕著だった。以下、その状況をいくつかみておこう。どの地域も切実な声が報告されている。

風紀とか時局とかいふ口実による圧迫で衰微し、それに代わって娯楽としてのラジオ、映画が全面的に台頭している。（岩手県、『全国農村娯楽状況』七九ページ）

時代の重圧が農山村にいろ〳〵な意味において、その余裕を与へないようになって来たといふのが正しい見方であろう。（山形県、同書七四ページ）

事変以来、当局の半強制的指導によって、お祭りの行事、盆踊などは全く禁止状態となってゐるため、農山漁村の娯楽は一年を通じて皆無の状態にたちいたってゐる。（大阪府、同書九三ページ）

富山県の都市部を除く、全農山漁村の大衆が希望する盆踊に対して、二、三年来、官憲の力を以って弾圧を加へてゐることは、権力の前に伏してゐるもの丶、非常な不満を持ち、都市を除いては郷土に育った土の芸術の再興を熱望するとゝもに、祭礼時における獅子舞などには慰安の対象として非常に希望を持ってゐる。（富山県、同書一〇七ページ）

事変前までは秋祭、盆踊などの年中行事が大きな娯楽、慰安であったが、事変後は節約々々の掛声に押されて次第にすたって来た。

（岡山県、同書一二〇―一二一ページ）

現状、時局の影響から団体的な娯楽はいちじるしく形を変へ、従来の浮薄なものは影をひそめ、勇壮活発なものへと移りつゝある傾向が顕著である。

（山口県、同書一二四ページ）

これまで農山漁村の唯一の娯楽だった盆踊は、精動方面の抑制で行はれなくなった。

（鳥取県、同書一二七ページ）

祭典における仮装および素人演芸、見立細工などは事変以来中止されてゐるが、農漁村の人々を町へ集中させ、商業を活気づかせるにも必要な行事であった（中止については町当局の消極的措置に非難あり）。

（大分県佐伯地方、同書一三三ページ）

このように日中戦争の影響が従前から親しまれ、農山漁村に息づいていた郷土娯楽の自粛や中止として顕在化している状況もあって、映画やスポーツ、演劇などにその代替としての役割がシフトしていたことが見て取れる。盆踊りをはじめとする郷土娯楽や、素人《しろうと》演芸など興行に対する自粛や中止などの統制は、この調査では「当局」「官憲」「警察」などが要請していたことを記録しているが、その元締めは、後述するとおり内務省警保局だった。

満洲事変期から、風俗警察として特に都市部の娯楽であるカフェー、バー、待合、ダンスホールなどの接客・飲食業を享楽的・頽廃的な風俗紊乱の温床として徹底した取り締まりを展開していた内務省警保局は、それらがいかに生活に潤いと活力をもたらす娯楽だったとしても、興行取り締まりの観点から、日中戦争期には統制を強化したのである。そしてこの内務省の風俗・興行取り締まりとともに、精動や企画院が主体になる国家総動員法などの閣議決定事項や法令が、内閣の娯楽政策として、規制や取り締まりとして顕在化していくのだった。

6　農村地域の状況

文部省『全国農村娯楽状況』や朝日新聞社『地方娯楽調査資料』で浮き彫りになった地方の娯楽状況は、実例からも垣間見ることができる。

例えば千葉県の場合、『地方娯楽調査資料』では、千葉市周辺、銚子地方、内房の木更津地方、外房の茂原地方の農村・漁村・都市という四地域について結果を報告している。それによれば、常設映画館がある千葉市、銚子市（一九三三年に銚子町、本銚子町、西銚子町、豊浦村が合併して市制施行）、茂原町（現・茂原市）のほか、木更津地方と茂原地方の農村での「巡回映画」など、映画に一定の需要があることを報告していて、郷土娯楽とともに農村部でも映画が主要な娯楽の一つと位置付けられていた。このうち茂原地域についての記録は、茂原町に隣接していた土睦村（一九五五年に土睦村・瑞沢村と長南町の一部が合併して睦沢村となり、八三年に町制を施行して現在の千葉県長生郡睦沢町となる）の「土睦村事務報告書」や土睦尋常高等小学校の「学校日誌」からも裏付けることができる。(27)

記録が現存する一九二八年から三九年の土睦村役場「土睦村事務報告書」によれば、二八年十一月に女子青年団主催の活動写真会、三〇年八月に土睦村農会主催の農事活動写真会、三三年七月に在郷軍人土睦分会主催の映画会、三五年に土睦青年団主催の活動写真会、三六年十一月に土睦尋常高等小学校での活動写真会、三七年四月に在郷軍人土睦分会主催の軍事映画会を開催していたことがわかる。

また一九四〇年以降の土睦村尋常高等小学校の「学校日誌」には、三八年九月、四〇年四月の時難克服大会での映画会、同年十二月に教育映画会、四四年九月に陸軍志願映画会、海軍志願映画会と農村慰問映画会を開催し

写真3　端沢尋常高等小学校の運動会（睦沢町立歴史民俗資料館所蔵）

ていたことが記録されている。どのような内容の映画が放映されたのかは不明だが、日中戦争期からアジア・太平洋戦争期にかけての土睦村で、娯楽映画、教育映画、文化映画、ニュース映画、教化映画などジャンルの違いはあるが、ほぼ毎年、巡回映画が村民や児童向けに放映されていて、人々が映画を娯楽の一つとして認識していたことがわかる。

また「土睦村事務報告書」にみられる娯楽の表象としては、映画以外では、青年団などの会合での余興としての琵琶演奏、尋常高等小学校の運動会や学芸発表会などの学校行事が記録されている。

まず、一九三四年一月の土睦村女子青年団冬季総会では百二十五人の会員が集まり、講演のあとに、「余興トシテ笠原稜水先生ノ琵琶、福引等アリタリ」(28)と記録されている。そして三五年三月の土睦村青年団の定期総会では百三十人が出席し、「講演、笠原稜水氏ノ琵琶ノ余興ト役員選挙アリ」(29)と記録されている。青年団は、在郷軍人会の下部組織かつ地域を基礎とした青年の組織と位置付けられるが、その青年団の総会の余興という公式行事で、連続して音楽演奏がなされた事実は、邦楽という表現形態が、満洲事変期でも農村地域の青年層で受容されていたこと、琵琶が健全明朗な娯楽として認識されていたことを刻印している。

また、尋常高等小学校の運動会は、文部省の『全国農村娯楽状況』でも、地域の娯楽イベントとして位置付けられていたと指摘され、その実例を例示していたが、その状況は土睦村や隣村の瑞沢村でも同様だった。例えば、一九三六年までは運動会で児童の競技と同時に「貴老会」も開催されて、毎年、土睦村女子青年団が接待をしていた。例えば、三二年十一月一日の運動会では、「貴老会百名モ大満足、村有志、四隣小学校各位ノ来臨ト数千ノ観衆トハ八百ノ児童ノ靄々タル和気ニ一日ヲ過ス」、さらに「貴老会接待　昭和七年十一月一日小学校運動会ヲ例年ノ如ク貴老会ノ料理調製ソノ他接待ニ関シ団員ハ終日活動セリ」[30]と記録されている。

そして、一九三四年からは運動会の日時を十一月三日に変更して明治節祝賀式のあとに運動会と貴老会をセットで開催するようになり、三六年には、十一月三日に「午前八時ヨリ明治節ノ祝賀式挙行、同九時ヨリ大運動会挙行、観衆約二千人、貴老会員八十名出席盛会ヲ極ム」[31]と記録されていた。三〇年代の土睦尋常高等小学校の児童数は八百人前後で推移しているが、その運動会に二千人の観衆が来会していたことをみても、小学校の運動会が地域の一大娯楽イベントに位置付けられていたことが見て取れる。

「祭礼」としての性格についても先行研究で指摘されているが、満洲事変期の土睦村では、小学校の運動会が年齢層や地区を横断した地域挙げての一大イベントだったことが克明に記録されていた[32]。しかし、盧溝橋事件が発生した一九三七年以降は運動会だけの開催になり、日中全面戦争を契機とした地域イベントの縮小や制約といった状況も鮮明になっている。

以上、文部省と朝日新聞社が各府県の農山漁村の娯楽状況を調査した結果を概観しながら、一九三〇年代の農山漁村の娯楽のありようを俯瞰してみた。この結果からは、農山漁村で愛好されている娯楽が、明らかに都市部の状況とは異なっている事実がはっきりと見て取れる。民間企業や特殊法人、官公庁に従事するオフィスワーカー、百貨店や小売店などの商業施設や殷賑産業の従事者などが集積する都市地域、都市地域に近接する「郊村」と呼ばれた農村地域の状況と、季節に左右され、また地縁や血縁に支えられて事業を展開してきた農業、林業、漁業の従事者が集積する農山漁村地域では、インフラや施設、メディアの受容などの社会基盤の違いや人々の生活サイクル、経済、地域連携などのスタイルすべてが異なっていて、生活文化の歴史や土壌も地域ごとに特性が存在する。両者の調査結果は、この娯楽文化のありようを如実に反映している。例示した千葉県土睦村の事例からもその状況が見て取れるだろう。

この郷土娯楽は、まさに地域の文化そのものであり、その地域に暮らす人々の心のよりどころであり、活力と潤いをもたらす源泉でもあったはずである。しかし、総力戦体制が進行する過程で、生活の刷新、社会風教の維持、享楽的・頽廃的雰囲気の一新という、画一化・均質化・同質化と、華美・軽佻浮薄の排除への同調が強制されるなかで、中断・廃止・停止という地域文化の停滞・断絶をもたらす結果になったのである。

本章では内閣の娯楽に対する意識や、調査に表れた人々の娯楽観を例として、満洲事変期から日中戦争期に至る時期の娯楽のありようを概観した。

文部省が社会教育の観点から娯楽を捉えていたこと、伝統や地域の労働や風習、生活習慣に根付いていた郷土娯楽に対する軽視・蔑視ともいえる意識が内閣や、権田のような政策立案に関わる専門家に浸透していたこと、映画や蓄音機・レコードに代表される新たな娯楽が、内閣の意向に沿うような体制や制度構築のなかで推進されたことが明らかになった。これら内閣の取り組みは、満洲事変から日中全面戦争へと拡大する総力戦体制構築のために、娯楽を人々の意識や風教維持のために活用する前提でなされていたと解釈できるだろう。

注

（1）文部省の娯楽政策については、文部省編『学制百年史』（帝国地方行政学会、一九七二年）の記述から、その概要を把握することができる。本書でも、『学制百年史』を参照しながら、文部省の娯楽政策や認識について整理している。なお『学制百年史』は、文部科学省ウェブサイトでも公開されている。

（2）戦時期の音楽界の動向を概観する先行研究としては、前掲『音楽を動員せよ』、上田誠二『音楽はいかに現代社会をデザインしたか――教育と音楽の大衆社会史』（新曜社、二〇一〇年）、河口道朗『音楽文化 戦時・戦後――ナショナリズムとデモクラシーの学校教育』（社会評論社、二〇一九年）などが挙げられる。

（3）紀元二千六百年奉祝については、古川隆久『皇紀・万博・オリンピック――皇室ブランドと経済発展』（中公新書）、中央公論社、一九九八年）などが参考になる。

（4）この権田の略歴は、「略歴」（『権田保之助著作集』第四巻所収、文和書房、一九七五年）による。

（5）津金澤聡廣「解説」、『権田保之助著作集』第三巻所収、文和書房、一九七五年、四四二ページ

（6）権田保之助『国民娯楽の問題』栗田書店、一九四一年、一九五ページ

（7）同書二〇一ページ

（8）権田保之助『民衆娯楽論』巌松堂書店、一九三一年、一七一―一七二ページ

（9）同書一七三―一七四ページ

（10）同書一七四―一七五ページ

（11）権田保之助「農村娯楽問題考察の基底」。初出は大原社会問題研究所編「大原社会問題研究所雑誌」第十巻第一号（同人社、一九三三年）。のち、前掲『権田保之助著作集』第四巻に再掲。

（12）同論文二三五ページ

（13）同論文二五四ページ

（14）前掲『民衆娯楽論』一三三ページ

（15）文部省社会教育局編『全国農村娯楽状況』文部省社会教育局、一九三一年

（16）朝日新聞中央調査会編『地方娯楽調査資料』朝日新聞中央調査会、一九四一年

（17）前掲『学制百年史』四一五ページ。通俗教育調査委員会について石川弘義は、権田が『娯楽教育の研究』（小学館、一九四三年）で指摘した娯楽施策の一つが通俗教育調査研究会であり、そのうえで「このように見てくると、日本での娯楽（余暇も含めた意味での）が、その近代史のスタートの時点で、取り締まり、設定、審査などという観点から

問題にされ始めたという事実は、先ほども権田が解説しているような事情から、きわめて明らかといえるようだ」（石川弘義「娯楽問題の研究」、石川弘義編著『娯楽の戦前史』〔東書選書〕所収、東京書籍、一九八一年、一〇ページ）と問題提起している。

(18) 前掲『学制百年史』四一六ページ

(19) 同書四四〇ページ

(20) 前掲『学制百年史』の第二章第八節「社会教育」の「社会教育行政機構の整備」五二九―五三〇ページ。

(21) 文部省社会教育局編「教育映画時報」第六号、文部省社会教育局、一九三五年、三二ページ

(22) 文部省社会教育局編『全国農村娯楽状況』（「民衆娯楽調査資料」第一輯）、文部省、一九三一年。以下の引用は同書による。

(23) 文部省社会教育局編『全国農山漁村娯楽状況』上巻（「民衆娯楽調査資料」第六輯）、文部省、一九三四年。以下の引用は同書による。

(24) 文部省社会教育局編『全国農山漁村娯楽状況』下巻（「民衆娯楽調査資料」第五輯）、文部省、一九三三年。以下の引用は同書による。

(25) この調査は、『余暇・娯楽研究基礎文献集』第十九巻（大空社、一九九〇年）と南博／岡田則夫／竹山昭子編、南博責任編集『遊戯・娯楽』（「近代庶民生活誌」第八巻）、三一書房、一九八八年）に復刻されている。

(26) 東京市郊外という近郊でも同様の傾向であることは、現在の東京都北区の事例を検証した羽田博昭「東京近郊地域における娯楽の諸相」（奥須磨子／羽田博昭編著『都市と娯楽――開港期～1930年代』〔「首都圏史叢書」第五巻〕所収、日本経済評論社、二〇〇四年）でも明らかになっている。

(27) 土睦村役場「土睦村事務報告書綴」は、一九二六年から三九年までの村役場や村内での年間の出来事を記録している。いずれも各年度の土睦村の概要、土地、人口、兵事、行政、庶務、財務、統計、学事、青年団、女子青年団、在郷軍人分会、衛生、社寺、警備、勧業、村農会などの事項について手書きしたものである。また土睦尋常高等小学校「学校日誌」は、一六年一月から四五年一月六日（一九三八年十二月十一日―三九年十二月三十一日は欠）までの土睦尋常高等小学校から土睦村国民学校の記録である。いずれも、睦沢町立歴史民俗資料館が所蔵・保管している。な

お同館では、行政文書を体系的に保管していて、その詳細は、中村政弘「旧役場文書について――睦沢町立歴史民俗資料館保管文書」(睦沢町教育委員会社会教育課編「睦沢町史研究」創刊号、睦沢町教育委員会、一九九九年)を参照。

(28)「昭和八年土睦村事務報告書」

(29)「昭和九年土睦村事務報告書」

(30)「昭和七年土睦村事務報告書」

(31)「昭和十一年土睦村事務報告書」

(32)尋常高等小学校から国民学校の運動会については、吉見俊哉/白幡洋三郎/平田宗史/木村吉次/入江克己/紙透雅子『運動会と日本近代』(「青弓社ライブラリー」、青弓社、一九九九年)が社会学や教育学、スポーツ史の観点から考察している。本書に関わる視点としては、吉見俊哉「ネーションの儀礼としての運動会」、平田宗史「わが国の運動会の歴史」が、社会史や教育史の視点も加味した考察として参考になる。

第2章　満洲事変期の娯楽政策

第1章で概観したように、満洲事変期から日中戦争期の娯楽は、都市部とその郊外、農山漁村のそれぞれの地域の特性が反映されていたが、総じて映画への支持が顕著だった。この状況の根本には、内閣による思想、風俗の統制、そして興行の徹底した取り締まりという政策があった。本章では、この内閣の娯楽政策がどのように企画立案され実施されたのかをみておきたい。

1　文部省の娯楽政策

文部省が、娯楽を「健全」な読み物、映画、レコードを推奨する社会教育の施策の一環に位置付けていたことは前述した。これは文部省が、あくまで社会教育の観点から農山漁村の娯楽状況を注視していたことを意味する。一九三〇年段階で、活動写真＝映画が都市部や農山漁村を問わず、人々の日常的な娯楽として支持されていた事実を受けて、その後の内閣が特に映画を重視し、その教化策や活用を模索していたことは注目すべきだろう。それは内閣としても、社会風教の維持や娯楽健全化の観点から特記されていたとおりである。このスタンスは、満洲事変以前から文部省社会教育局の認識に明確に表れていて、文部省が活動写真フィルムの推薦や認定、レコードの推薦・認定などを実施することが映画やレコードの「改善向上」に資することが記録されている。(1)

このように、民衆娯楽を社会教育の観点から内閣の意向に沿って改善し教化していく方向性は、文部省が主体になって推進した。その具体的事例が、前述した一九一一年の民衆娯楽改善委員会の設置であり、三五年三月と三六年二月に開催された民衆娯楽改善指導講習会だった。(2) 三五年三月の講習会は、「近時民衆娯楽改善ニ関スル事項ハ社会教育上重要ナル位地《ママ》ヲ占ムルニ至レルガ、一般ニ之ニ関スル認識十分ナラズソノ指導ヲ要スルモノアル」目的で同月九日から五日間にわたり上野公園の東京科学博物館で開催された。開講された科目と講師（肩書は文部省社会教育局が各省に通牒した「民衆娯楽改善指導講習会開催ノ件」の記載ママ）は、「社会教育と民衆娯楽改善」が中田俊造（文部省社会教育官）、「民衆娯楽問題」が権田保之助（文部省嘱託）、「農村生活と娯楽」が川井實（農林技師）、「労務者と娯楽」が中込本治郎（日本労務者教育協会主幹）、「青少年と娯楽」が福島繁三（大日本聯合青年団常務理事）、「興行映画問題」が小菅芳次（内務事務官）、「演劇」が飯塚友一郎（日本大学講師）、「演芸」が岡鬼一郎、「音楽・舞踊」が田邊尚雄（文部省嘱託）、「ラジオ娯楽」が小野賢一郎（日本放送協会文芸部長）、「家庭教育と娯楽」が倉橋惣三（東京女子高等師範学校教授）という十一科目で実施された。

続く一九三六年二月の講習会は「娯楽ハ民衆生活ト密接ナル関係ヲ有シ之ガ改善指導ハ社会教育上重要ナル事項タルニ止ラズ博ク民衆指導ニ携ハルモノ、看過スベカラザル事項ナルニ拘ラズ従来一般ニ之ニ関スル認識不十分ニシテソノ指導ヲ要スベキモノアルニ鑑ミ」という目的で、同月二十五日から五日間にわたって前年と同じ東京科学博物館で開催された。参加対象者は、官公庁の社会教育担当者、学校と教育教化団体職員、社会教育委員、企業や事業所の労務担当や、青年団などの社会教育の関係者で地方長官（知事）が推薦した者とされている。開講された科目と講師は、「教化と慰安娯楽施設」が中田俊造、「現代生活と娯楽の問題」が権田保之助、「映画の鑑賞とその指導」が板垣鷹穂（文部省嘱託）、「演劇とその利用」が飯塚友一郎、「舞踊とその利用」が印牧季雄、

「音楽とレコードの撰択」が堀内敬三（東京音楽協会常務理事）、「読物とその指導」が松本喜一（帝国図書館長）、「風俗警察と娯楽機関」が國臨耕一郎（警視庁保安課長）という八科目で実施された。[3] 今回の講習会は、一歩踏み込んで、娯楽の指導者に対する意識改革と高揚の徹底が目的とされていたことが見て取れる。

これらの取り組みからは、文部省の娯楽に対する意識が、人々の日常の疲れを癒やし生活に潤いを与える慰安や楽しみという観点ではなく、あくまで社会教育や風教維持の観点から健全化や社会教育の拡充と捉えるスタンスが明確である。後述する映画統制委員会の設置から映画法施行に至る映画の統制と活用という方向性や、一九三九年十二月設置の演劇映画音楽等改善委員会に収斂されていく一連の施策として理解できるだろう。娯楽に代表される文化・芸術の「振興」「支援」ではなく、あくまで国策遂行や国民教化のための「教化動員」「社会風教の維持・善導」が目的だった。「風俗警察と娯楽機関」というテーマで警視庁保安課長が講義をおこなっていることからも、この目的が明白に見て取れる。

この文部省の方向性は、一九三七年四月十九日に内閣情報委員会が決定した「国民教化運動方策」と「時局ニ関スル宣伝方策」を起源とする国民精神総動員運動（以下、精動と略記）でも鮮明だった。精動の詳細については後述するが、文部省は精動を「日本精神の発揚」と「社会の風潮を一新」する目的と位置付け、「勤倹力行、生活を一段と緊張せしめ、享楽的頽廃的気風の排除に努め、小我を捨てゝ大我に就くの精神の体現を図らなければならぬ」という認識を周知していた。この認識は、次節で言及する内務省の風俗警察の認識とも共通するものだが、この「享楽的頽廃的気風の排除」が、例えば「農村娯楽調査」にみられる盆踊りなどの郷土娯楽への厳しい評価に直結している。[4] ここに表れた社会風教の維持や享楽的・頽廃的気風の排除という認識は、以降、敗戦に至るまで内閣の意識に通底していくものであり、この意識が、総力戦体制の構築が急務になった盧溝橋事件以降、文部省だけでなく内閣全体の施策に徹底して反映されていくことになるのだった。

2 内務省の娯楽政策

風俗警察の位置付け

社会風教や治安の維持と娯楽の健全化という内閣の思惑は、内務省の施策にも鮮明に表れていた。文部省は社会教育の観点から娯楽政策を推進していたが、一九三〇年代の娯楽政策の主たる担い手だった内務省のスタンスは娯楽統制＝取り締まりであり、この取り締まりの中枢だったのが内務省警保局だった。警保局とは「全国警察の総元締としての役割を果たし続け」た部署であり、娯楽取り締まりの観点からは、風俗警察と興行警察に大別される。(5) 内務省警保局の「警務課事務概要」(6)（一九三七年六月）では、風俗警察と興行警察を次のように定義している。

まず風俗警察は、「国家社会ノ善良ナル風俗ヲ維持スルガ為ニ之ヲ害スル行為ヲ防護スルコトヲ目的トスル警察作用ナリ。国家ハ放蕩淫逸、不徳背倫等ノ善良ナル品性習俗ニ背反スル行為ヲ防止スル為概ネ次ノ如キ取締ヲ行ヒツツ在リ」(7)として、娼妓の取り締まり、接客業および従業婦の取り締まり、男女混浴禁止、未成年者の喫煙と飲酒の取り締まり、懸賞、富籤類似射倖行為、広告物・形像の取り締まりを規定していた。ここで内務省・府県警察が最も重視していたのが、接客業および従業婦の取り締まりであり、事務概要では取り締まりの対象として、娼妓・酌婦、カフェー・バーと女給、ダンスホールとダンサー、料理店を挙げている。また興行警察はその呼称のとおり興行を取り締まる警察機構で、「興行場トハ料金ヲ受クルト否トニ不拘演劇、活動写真、演芸又ハ観物ヲ公衆ノ閲覧若ハ聴聞ニ供スル場所ヲ謂フ」として、演劇、映画、寄席および観物上に関する取り締まりを規定していた。これらは、公娼制度、歓楽街での飲食、映画・演劇・演芸などの興行を取り締まるだけでなく、そこで聴かれる音、演じる行為までも取り締まるものであり、その前提とされたのが「善良なる風俗の維持」だったのである。

内務省警保局の認識

一八七四年に業務が開始された内務省の所管は、何度かの機構改革を経て、一九三〇年代には、神社行政、地方行政、警察行政、土木行政、都市計画行政、衛生行政、社会行政、防空行政など内政全般の多岐にわたるものとなった。特に警察行政は、内閣の娯楽政策の実施主体の一つであり、娯楽取り締まりとしての風俗・思想・興行警察については、帝国議会でもその強化策や重点施策が議論されていて、映画国策樹立、演劇などの台本検閲、カフェーやダンスホールなどの娯楽取り締まりなどが重視されていたことがわかる。本節では、内務省警保局警務課の「議会参考資料」からその状況を概観する。「議会参考資料」は、帝国議会での答弁の想定問答や、答弁に必要なデータや資料などを整理したものであり、立法に対する内務省のスタンスを明確化したものといえる。

カフェーやバーなどの飲食業が一九二九年段階からすでに風俗取り締まりの眼目だったことは、第五十八回帝国議会（一九三〇年四月二十三日―五月十三日）の議会資料からもうかがえる。「第五十八議会参考資料」(8)では、「カフェー」取締ニ関スル件」として、情勢、風俗その他に及ぼす影響、取り締まりの現状の三点から整理しているが、その影響については、内閣がなぜカフェーを取り締まりの対象としているか、以下のとおり明確に記している。

宣伝方法ニ於テ、構造設備ニ於テ、女給ノ紛装《ママ》ニ於テ、其ノ他ノ営業方法ニ於テ新奇ニシテ而モ著シク挑発的、頽廃的、淫蕩的ニシテ一般ニ強烈ナル刺戟ヲ与ヘ之等ノ風ハ延テ一般ノ服装、言語、動作或ハ性的道徳等ニ関シ望マシカラサル影響ヲ与ヘ、殊ニ「カフェー」ニ出入スルハ学生其ノ他青年其ノ多キヲ占メ、之等ノ者ハ不知不識ノ間ニ飲酒ノ悪習ニ染ムルノミナラス其ノ内部ノ雰囲気ハ意思薄弱ナル之等ノ者ニシテ自制心ヲ失ハセシメ或ハ職ヲ怠リ或ハ学ヲ懶ケ其ノ甚シキニ至リテハ遊興ノ資ヲ得ムカ為ニ刑辟ニ触ルルモノアル等、有為ノ青年子弟ニシテ直接間接之ニ原因シテ身ヲ愆ル者少シトセス。又「カフェー」ノ営業ハ深更ニ及ヒ女給来客ノ喧噪、音楽ノ演奏乃至放歌等ハ附近住民ノ安眠ヲ妨ケ其ノ猥褻ナル歌詞、談話、姿態ハ附近青少年、児童等ニ悪戯化ヲ典フルコト少カラス(9)

そして取り締まりの現状は、「従来存スル料理屋、待合ノ類モ単ニ社会風教上ノ見地ノミヨリ謂ヘハ之カ存在ハ望マシカラサル所ナルヘシト雖、其ノ之ヲ存セシムルニ付テハ他面已ムヲ得サルノ社会的需用アリト謂フヲ得ヘク。「カフェー」ト雖亦之ト同様ニシテ其ノ弊害ノミヲ見テ其ノ存在ヲ云為スルヲ得サルヘク即チ最モ簡易ニシテ安価ニ享楽スルヲ得ルコトカ自然「カフェー」ノ一般ニ歓迎セラルル所以ニシテ、当局ノ努ムヘキハ其ノ弊害ノ除却ニ在リト信ス。故ニ将来取締ニ一層ノ意ヲ用ヒ善風美俗ヲ保持スルニ遺憾ナキヲ期セムトス(10)」とされた。

写真4　1932年頃のカフェー、女給とボックス席（毎日新聞社提供）

この内務省のスタンスは、満洲事変期になっても不変だった。例えば第六十七回帝国議会（一九三四年十二月二十六日—三五年三月二十五日）のために作成された「第六十七議会参考資料」では、「近時風俗取締営業者ニシテ俗流ニ投スルニ急ナルカ為或ハ斬新ニシテ奇矯ナル営業設備或ハ醜陋卑猥ナル言動ニ出ツル傾向アルヲ知聞スルハ遺憾トスル所ニテ政府ハ善良ナル風俗ヲ維持シ国家風教ノ粛正ヲ図ルノ緊功ナルヲ認メ」と風俗警察の基本スタンスを整理したうえで、地方長官会議、警察部長会議、保安課長会議などで、「之等営業免許ノ許否ヲ慎重ニシ且各般ノ風俗警察対策ニ対シテハ厳正ナル取締ヲ行フ可ク訓達スル所」であり「カフェー、バー、ダンスホール等ニ対シ庁府県長官ヨリ詳細ナル調査報告ニ接シタルヲ以テ之ヲ基礎トシテ目下鋭意之ガ取締対策ヲ考究シツツアリ」と取り締まり方針を明確化していた。そのうえで、カフェー・バー・ダンスホールの営業者数・従業者数などの現状分析をおこない、設置場所の制限、ネオンなどの装飾、客席や舞台・舞踏室などの営業施設の制限、営業者の遵守事項、従業者の風俗取り締まりなど、検討中の取り締まり施策を列挙していた(11)。

この内務省警保局の風俗取り締まりに対するスタンスや検討されていた統制事項は、その後も不変で第七十回帝国議会（一九三六年十二月二十六日―三七年三月三十一日）までほぼ同内容での参考資料がまとめられ、第七十九回帝国議会（一九四一年十二月二十六日―四二年三月二十五日）の「議会参考資料」に至るまで、「風俗警察に関する件」が記載されている。

このように内務省警保局は、地方長官や府県警察を通じて、カフェー・バー・ダンスホールなどの施設の営業や従業者への取り締まりを強化し、営業を規制することで娯楽統制を担っていたのである。警保局が所管する政策は、地方長官会議、警察部長会議を通じて全国に通牒・示達・指示され徹底されていた。地方長官とは、現在の都道府県知事に該当するが、この地方長官会議などについて『内務省史』第三巻は次のように解説している。

地方長官会議は、内閣の意を体して、内務大臣が国の総合出先行政機関の長である地方長官を招集して行なう会議であり、同時に、府県自治体の長としての地域にある府県知事の会議でもあった(12)。

地方長官会議の後、警察部長会議が招集開催されるのが通例であった。他の部長会議は招集されないで、警察部長会議だけが開かれたのは、警察行政の有する特殊な性格によるものと思われる。

地方長官会議は、通例は毎年一回、通常議会ないしこれにかわる特別議会の終了後において開かれ、当該議会において成立した法律・予算を中心として、時の政府の新施策の意図するところを総合的に地方長官に伝え、その実施について必要な指示を与えることに中心的役割りがあった(13)。

このように、警察行政は内務省警保局の意向が末端に徹底される仕組みが確立されていて、娯楽統制に関する施策も全国に指示が行き届くシステムが機能していたのである。

特別高等警察の取り組み

一方で、内務省警保局は、戦時期の国内の治安体制維持の執行機関としての役割も担い、共産主義運動、国家主義運動、社会大衆党の動向、労働運動、農民運動、宗教団体、極右・極左団体、在日朝鮮人の動向など主に思想面からの治安維持を目的に人々の監視や取り締まりを実践していた。一九一一年八月に警視庁特別高等課を設置したが、他府県については『内務省史』第二巻に次のように記している。

警視庁以外の他の府県においては、社会運動の取締りは高等課または保安課が担当していたが、大正元年十月には大阪府に、大正十一年から同十五年の間に、北海道・神奈川・愛知・京都・兵庫・山口・福岡・長崎・長野の各府県にそれぞれ特別高等警察課が設置された。さらに、三・一五事件のあった昭和三年の七月には全国残りの全県に特別高等警察課が設置され、警保局には専任職員の増員と、新たに、司法警察権を有する警務官・警務官補の制度が設けられた。この昭和三年七月の大拡充によって、わが国の特高警察組織がはじめて全国的に完備された(14)

「特高警察は、国家組織の根本を破壊し、またはこれを変革しようとする運動の取締りに任ずる最も重要な警察部門(15)」だったのである。

一九一〇年代半ばから本格化した特別高等警察の機能強化は、三〇年代半ばには共産主義運動を壊滅させ、その後は国家主義運動などの取り締まりにも関わっていた。この特高警察について大日方純夫は「共産主義の取締りに主軸をすえてきた特高警察の役割は、その基本性格を継承しながらも、国家・社会秩序の破壊一般へと拡大された。無限定な概念の拡大は、無限定な特高警察の肥大化を促していくことになる[16]」と総括している。また荻野富士夫は、内地だけでなく朝鮮や満洲などの占領地の特高警察と、さらに戦後の公安警察への継続も含めて検証したうえで、「戦前日本における自由・平等・平和への志向を抑圧統制し、総力戦体制の遂行を保障した警察機構・機能といえるだろう。それは、日本国内にとどまらず植民地・かいらい国家におよび、法を逸脱した暴力の行使により多くの犠牲を生み出した。「国体」護持を掲げて、人権の蹂躙と抑圧に猛威を振るった[17]」と結論付けている。

特高警察は、内務省警保局を元締めとして、各道府県警察部（東京府は警視庁）の特別高等課とその所轄の警察署の特別高等警察係が連携して、指示・報告を通じた情勢掌握や監視をおこなっていた。特高警察は、従前から指摘されているとおり、共産主義や社会主義、国家主義、過激思想などの取り締まりを担っていたが、それだけでなく、治安維持のための国民の日常の徹底した監視もまたその重要な任務だった。まさに娯楽をはじめとする日常生活こそが、監視や取り締まりの対象だった。具体的にどのような事項を取り締まりや監視の対象としていたのかは、「特高月報」（内務省警保局保安課）の記録からうかがい知ることができる。そこには反戦的もしくは反軍的な歌謡、作歌、投書、落書き、言辞がいつ、どこで、誰によってなされ、どのような措置が取られたかが詳細に記載されている。以下に、音楽や娯楽など本章に関する事項を例示する。

北海道　反軍歌謡

陸軍一等兵　三上房益　二一

町内応召兵壮行会宴席に於て左記の反軍的歌謡を為せり

（1）御国の為めであればこそ　出て行く此の身の哀れさよ

人の嫌がる軍隊に　可愛弟と泣き別れ　　　以下略
措置・厳重注意(18)

岐阜　反戦的言辞
岐阜市龍田町浪曲師　藤井源作　四十年（ママ）
出征軍人遺家族慰安会に於て浪曲口演中乃木将軍の無暴なる指揮に依り部下兵卒が徒に犠牲となり、然も遺族に本人以外の者の毛髪を遺骨として送りたりとの意味の演述をしたり。
措置・厳諭(19)

山梨　不穏歌詞
石田一松　三九
本名は五月二日より甲府市太田町甲府宝塚劇場に於て
稼いでも稼いでも喰へないのに　物価はだん〳〵高くなる
物価は高いのに子は出来る　出来た子供が栄養不足
いやにしなびて蒼白く　アゴがつん出て目が凹み
だん〳〵細く痩せて行く　日本米は高いからパイノ〳〵パイ
南京豆や朝鮮米でヒョロリ〳〵
なる歌詞内容の時事小唄の演奏をなしたり。
措置・演奏中止、厳重戒飭(20)

山梨　反軍歌謡

中巨摩郡小井川村布施　山口武夫二七　河西兵藏二四　小林英輔二一
三名等は十月九日南巨摩郡西山温泉に於て、
一、御国の為めであればこそ　人も嫌がる軍隊に　出て行く我が身の哀れさよ
　可愛スーチャンと泣き別れ
二、二年兵のはいた泥靴を　月の光に照らされて　磨く我が身の哀れさよ
　可愛スーチャンと泣き別れ
三、行くは千葉県習志野の　しかも十六連隊の　鬼の住む様な四中隊
　可愛スーチャンと泣き別れ
なる歌謡を放歌せるを現認、取調の結果、山口が他市の騎兵聯隊在営中、同僚間に歌ふとも聞き覚えたるものなること判明。
措置・厳重注意(21)

北海道　不敬演芸
神奈川県中郡秦野町字中野　三河屋圓太郎こと　浪曲師伊藤文助　四四
浪曲「出世の松本武四郎」と題する演芸口演中竹田宮恒久殿下が少年の頃御忍にて自転車を稽古中松本が附添の者と誤り、「殿下は御利口か又は馬鹿で居られるか」「さうか馬鹿にも程度があるが天実銭の方か」云々と不敬に渉る口演ありたり。
措置・厳重諭旨し請書を徴す(22)

これらの記録からは、反軍歌謡や不穏歌謡と位置付けられた「兵隊ソング」などの替え歌がどのような経路で伝播していたのか、どんな歌詞が歌われていたのか、また当時最も支持が高かった浪曲の内容の一端が浮き彫り

になる。人々の日常生活のなかで、歌をはじめとする娯楽がホンネの発露や厭戦・反軍感情の発露になっていた事実が見て取れる。さらに、投書や落書きの記録からは、特高警察＝内務省が、事業所や学校の校内やトイレ、電柱などの町中などあらゆる箇所を監視し、民心把握と取り締まりにどれだけ注力していたのかが鮮明である。

3 立法の意識

これら文部省や内務省という内閣の娯楽に対する意識は、立法とも共有されていた。本節では、第六十五回帝国議会（一九三三年十二月二十六日―三四年三月二十五日）、第六十七回帝国議会（一九三四年十二月二十六日―三五年三月二十五日）、第六十九回帝国議会（一九三六年五月四日―二十六日）の議論から、その状況を概観したい。

治安維持や風教維持は、何より一九〇〇年三月に成立した治安警察法や、二五年四月に成立した治安維持法などの法令に基づいて予防や取り締まり、弾圧として展開していた。特に、治安維持法は二八年と四一年に改正され、共産主義、労働運動、自由主義・民主主義、宗教、結社・集団などへの取り締まりや弾圧を強化していった。三〇年代は、日本共産党の崩壊と同党の外郭団体の取り締まり、赤化思想や国家主義運動、宗教の取り締まりなど管理の対象が拡大し「治安維持法が膨張を遂げていく[23]」時期と位置付けられる。

この時期の帝国議会は、一九三二年十月の共産党中央委員の検挙や司法官赤化事件、三三年二月の教員赤化事件など共産党弾圧が展開するなかで思想問題がクローズアップされ、第六十四回帝国議会（一九三二年十二月二十六日―三三年三月二十五日）では思想対策に関する決議を採択するなど立法でも思想統制強化が叫ばれ、三三年四月の滝川事件などの大学への学術や思想の統制へと発展していた。また三三年四月には内閣に思想対策協議委員会を設置して治安維持対策が策定されていたが、この委員会の検討を踏まえて、第六十五回帝国議会では、齋藤実内閣が治安維持法改正案を提出していた。また第六十七回帝国議会では、美濃部達吉の天皇機関説問題で紛糾し、三五年八月に岡田啓介内閣が国体明徴声明（第一次）を発表するなど、思想統制の強化が進展していた時期だった。[24] このような状況下にあって、娯楽をめぐる議論はどのように展開されたのだろうか。

第六十五回帝国議会

一九三四年三月五日の貴族院予算委員第三分科会（内務省・文部省）（第三回）では、井田磐楠議員（男爵）が風教紊乱の現状を踏まえ、風俗警察について質疑をおこなった。[25] 井田は、「近年我ガ国内ニ新シイ風潮或ハ歓楽ガ大変盛ントナリマシテ、社会ノ風教ヲ紊乱イタシマシテ、更ニ又家庭ヲモ破壊シ、是将ニ国民精神ヲ萎靡頽廃セシメテ居ルコトガ甚ダ著シイノデアリマス」[26] と述べたうえで、私娼・公娼・カフェー・バーなどの営業者数と娼妓・私娼・女給・酌婦の統計の提示、私娼・ダンサー・女給の社会的影響についての政府見解、私娼・女給・ダンサー・レビューガールなどに対する取り締まり方針、ダンスホール・レビューなどの興行に対する方針、夏季の大都市付近の遊泳地の風紀取り締まりの五点について政府に質問した。これに対し、山本達雄内務大臣は、次のように答弁した。

風俗取締ヲ緩慢ニスルガ如キコトガアレバ各人ノ道義心ヲ弛緩セシメ、一国ノ風教ハ地ニ堕ツルニ至ルヲ以テ、政府ハ曩ニ通牒ヲ発シ、風俗業態者ニ対スル許否ヲ慎重ニシ、徒ニ奇矯ナル営業設備ヲ争ヒ、或ハ醜陋卑猥ナル言動ニ出ルコトナキヤウ厳正ナル取締ヲ行ヒ、以テ善良ナル風俗ノ維持ニ努ムルヤウ訓達スル所ガアリマシタガ、更ニ警察部長会議、保安課長会議等ニ於キマシテ、風俗取締ニ関スル方針ヲ明示シ、風紀ノ粛正ニ努力セシメツツアル[27]

この答弁を受けて井田は、実情の調査と文部省との連携を要望し「思想、風俗共ニ心配ナ次第デアリマスカラ、今後一層ノ御努力ヲ戴クコトヲ切ニ希望」と述べている。この質疑からは、内閣と立法は、娯楽の取り締まりによる善良な風俗の維持と風紀粛正を第一と認識していたことが見て取れる。

第六十七回帝国議会

一九三五年二月二十三日の貴族院予算委員会（第八回）では、再び井田議員が内務省と文部省に対して同様の質問をおこなった[28]。井田は、「近時我国ノ社会ハ、思想ハ動揺イタシ綱紀ハ弛廃《ママ》ヲスル、風教ハ著シク乱レ、之ガ為ニ教育界ハ腐敗ノ極ニ達シ、宗教界ハ戒律ヲ失ツテ居ル。剰サヘ邪教ト云フモノハ白昼横行シテ居ルト云フヤウナ状態デアリマシテ、国威隆盛ノ今日ニ於テ早クモ文化ガ頽廃シタ形ヲ示シテ居ルトイフコトハ、深ク吾人ノ寒心ニ堪ヘナイ」とし、「教育界ノ綱紀、風教、此中ニハ内務省ニ関連イタシマシテ多少綱紀ノ関係ヲ申上ゲルカモ知レヌ、ソレハ大体学校ノ教職員ト云フコトト、学生ノ風教問題ト云フコトト、更ニ社会ノ風教問題ト云フ、此三ツニ分ケマシテ綱紀風教ノ問題ヲ御尋ヲ致シマス」と前置きして、「洋風悪化、遊蕩淫靡、華奢ノ俗風盛ンデアッテ、而シテ綱紀弛緩シテ居ル」現在、レビューやダンスホール、銀座に代表される歓楽街や「俗悪限リナイ」夏季の鎌倉の海水浴場を例示して、内務省と文部省の「風教警察ノ統一」と「風俗ノ調査研究ノ機関」の設置を要望した[29]。

これに対し後藤文夫内務大臣は、「風俗又ハ公ノ秩序ト云フ見地カラ一般ノ取締ヲ致シマスコトハ所謂警察ノ仕事」であるとし、「風俗ノ見地カラ見マシテ注意致サナケレバナラヌモノガ沢山ゴザイマス。普通ノ風俗、公序良俗ト云フモノヲ維持スル上カラ申シマシテ、色々ナ営業或ハ映画ト云ッタヤウナモノニ付キマシテ今日マデモ相当ニ是ガ取締ノコトニ注意ヲ致シテ参ッテ居ル[30]」として映画の善導、風俗営業の地方庁による取り締まり規則の実施、学生の取り締まりについての地方庁との連携、警保局での検閲課と警務課の連携を挙げて、風俗警察は統一して実施していると答弁した。

また松田源治文部大臣は、「現時、我国ニ於キマスル趣味トカ娯楽トカ慰安等ノ状況ヲ風教上ノ立場カラ観察シマスト、頗ル遺憾ノ点ガアルコトハ井田男爵ト同感デアリマス」と、娯楽の現状に対して危惧を表明した。そのうえで、「之ヲ警察ノミニ任セテ匡正スルコトハ出来ナイト考ヘルモノデアリマシテ、是ハ有識者ノ努力ヲ促シテ、社会大衆ノ自覚ヲ求メル方法ヲ考慮スル必要ガアルト考ヘテ居リマス。当局ニ於キマシテハ機会ガアル毎ニ、此点ニ対シテ注意ヲ為シツツアリマス。例ヘバ社会教育委員、民衆娯楽調査委員会等ノ各種機関ヲ設ケマシテ、調査ニ専念スルト共ニ、優良ナル図書、映画、「レコード」等ノ推薦ヲナシマシテ、又一般民衆娯楽指導講演会ヲ開催シテ、是ガ指導ニ過ナキコトヲ期シツツアリマス」[31]と答弁した。

この質疑でも、内務省の風俗取り締まりのスタンスや文部省の社会教育の観点からの娯楽指導という内閣の思惑が明示されている。

第六十九回帝国議会

一九三六年五月二十一日の貴族院予算委員会第三分科会（内務省・文部省）（第二回）では、千秋季隆議員（男爵）が文教刷新全般の観点として学制改革に関して質問した。[32]これに対し、平生釟三郎文部大臣が「国民教育ト云フモノヲ向上スルコトガ必要デアル、又社会教育ト云フモノヲ完成シテ、最モ多クノ国民ニ出来ルダケ十分ナル教養教化ヲ与ヘルト云フコトガ、今日ノ国情ニ於テ最モ大切ナルコトト考ヘテ居リマス」と答弁した。この答弁に対し、紀俊秀議員（男爵）は、国民教育と社会教育の一環として「敬神崇祖」の概念をさらに充実させることと、「娯楽ノ方面カラ言ッテモ、教育ノ方面カラ言ッテモ、是ハドウシテモ文部省ガ進ムデヤラナケレバナラヌ」ことして映画教育の導入を力説し、平生大臣も同意の答弁をおこなった。[33]

これらの答弁の根拠は、いずれも前述した内務省警保局警務課が議会対策として準備していた「議会参考資料」がもとになっていて、「第六十七帝国議会資料」と「第六十九（特別）議会参考資料」では、同一文案で準備された「風俗取締ニ関スル件」で想定した問答に依拠していて、内務省の風俗取り締まりに対する基本姿勢が明確になっていた。[34]

このように内閣の政策を立法と共有し、カフェーやバー、ダンスホールなどの娯楽を社会悪として取り締まることが政府の基本方針として認知されていたのである。この議会資料の想定は、すでに一九三三年五月三日の内務省警察部長会議の「指示事項」で「風俗警察ニ関スル件」として指示された内容とほぼ同一だった。

この時期は、前述したとおり一九三二年に表面化した司法官や教員の赤化事件、小林多喜二の検挙、三三年の滝川事件、三四年の文部省思想局の設置、三五年の美濃部達吉の天皇機関説問題や大本教事件など、左翼思想や宗教への弾圧、学術統制などが強化された時期であり、前述のように帝国議会でもこれらの案件についてたびたび質疑していた。

娯楽や風教刷新の議論も、その根本的な狙いは、国民意識の強化と涵養、左翼や過激思想への傾倒防止を大前提とし、国体の尊厳を厳守し国威発揚を継続させることにあった。この目的のために、内閣が享楽的と位置付けた娯楽の取り締まりを強化すること、国民教化と位置付けた社会教育を推進することが、この時期の内務省や文部省の至上命題だった。

特に文部省が、娯楽や慰安を「風教」の観点から注視し善導していく施策として、前述した民衆娯楽調査や民衆娯楽指導講習会を位置付けていたことは、第六十七回帝国議会の松田文部大臣の答弁にも明白に示されている。ここに顕在化した内閣のもくろみは、社会教育が、国民教育とセットになって国民全体の教化指導を目的としていたこと、都市部のカフェーやバー、待合などの歓楽街の飲食業、ダンスホールなどの興行といった娯楽にとどまらず、地方に息づく娯楽を国民教化の手段として意識していたことからも明らかである。

4　娯楽の現実

内閣と立法が風俗警察の眼目として推進したのは、ダンスホールの取り締まりと出版法改正によるレコード検閲だった。本節では、これらの実情を探り、満洲事変期に娯楽が置かれた状況を考えてみたい。

ダンスホールの取り締まり

関東大震災からの復興を通して、産業構造は変化し、大衆社会化も進行していった。演劇、演芸、映画、流行歌などに顕著なように、娯楽も多様化・日常化していったのである。音楽文化との関連からは、一九一〇年代から首都圏や関西圏に代表される都市の娯楽の一つとして流行したダンスホールが特筆される。ダンスホールの変遷や今日的な意味については永井良和の優れた研究があり、その歴史や地域のありよう、制度などを社会史に即して考察している(35)。このため本章では、永井などの先行研究に依拠して、内閣の施策とその根拠を明らかにしながら、その歴史的な位置付けを探ってみたい。

ジャズやタンゴなど楽団が演奏する音楽に合わせて、ダンスホール所属の女性ダンサーと社交ダンスを楽しむという行為に対し、府県警察と内務省は、一貫して「風紀を紊乱する社会悪」としての姿勢を崩さなかった(36)。東京府では警視庁が一九二八年三月に舞踏場取締規則（警視庁令第四十六号）を施行し、ダンスホールを「公安又ハ風俗ヲ害スル」場所と定義して本格的な取り締まりを展開した(37)。この段階では、メディアも「ダンスホールへ警視庁のこはい目が光り出し、此夏中に取締法規が発布されることになり（略）施行されることになるとモボ・モガ連にとって大恐慌である(38)」と報じている。

その後もダンスホールには、「風紀紊乱」として徹底した取り締まりが継続し、警視庁は、女給やダンサーの取り締まりと検挙、一九二九年五月の赤坂舞踏場の営業停止処分、ダンスホールやダンサーの調査、三三年の客の風俗攪乱を理由とするダンス教師の検挙などを継続して実施した。しかし、ダンス需要は衰えることなく、舞踏場取締規則でダンスホールの新設が不可になった間隙を縫うように舞踏教授所（ダンススクール）という名目での新設が急増した。

このため、一九三三年十一月には舞踏教授所取締規則（警視庁令第六号）を施行し、舞踏場取締規則とともに、ダンススクールの営業を拘束した。また三三年のダンス教師と「有閑マダム」、ダンサーと「不良紳士」をめぐる「情痴」報道や、三六年の「桃色事件」などの報道で、メディアもこれに同調し、社会悪としてのレッテルを貼ることに成功した。[39]その帰結が、「都下ダンスホールを中心に、大掛かりな桃色取引が行なわれていることを突きとめこの程一斉手入れを行いダンサー、ダンス教師、有閑マダム、学生、紳士ら六十数名を検挙」した事件の処分として三六年十一月におこなった東京府内のダンスホール営業停止措置だろう。同年十一月六日から、ユニオンが十日間、フロリダと新橋が七日間、和泉橋、日米、帝都、国華が五日間と、東京府内の主要なダンスホールすべてが営業停止になる事態に発展した。[40]取締規則を楯とした娯楽の取り締まりが現実となって展開したのである。

ダンスホールの興隆は、内閣としても危機感をもって捉えていた。そのような内務省の認識は、前述の「第六十七議会資料」からもうかがえる。同資料の「風俗取締ニ関スル件」のなかで、ダンスホールについて「ダンスホールノ風俗上ニ及ボス影響ハ甚大ニシテ最モ関心ヲ要スル所」と位置付け、営業者数とダンサー・教師数を挙げたうえで、「ダンスホール設置ノ可否及学生青少年等ノ出入制限既設ダンスホールノ取締ニ関シテハ目下庁府県長官ヨリ詳細報告アリタルヲ以テ之ヲ基礎トシ調査研究中ニ属シ近ク具体的ニ全国的取締ノ方針ヲ樹立セントス」[41]とその方針を明示していた。このように、内閣は一貫してダンスホールを風教を紊乱する社会悪と位置付け、根絶に向けて徹底した取り締まりと営業規制を推進し続けていたのだった。

レコード検閲の開始

この時期には、レコードも取り締まりの対象になった。一八九三年公布の出版法（法律第十五号）は、書籍や雑誌など活字媒体を取り締まりの対象としていた。さらに一九三四年の出版法改正で、反復性・継続性をもつため演説媒体としても機能していたレコードも「左右両翼の激化を押さえ、他方においては世相の退廃を防ぐ」ため、出版物として規定され、内務省警保局図書課による検閲の対象となった。[42]そして、三六年の「ねえ小唄」の流行に伴う、頽廃的な流行歌への排除というスタンスが「忘れちゃいやよ」の発売頒布禁止措置になって顕在化し、さらに盧溝橋事件によって、流行歌を時代にふさわしい健全明朗・質実剛健なものに移行させていくという姿勢が明確になった。内務省がレコード会社との懇談によって施策を周知徹底していくことになる状況は、先行研究でも明らかにされている。(43) しかし、法律改正をするうえでの内閣や立法の認識などの内実は十分には検証されていないので、以下にその影響と政府の狙いを整理しておきたい。

出版法改正が成立した第六十五回帝国議会には、治安維持法改正案も提出されていた。この改正案の骨子は、保護観察制度と予防拘禁制度の導入だったが、国家主義運動をめぐる議論や貴族院の予防拘禁への反対などから廃案になる。(44) しかし、出版法改正が治安維持法改正をもくろむ内閣の治安・風教維持の強化という方針のもとで実施されたことは、内閣と立法のスタンスを考えるうえからも重要なポイントだろう。

①立法（貴族院）の議論

出版法改正は、一九三四年一月から開かれた第六十五回帝国議会（一九三三年十二月二十六日―三四年三月二十五日）で審議され可決した。以下、改正案の議会審議を概観しておく。

改正案は、政府提案として出版法中改正案、出版物納付法案が同年三月九日の貴族院本会議に上程され、出版法中改正法律案特別委員会に付託された。そして同月十四日に貴族院本会議に著作権法改正と合わせて上程され、同委員会に付託されている。同月十七日の委員会で出版法中改正案の第十六条を修正し、同月二十日の委員会で著作権法案の第二十八条を修正してそれぞれ可決して衆議院に回付されたが、出版物納付法案は同月二十二日の委員会討議で出版法や新聞紙法の法律違反に対する規定との整合が問われ、結局、議会では取り上げられずに廃案になった。(45) 衆議院でも貴族院同様、特別委員会に付託され、結局、同月二十五日の出版法中改正法律案特別委員会（第四回）で「出版法中改正案」が賛成多数で可決、衆議院本会議で「著作権法中改正法律案」が可決した。

「出版法中改正案」の目的は、三月十日の貴族院出版法中改正法律案特別委員会（第一回）で、内務省参与官の勝田永吉が委員会説明をおこなった。すなわち改正の根幹は、「皇室の尊厳を冒瀆」「安寧秩序を妨害」「犯罪を煽動」する文書図書の出版の処罰と、レコードに出版法を準用することの四点だった。そして、レコードを出版物として出版法で取り締まる理由については、「淫猥ナ音曲ヲ吹込ンデ暴利ヲ食ラムトスル者ガアルノミナラズ、之ニ依リ不穏思想ヲ宣伝、又ハ煽動セントスル者漸ク多キヲ加ヘントスル実情[46]」にあると答弁した。また出版物納付法案の提案理由でも「出版物及ビ蓄音機「レコード」ハ思想対策ノ上カラ重要ナル意義ヲ有スル[47]」と説明された。

この趣旨説明に対する質疑では、蓄音機レコードに出版法を適用することについては、紀俊英議員（男爵）の「蓄音機「レコード」ナドガ此中ヘ今度ハ這入ルヨウニナッタト云フコトハ、大変宜イコトダト思ヒマス」という発言にみられるように、立法や行政ともが共通認識だったようだ。さらに貴族院、衆議院とも「トーキー」「フィルム」にも出版法を適用すべきという質問がされているように、レコードを出版物とする是非は議論されなかった[48]。

同月十五日の貴族院出版法中改正法律案特別委員会（第二回）の質疑では、内田重成議員が治安維持法改正との関連性を質したのに対し、松本學警保局長は、「関係ガ非常ニ深イノデアリマス」としてどちらも同じく思想内容の取り締まりであることを強調した。また野村益三議員（子爵）が「風教ニ害ガアル、斯ウ云フ点ニ非常ニ関心シテ居ル」、千秋季隆議員（男爵）が「国民道徳ニ関係シテ社会ノ風俗ヲ紊ルト云フヤウナコトハ、十分ニ御取締アッテ差支ヘナイ」などの意見を示していたが、内閣のスタンスは、松本警保局長の「ドウシマシテモ出版物ノ取締ヲ相当ニ強化シマセヌト、思想ノ問題ヲ解決スルコトガ出来ナイト考ヘマシタ[49]」という答弁に集約されていた。

さらに同月十六日の貴族院出版法中改正法律案特別委員会（第三回）では、紀俊秀議員が、レコードだけでなく映画にも出版法を適用すべきと質したが、松本警保局長は、映画「フィルム」は納付すべき出版物ではないと答弁した。また井上清純議員（男爵）が皇室の尊厳や国体観念の重視の観点や治安維持法改正との関係を質したのに対し、松本警保局長は、「治安維持法ト出版関係ノ法律ノ改正トハ両翼ノヤウニアリマシテ、是ハ運用宜シキヲ得マスレバ、今仰セニナリマシタヤウナ目的ヲ、相当達スル上ニ於テ効果ガアルト確信イタシテ居ル[50]」と断言した。

続く同月十七日の貴族院出版法中改正法律案特別委員会（第四回）では、近衛秀麿議員（子爵）が、「蓄音機ノ「レコード」ナドト云フモノハ、将来此取締ヲ受ケテ罰則ヲ適用サレルヤウナ場合ガ非常ニ多イダラウト思フ（略）特ニ此風紀風俗ニ関スルモノハビシ〳〵御取締ニナルト存ジマス」と発言した。そして、罰則の適用をどの条文に依拠するのかを質問し、池田克司法書記官が第三十六条に基づくことを答弁した。[51] 近衛は指揮者・作曲家であり一九三三年十月にはベルリンフィルハーモニー交響楽団を指揮したほか、当時は新交響楽団の指揮者としても活躍していたが、その近衛でさえ出版法に基づくレコード検閲は当然のことであり、風紀・風教の維持が最大の課題と認識していたことがうかがえる。

このように貴族院の議論は、レコードを出版物として取り締まるために法律の適正な運用を目指して体制強化を内閣に促すなど、国体観念や風紀・風教の維持が至上命題という認識だった。

②立法（衆議院）の議論

出版法改正案が貴族院から回付された衆議院では、三月二十日の本会議で、勝田内務省参与官が改正案の提案理由を説明し、同月二十二日から二十六日にかけて四回にわたる出版法中改正法律案委員会で質疑がおこなわれた。

同月二十二日の衆議院出版法中改正法律案委員会（第一回）では、松谷與二郎議員（国民同盟）、加藤知正議員（立憲政友会）や益谷秀次議員（立憲政友会）が皇室の尊厳の冒瀆、煽動的行為、安寧秩序妨害の客観的判断や取り締まりの基準を明示すべきと繰り返し質したのに対し、勝田参与官や池田書記官は、行政処分の内規はあるが開示できないとして抽象的な答弁に終始した。[52]

同月二十三日の衆議院出版法中改正法律案委員会（第二回）では、山枡儀重議員（立憲民政党）が、出版法と治安維持法の関係について「一ツノ目的犯罪ヲ其ノ程度ニ依ッテ法律ヲ異ニセラレルト云フノハ、何ノ必要ガアルノカ」と矛盾を質したのに対し、池田書記官が応急措置として新聞紙法などとの均衡をもたせるためとして「刑罰ガ甚ダ権衡ガ取レナイト云フコトハ私共モ認メテ居ル」とその限界を認めていた。

また星島二郎議員（立憲政友会）は、「合法的ナル言論ハ何処迄モ之ヲ尊重シナケレバナラヌ」として「従来治安維持法ノ改正、新聞紙法ノ改正マデ叫ンダ私デモ、今日此極端ナル右傾ノ取締ニ付キマシテハ、洵ニ遺憾ナルコトガ多イ」として判断基準を質したが、勝田参与官は内規の公開はできないとして拒絶している。さらに星島議員の質問に関連して山枡議員が「奇怪ナコトニハ正シキ言論ガ抑圧セラレントスル傾向ガアル」として見解を求めたのに対し、勝田参与官は全力で言論の自由を保護すると言いながらも、流言飛語は処罰をもって取り締まることを明言した。[53]

その後の委員会では、出版法改正に連動する著作権法改正の質疑のほか、貴族院同様、映画やラジオ放送にも出版法を適用すべきか否かの議論が展開されている。そして同月二十五日の衆議院出版法中改正法律案委員会（第四回）で、松谷議員が、言論の自由の尊重から「漸次政府ノ御方針ハ此趨勢ニ反シマシテ、非常ニ言論ノ取締ガ厳格ニナッテ、世ノ進運ニ伴ハザルコト甚ダ大ナリト私ハ考ヘル」として、第二十七条の「安寧秩序ヲ妨害シ又ハ」の箇所の削除を提案する修正動議を提出するが否決された。また益谷議員は「此法律案ガ暫定的法律デアルト云フコトヲ確カメテ」という前提で賛成と述べ、結局、起立多数で可決された。[54]

こうして出版法第三十六条に「発売頒布ノ目的ヲ以テ音ヲ機械的ニ複製スルノ用ニ供スル機器ニ音ノ写調セラレタルモノニ之ヲ準用ス但シ著作者トアルハ吹込者トス」の条文を新設し、一九三四年九月一日に法律第四十七号出版法中改正法が、またこの出版法改正に合わせて、同日に出版権の設定とレコードの著作権規定を盛り込んだ法律第四十八号著作権法中改正法が、それぞれ公布された。出版物納付法案は議会提出こそ見送られたが、三四年七月に出版法施行規則（内務省令第十七号）が施行され、出版物発行に際して内務大臣への指定様式での届出差出（レコード、製品と内容の解説書添付）を規定して事前納付を義務付けている。

衆議院の委員会では、司法処分の基準の明確化、内務省の検閲基準の客観性の確立、言論の自由との整合などを議論していて、同議会で治安維持法改正が進展していたこともあって、思想統制の厳格化と同時に懸念も表明されていた。

このように、帝国議会では、運用形態や検閲基準の問題や矛盾、検閲官の裁量の問題などが指摘されているものの、改正は議会承認を得て実施されていて、レコード検閲が法令に基づく政府による文化統制としてスタートした人々の日常に政府が干渉した事実に変わりはない。それは一九三四年五月十六日の警察部長会議での内務大臣・山本達夫の指示事項「一蓄音機レコードノ取締ニ関スル件」からも明白である。

近時蓄音機「レコード」ノ普及ニ伴ヒ其ノ社会ニ及ボス影響ノ益々増大セルニ鑑ミ今般出版法ノ改正ヲ行ヒ蓄音機「レコード」ニ対シテモ亦同法ヲ準用スルコトトセリ。蓄音機「レコード」ノ検閲ハ今回始メテ施行セラルル所ナルヲ以テ予メ其ノ取締方法ニ就キ考究ヲ遂ゲ又当業者ニ対シ取締ノ趣旨ヲ周知セシムル等改正規定ノ運用上過誤ナキヲ期セラレタシ(55)

③レコード検閲の展開

このように開始された出版法に基づくレコード検閲は、内務省警保局図書課の所管で展開していく。検閲の根拠は、出版法改正前に発売されたレコードには治安警察法第十七条が、出版法改正後に発売されたレコードには出版法がそれぞれ適用され、検閲をおこなって処分が相当と判断した場合は、この基準によって製作停止、任意措置、発売頒布禁止などの処分がなされていた。

表2のとおり、一九三四年から三五年の処分状況からは、既発売のレコードに対する発売頒布禁止処分はみられないものの、製作停止の件数が突出していて、改正後は発売側の検閲対応が機能していたこと、既発売レコードへの統制が継続していたことが見て取れる。また三五年のレコードの総発売枚数に対する処分件数比は〇・七

表2　レコード検閲の処分状況

		1934年	1935年	摘要
治安警察法第16条による製作停止 破毀其の他の方法による任意措置（製版停止）	安寧	7	6	5.15事件賞恤、軍紀紊乱、革命教唆、靖国冒瀆
治安警察法第16条による製作停止 破毀その他の方法による任意措置（製版停止）	風俗	63	52	
出版法第19条による発売頒布禁止（安寧）		0	5	靖国冒瀆、軍紀紊乱、皇室冒瀆
出版法第19条による発売頒布禁止（風俗）		0	9	
出版法第19条による製作停止（安寧）		2	0	軍紀紊乱、反軍・靖国冒瀆の嫌いあり
出版法第19条による製作停止（風俗）		1	2	
計		73	74	

※1935年の新譜種類数＝1万2,210種（9,874枚）
（出典：『昭和九年中に於ける出版警察概観』〔内務省警保局、1934年〕、『昭和十年中に於ける出版警察概観』〔内務省警保局、1935年〕から作成）

五％になっている。この比率から見れば、検閲の処分件数は微々たるものと捉えられるかもしれない。しかし、検閲による処分が七十四件実施されているのは事実であって、決して過小評価はできない。また何より総発売枚数に比べて処分件数が低いのは、内務省がレコード業界を集約し懇談会で施策を業界に周知し徹底させていたこと、また事前にテスト盤を提出させて調整を実施していたことが大きな要因といえる。

この検閲の内情については、警保局図書課でレコード検閲を担当した小川近五郎が自著『流行歌と世相』[56]で詳細を記録しているので、以下、この記述からみえてくる検閲のありようを整理する。

まず出版法改正の背景について「坊間に瀰漫してゐる流行歌が、社会風教上放置し難いといふ意向が台頭し、何とかして之を適当に制御しなければならない」[57]と述べていた。さらに、検閲開始当初の状況について、「検閲の創始といふことだけでは、内容を質的に改善せしめることは殆ど不可能であったばかりでなく、検閲に気兼ねした為か、過去の「はやり唄」のように大胆率直な露悪振りはなくなったかはりに、妙に遠廻はしに擽りを利かした歌を作る傾向も生れた（略）検閲なり取締といふものも、消極的に排除作用ばかりに終始してゐたのでは、悪質排除の目的を果すことさへ覚束なくなる虞があるので、勢ひ改善進歩を目指して指導的立場を執ると謂ったように、積極的な面に迄進出する必要に当面したのであった[58]」と述べている。ここには検閲を担当する当事者の本音が吐露されている。

　しかし検閲の状況は、前述のとおり、事前の調整と業界の自主規制によって運用されていたとみるべきだろう。小川は「「忘れちゃいやよ《（ママ）》」を処分して各製作者に対して一様に将来を戒告した[59]」「之等（「あラ恥しいわ」「だって嫌よ」「あたしの彼氏」）の歌と組合わせて出た「円タク行進曲」とか「彼女の青春」なども一口に言へば愛欲追求の歌である。之等に対しては、当時掣肘を加へて流行を阻止した[60]」と述べているほか、新聞紙上でも「流行歌の検閲が一番難物。最近はジャズの影響で対話調がふえ、表現がどうも猥雑になって困ります。だが当方としては、会社側と懇談で話を運んでゐますが、この頃は、危ないと思ふものは会社側でも注意して試作盤をつくって持って来るのでこの点大変に円滑にゆくやうになりました[61]」と明言していることからも、検閲業務の効率化という内務省側の意向と、レコード企画や発売の効率化と自主規制という業界の意向が連動していたことが理解できる。このスタンスは「流行歌の健全性の為にも、之は必要なことと思ふ。この対策として、先頃業者に、長期戦下の企画案と謂ったものを提示して、編輯上の参考資料として貰ふこととしたのである[62]」という具合に日中戦争期にも継続していった。

　もっとも、このように内閣の一員である中央官庁が所管業界と懇談もしくは業界向けに通牒や事務連絡などで政策を周知徹底することは、レコード検閲に限ったことではなかった。音楽関係については、後述するような情報局と日本音楽文化協会との関係などをみても通例のことであり、現在でも内閣の法令改正や政策の周知が中央官庁を通じて業界団体に事務連絡され、周知されている構図は不変である。

　先行研究などでの満洲事変期のレコード検閲は、「忘れちゃいやよ」の発売頒布禁止処分が必ずといっていい

写真5　楽譜「忘れちゃいやよ」（新興音楽出版社、1936年）の表紙

ほど言及される。これは、一九三六年三月に、最上洋の作詞、細田義勝の作曲、渡辺はま子の歌唱でビクターから発売されたが、同年六月になって発売頒布禁止処分になったケースである。しかしその理由は、小川の主観的解釈によるものだった。

問題は最後の括り文句の「ねえ、忘れちゃ嫌よ」の歌ひ方にある。「ねえ」で甘えてみせて「いやーんョ」と鼻へ抜けた発声で、しなだれかゝってエロを満喫させようとする手法は、感心する巧者なものであった。無論この歌は問題となって、兎角の論議を生じたのであったが、当時この歌ひ方を文章でどういふ風に表現したらよいものかと思案した挙句「恰も婦女の嬌態を眼前に見る如き官能的歌唱」と書いてみたことを記憶してゐる。(63)

もっとも、この楽曲は検閲を経て発売された経緯がある。この矛盾についても小川は検閲では問題なしと判断したと断言している。

当時の状況から言ふと、妙な言ひ方ではあるが、社会風潮と共に流行歌の傾向も極めて自然に不健全性を加へつゝあったので、不思議な気持も起らなかったし、又とんでもないものだとも考へずに、鳥渡（ママ）変った歌ひ方の流行歌だぐらいに思ったのであった。今にして思へば、迂闊千万であったわけで、このような歌を横行闊歩せしめた罪は万死に値すると臍を噛む次第である。併し、言ひわけでも何でもなく、当時はまったく軽く考へてゐたのであった。勿論審査はやったのであったが微苦笑する程度で、不問に附しても大事ないであらうといふことに決まったのである。中には面白いなどといふ冗談も出た程であった。[64]

では、なぜ発売後の処分になったか。その事情も小川がほのめかしている。

> この歌がはやりだしてから、質の悪い模倣盤が頻々と出るようになった。「忘れちゃいやよ《ママ》」といふタイトルがそのまゝ用ひられたものもあったが、もっと積極的に「思ひだして頂戴よ」と言ったり「可愛がってね」になったり「ハッキリしてよ」とか「私のあなたよ」とかになったりして、文句もひどいものになった。又歌ひ方に至っては物凄いまでに実感を出して、ひきつけるやうな息づかひを用ふるようにさへなった。こうなってくると、如何に贔屓目にみても猥感発撒以外の解釈はできないので、之等に対しては直ちに発売頒布禁止処分を以てのぞみ、一枚も発売されることのないようにしたのである。之が五、六月の傾向であったから、六月になって元祖の「忘れちゃいやよ」を処分したのであったが、折角忘れかけてゐた模倣の手口を又もとにもどされたようなものであった。[65]

ここで小川がいう「忘れかけてゐた模倣の手口」については、この前段で小川が述べている。

> 昭和十一年の始め頃は、ビクターとかコロムビア或はポリドール、帝蓄などが発売した流行歌のヒット盤を真似て、あちこちの小会社から発売する傾向が相当顕著になって、著作権侵犯といったことで屡々問題を起してゐた（略）そこでこの苦情と裁きとを、著作権審査委員会に依頼するつもりで内務省に持ち込んできた。ところがその為に態々委員を招集して審査会を開催することも出来にくい事情に在ったし、又開催しても所詮警察権と結び付けることもむづかしかったので、そのまゝ握りつぶしになった。最後はその尻は検閲に廻

ってきて、模倣盤を行政処分に附してくれろといふ陳情となったのであるが、届出の手続違反もなし、内容を特に処分程度なりと認定することもできなかったので、出版法に拠る処分も不可能といふことになったのである。併し、こう謂った紛争は不明朗なことであるし、当時業界はこの外芸術家の専属問題や販売店と製造会社との取引契約に関し互に拮抗が多かったので、取締の円滑化といふ観点からもこの紛争をかたづけたい希望はあった(66)

そのため、様々な問題と合わせて仲裁したという経緯があった。小川の意識には、業界内部の混乱を内務省の仲裁で解決させたにもかかわらず、また同様の問題を誘発した業界への苛立ちが処分という形で顕在化した、というのが実態だった。

④娯楽の受け止め方

では、満洲事変期の娯楽政策や娯楽のありようについて、人々はどのように認識していたのだろうか。以下、この時期の新聞記事から娯楽の受け止め方をみておきたい。

満洲事変期だけでなく日中戦争期まで一貫しているのは、娯楽は教化の一方策であり、風紀を乱し公序良俗に反する娯楽、思想悪化が懸念される娯楽は排除されなければならない、という価値観だった。娯楽をめぐる内閣の意識としてメディアが報じていたのは、文部省の動向だった。

まず「農村娯楽調査」については、以下のような記述がみられる。

風紀問題と関連せざる娯楽は娯楽にあらずといふ実際から見て、当局の干渉は細心を要すること勿論である。文部省は新たに民衆娯楽機関の調査に着手するさうであるが、従来行はれた古陋なる政策を以てその指導改善に当らんとせば恐らく角を矯めて牛を殺すの愚をくり返へすに終わるであらう(67)

半可な道義者達は、やゝもすればこの地方の伝統的の娯楽機関に対して干渉を加へ非難をあびせたがる。即ち風教問題を口にしてその発達や隆昌を妨げる如き言説がそれである。それ無理解も甚だしいことであって角を矯めて牛を殺すの類に異らない、われ等は、窮迫のドン底にある地方農民の、たった一つのその手に残れるこれ等郷土娯楽の保存と生成とを望まざるを得ない[68]

ここには、内閣の都市・地方を問わず、風紀維持などの公序良俗を最優先し統制を強制しなければならないという危機感が示されている。また都市部の娯楽も、「最近ダンスホールやカフェーが益す《（ママ）》ふえエロ発散振りがいよく猛烈になり大きな社会問題となってゐるので文部省では社会教育の立場から黙認できぬ」として調査を実施して「浄化をはかる」ことが報じられた[69]。また「朝日新聞」も「近時農村生活の実状は、農村における娯楽の重要性を増大し、社会教育上その施設の緊要さを増してゐる[70]」と報じている。もっとも、郷土娯楽の必要性を報じた前述の「読売新聞」の報道は、その後、内閣のスタンスに呼応するかのように、その立ち位置が微妙に変化していった。

一九三一年になると、文部省の動向が、詳細に報じられる。

「読売新聞」は、「現代社会問題の一現象である民衆娯楽は映画、演劇、蓄音機レコード、ラヂオ、寄席等種々多様で其の大部分は営利を目的としてゐる関係からともすると嫖客の笑靨に入りさうな猥雑なものが多く社会人心殊に青少年に及ぼす影響が大きいとあって、今度文部省では民衆娯楽調査委員会を設け文部省としての立場から之を監視すると共に改善指導を加へ進んでは各種娯楽の調査研究をして内務省及び大日本聯合婦人会と協力民衆娯楽革新の実際運動を行ふことに決し[71]」と報じた。「朝日新聞」も「映画、演劇、蓄音機、ラヂオ、寄席、レビュウ等民衆娯楽も色々あるが、その多くは営利を目的とし、人間の弱点をとらへ、観客の歓心を買ほうとするの余り、時に卑わいに陥り、社会人心殊に青少年に及ぼす悪影響が近頃非常に激しくなって来たので、文部省では今回「民衆娯楽改善委員会」を設け、これが対策を講じ改善指導を行はうといふことになり[72]」と報じている。いずれも、同委員会の発足は頽廃的・猥雑的な娯楽取り締まりの強化だと報じていて、ここにも内閣の徹底した取り締まり方針が提示されている。しかし経緯は不明だが、文部省では民衆娯楽改善委員会の設置には至らず、農村娯楽調査を継続するなかで、民衆娯楽改善指導講習会や演劇映画音楽等改善委員会の設置に終始していくことになるのだった。

民衆娯楽改善指導講習会については、「朝日新聞」が「文部省では最近民衆娯楽が著るしく低調卑俗となり大衆生活に及ぼす影響が憂慮すべき状態となってゐるので内務省とも協力これが改善指導に乗出ことになった[73]」と報じた。ここでも娯楽が「低調卑俗」化しているという前提で、その影響が懸念されたため、内閣が改善のための指導に乗り出したことが示されている。ちなみに「朝日新聞」は、一九三六年十月一日から朝刊と夕刊の紙面を拡張して「趣味娯楽面」を新設したが、その告知では「夕刊には健全なる趣味、高尚なる娯楽を、剰すところなく識者に提供する[74]」とその目的を周知している。

これらの報道からもわかるように、満洲事変開始前後の時期は、風紀維持の必要性と風俗紊乱の懸念が娯楽への危機意識となって顕在化し、そのための統制が最優先課題になっていたことがうかがえる。

また、映画法制定の動向に関連した記事では、「映画普及による悪影響は、われ等もこれを十分に認めるところであり、淳風良俗に反し、国民思想を損ふものは、その種類の如何を問はず徹底的に取り締まらなければならず、これが今日に於ては、映画国策の眼目と思はれる」としながらも「映画の取扱ひは、映画そのものに複雑なる分子が包含されてゐるだけ、甚だ困難な問題である。その統制に当っては、各方面の意見を参照する必要があらうと思ふ[75]」と慎重な運用と検討を付言している。内閣の娯楽取り締まりや指導方針はメディアでも取り上げられ動向が注視されていた。その視点は、頽廃的かつ卑猥と位置付けられる娯楽への改善指導は当然としながら、その行き過ぎた統制に懸念を示すなど、上からの動向に対する批判的見地もわずかではあるが含まれていた。

本章では満洲事変期の娯楽状況を、内閣と立法の認識や内務省による娯楽統制の経緯、そしてメディアや人々の意識から考察した。そこでは、国体思想の徹底と思想・風俗統制としての社会風教の維持、不敬・不穏な言動や思想の徹底した把握と取り締まりという内閣のスタンスが一貫していた。内閣は立法とともに、この思想・風俗統制と社会風教維持のため、飲食・接待業や遊戯業への取り締まりを強化し、娯楽政策に反映させていたのである。

音楽文化の観点では、ダンスホールやダンススクールの取り締まり規則制定や、出版法によるレコード検閲の開始という、法令や規則に基づいた統制の強化が、すでに満洲事変期に確立され、日中戦争期へと継続していく道程が鮮明に浮かび上がっている。人々の身近な娯楽の剝奪や制約に直結する政策がこの時期にスタートした事実は、本格的な総力戦体制構築への地ならしだったことをうかがい知ることができるものであり、私たちが歴史から学ぶべき事象といえるだろう。

この内閣の姿勢は、青少年をはじめとする若年層の風俗紊乱への危惧や赤化思想や極右・極左などの過激思想の取り締まりを目的としたものであり、メディアや社会も、この内閣の姿勢に同調する意識がみられた。何よりも新聞が民衆娯楽改善委員会を「エロ取締」と銘打ってセンセーショナルに報道していること自体、内閣とメディアの娯楽に対する一致した見識が表れているといえるだろう。

注

（1）文部省社会教育局編「教育映画時報」第八号、文部省社会教育局、一九三五年、四八ページ

（2）「民衆娯楽指導講習会開催ノ件」（ＪＡＣＡＲ〔アジア歴史資料センター〕Ref.B04012510400、「本邦ニ於ケル民衆娯楽関係雑件1 民衆娯楽改善指導講習会開催ノ件」、本邦ニ於ケル民衆娯楽関係雑件〔I-1-12-0-13〕）

（3）「民衆娯楽指導講習会開催ノ件」（ＪＡＣＡＲ〔アジア歴史資料センター〕Ref.B04011470900、「教育講習会関係雑

件第一巻2 本邦ノ部（9）昭和十一年〈2〉民衆娯楽改善指導講習会」、教育講習会関係雑件第一巻〔I-1-4-0-7_001〕）

（4）文部省「忠誠奉公の道」、内閣情報部編「週報」第四十八号・一九三七年九月十五日号、内閣情報部、五ページ

（5）大霞会編『内務省史』第二巻（明治百年史叢書）、大霞会内務省史編集委員会、一九七〇年、五九〇ページ

（6）「警務課事務概要」（ＪＡＣＡＲ〔アジア歴史資料センター〕Ref:A05020205100、種村氏警察参考資料第五十七集）

（7）同資料

（8）警保局警務課「第五十八議会資料（行政警察ニ関スル事項）」（ＪＡＣＡＲ〔アジア歴史資料センター〕Ref:A05020113300、「第五十八回議会資料（行政警察に関する事項）」、種村氏警察参考資料第八集）

（9）同資料

（10）同資料

（11）警保局警務課「第六十七議会参考資料」（ＪＡＣＡＲ〔アジア歴史資料センター〕Ref:A05020188000、種村氏警察参考資料第四十八集）には、内務省が管轄する十七項目の案件について、その対応法が明記されていた。引用箇所は「十四、風俗警察ニ関スル件」だが、娯楽に関する事項としては、ほかに「七、映画国策ニ関スル件」「十二、公娼制度ニ関スル件」「十五、演劇脚本検閲統一ニ関スル件」「十七、活動写真フィルム検閲状況」についても記載されている。特に「映画国策ニ関スル件」には、「ホ．映画国策問題ノ概要」として「近時映画ノ社会教化、宣伝等ノ方面ニ於ケル文化的使命並ニ其ノ娯楽的価値ヲ遍ク認識セラレ又産業トシテノ重要性ヲ増加シ来シレガ為」の映画国策として、事業の指導統制のための行政機関設置、国産映画の指導保護奨励、教育映画と教化映画の育成、研究機関や博物館、俳優・技師育成の学校設立、映画検閲などの構想を列挙している。ここには都市や地方を問わず、広く日常の娯楽として根付いてきた映画を、どのように統制し、支援していくかというスタンスが貫徹している。これら映画や公娼制度に関する整理は、「第七十四議会参考資料」まで継続して取り上げられていた。

（12）大霞会編『内務省史』第二巻、地方財務協会、一九七〇年、八三七ページ

（13）同書八三九ページ

（14）同書七五〇ページ

(15) 同書七五一ページ
(16) 大日方純夫「特高警察」、朝尾直弘／網野善彦／石井進／鹿野政直／早川庄八／安丸良夫編集委員『近代3』(「岩波講座 日本通史」第十八巻) 所収、岩波書店、一九九四年、三一〇ページ。特高警察の変遷は大日方の整理による。
(17) 荻野富士夫『特高警察』(岩波新書)、岩波書店、二〇一二年、二三一ページ
(18) 内務省警保局保安課「特高月報」一九三九年八月号、内務省警保局保安課
(19) 内務省警保局保安課「特高月報」一九四〇年三月号、内務省警保局保安課
(20) 内務省警保局保安課「特高月報」一九四〇年五月号、内務省警保局保安課
(21) 内務省警保局保安課「特高月報」一九四〇年十月号、内務省警保局保安課
(22) 内務省警保局保安課「特高月報」一九四〇年十二月号、内務省警保局保安課
(23) 中澤俊輔『治安維持法――なぜ政党政治は「悪法」を生んだか』(中公新書)、中央公論新社、二〇一二年、一二七ページ
(24) 江口圭一『十五年戦争の開幕――満州事変から二・二六事件へ』(「昭和の歴史」第四巻)、小学館、一九八二年) などを参照。
(25) 「第六十五回帝国議会貴族院予算委員第三分科会 (内務省・文部省) 議事速記録第三号」一九三四年三月五日。なお、本書の帝国議会議事録はすべて「帝国議会議事録検索システム」(https://teikokugikai-i.ndl.go.jp/#/) による。
(26) 同資料
(27) 同資料
(28) 「第六十七回帝国議会貴族院予算委員会議事速記録第八号」一九三五年二月二十三日
(29) 同資料
(30) 同資料
(31) 同資料
(32) 「第六十九回帝国議会貴族院予算委員第三分科会 (内務省・文部省) 議事速記録第二号」一九三六年五月二十一日
(33) 同資料

(34) 前掲「第六十七議会参考資料」、警保局警務課「第六十九（特別）議会参考資料」（JACAR［アジア歴史資料センター］Ref:A05020199400、「第六十九回（特別）議会参考資料（警務課）」、種村氏警察参考資料第五十三集）

(35) 永井良和『社交ダンスと日本人』（晶文社、一九九一年）は、一八六〇年代から八〇年代に至る近・現代史のなかに社交ダンスの歩みを位置付けた労作であり、本章の考察でも多くの示唆を得ている。

(36)「これ迄も各所のダンスホールでいかがわしい風説を屢々耳にして居ながら法規が無いためにみすみす見逃さねばならぬ破目に陥ったことがあり今度も度々そんな目に遭う場合を予想し目下保安部では庁令で取締令を出そうとして種々頭をひねって居る」（「抱き合って踊る連中 電灯を消すのを取締れない」「読売新聞」一九二五年二月六日付）という記事からも明確なように、一九二五年頃にはすでに取り締まり方策が検討されていた。

(37) 警視庁令第四十六号舞踏場取締規則は、「警視庁東京府公報」第二百九十五号（警視庁、一九二八年十一月十日、東京都立中央図書館蔵）で告示されている。

(38)「ダンス場へ取締規則を適用する」「読売新聞」一九二八年六月九日付

(39) 赤坂舞踊場営業停止は「読売新聞」一九二九年五月二十六日付、ダンスホールやダンサーの調査は、「読売新聞」一九二九年十月二十四日付、「桃色騒動」は、「重役婦人や未亡人呆れた桃色ダンス」の見出しで「読売新聞」一九三六年七月二十八日付や「不良外人が醸す桃色遊戯一掃」の見出しで「朝日新聞」一九三六年九月六日付の報道がみられる。

(40)「八ダンスホール一斉営業停止」「東京朝日新聞」一九三六年十一月五日付、「八ホールに鉄槌」「読売新聞」一九三六年十一月五日付

(41) 前掲「第六十七議会参考資料」

(42) 倉田喜弘『日本レコード文化史』東京書籍、一九七九年

(43) レコード検閲の実態や内実については、小川近五郎『流行歌と世相――事変下に於ける歌謡の使命』（日本警察新聞社、一九四一年）を参照。なお、レコード検閲をはじめとする戦時期の検閲に関する考察としては、金子龍司『昭和戦時期の娯楽と検閲』（吉川弘文館、二〇二一年）が「視聴覚メディアによる娯楽に対する統制」（二ページ）について、日中戦争前後から戦後占領期までの動向を多角的に論じている。レコード検閲についても、第一部第二章

「「民意」による検閲――『あゝそれなのに』から見る流行歌統制の実態」で実証的な考察によって「民意」と検閲との関係を解き明かしている。
(44) 第六十五回帝国議会での治安維持法改正案審議の変遷については、中澤俊輔の前掲『治安維持法』を参照。
(45)「第六十五回帝国議会貴族院出版法中改正法律案特別委員会議事速記録第七号」一九三四年三月二十二日
(46)「第六十五回帝国議会貴族院出版法中改正法律案特別委員会議事速記録第一号」（一九三四年三月十日）、「第六十五回帝国議会衆議院出版法中改正法律案委員会議録（筆記速記）第一回」（一九三四年三月二十二日）の提案説明。
(47) 前掲「第六十五回帝国議会貴族院出版法中改正法律案特別委員会議事速記録第一号」の、内務省参与官・勝田永吉の答弁。なお三月九日に貴族院本会議でも山本達雄内務大臣が提案説明をおこなっていたが、改正点については「一、皇室ノ尊厳ヲ冒瀆セムトスル文書図書ヲ出版スルノ行為ヲ処罰スルノ規定ヲ設ケタルコト、二、安寧秩序ヲ妨害スル文書図書ヲ出版スルノ行為ヲ処罰スルノ規定ヲ設ケタルコト、三、犯罪ヲ煽動スル文書図書ヲ出版スルノ行為ヲ処罰スルノ規定ヲ設ケタルコト、四、蓄音機「レコード」ニ関シ出版法ノ規定ヲ準用スルノ規定ヲモウケタルコト」という概略を述べていた。委員会での勝田の答弁は、さらに個々の改正点の理由や背景についても詳細に述べている。
(48) 第六十五回帝国議会貴族院出版法中改正法律案特別委員会第一回での質問。前掲「第六十五回帝国議会貴族院出版法中改正法律案特別委員会議事速記録第一号」
(49)「第六十五回帝国議会貴族院出版法中改正法律案特別委員会議事速記録第二号」一九三四年三月十五日
(50)「第六十五回帝国議会貴族院出版法中改正法律案特別委員会議事速記録第三号」一九三四年三月十六日
(51)「第六十五回帝国議会貴族院出版法中改正法律案特別委員会議事速記録第四号」一九三四年三月十七日
(52) 前掲「第六十五回帝国議会衆議院出版法中改正法律案委員会議録（筆記速記）第一回」
(53)「第六十五回帝国議会衆議院出版法中改正法律案委員会議録（速記）第二回」一九三四年三月二十三日
(54)「第六十五回帝国議会衆議院出版法中改正法律案委員会議録（速記）第四回」一九三四年三月二十五日
(55)「指示事項　昭和九年五月十六日於警察部長会議」（ＪＡＣＡＲ［アジア歴史資料センター］Ref.A06030075100、昭和九年五月十六日・警察部長会議関係書類）
(56) 前掲『流行歌と世相』

(57)同書一〇九―一一〇ページ
(58)同書一二二―一二三ページ
(59)同書一四三ページ
(60)同書一四四―四五ページ
(61)「受難の〝ねぇ小唄〟」「読売新聞」一九三七年五月十四日付
(62)小川近五郎「流行歌昨今の傾向と取締態度」「月刊楽譜」一九三九年八月号、月刊楽譜発行所、三ページ
(63)前掲『流行歌と世相』一三八ページ
(64)同書一三九ページ
(65)同書一三九―一四〇ページ
(66)同書一二八―一二九ページ
(67)「娯楽機関の調査」「読売新聞」一九三〇年五月三十日付
(68)「郷土娯楽の保存」「読売新聞」一九三〇年十二月二十六日付
(69)「民衆娯楽の浄化」「読売新聞」一九三二年七月十七日付
(70)「農村娯楽調査文部省で決定」「朝日新聞」一九三二年十月十三日付
(71)「エロ味が過ぎると民衆娯楽浄化へ」「読売新聞」一九三一年二月八日付
(72)「文部省のエロ取締り」「東京朝日新聞」一九三一年二月八日付
(73)「民衆娯楽改善文部省乗出す」「東京朝日新聞」一九三六年十月十四日付
(74)「本紙記事面大拡張」「東京朝日新聞」一九三六年九月三十日付
(75)「社説映画統制問題について」「読売新聞」一九三四年四月二十七日付

第3章　日中戦争期の変遷

一九三七年七月の盧溝橋事件を契機とする日中戦争期には、満洲事変期から継続する思想・風俗統制のさらなる強化、国策の啓発・宣伝や国民の意識高揚を目的に創作され発表された「上からの公的流行歌」である「国民歌」の普及拡大、レコードや楽器の資材管理や税制など経済統制の展開、興行取り締まりの強化、啓発や意識高揚を目的としたイベント開催など、音楽界にも様々な影響が顕在化した。本章では、このような総力戦体制構築の施策が展開した日中戦争期の娯楽政策を検証する。

1　文部省

演劇映画音楽等改善委員会

社会教育の観点から、娯楽の風教維持と健全化を目指していた文部省は、一九三九年十二月に演劇映画音楽等改善委員会を設置した。そこには二〇年代から継続する娯楽への視点があった。この点については、「演劇映画

写真6　愛国音楽連盟新軍歌発表演奏会（日比谷公会堂、1937年10月19日）（Ⓒ昭和音楽大学撮影／小原敬司）。愛国音楽連盟は、時局を踏まえ音楽による愛国運動を目的に音楽関係の13団体により1937年8月に結成された

音楽等改善委員会事業概要」の「沿革」に端的に表れている[1]。

> 国民教化上娯楽問題ノ重要ナルコトガ漸次認メラレ就中映画及蓄音機レコードハ極メテ大衆性ノ大ナルモノナルヲ以テ其ノ健全ナル発達ヲ図ルト共ニ之ガ利用者ニ指針ヲ供センガ為、大正九年社会教育調査委員ヲ設ケ映画及蓄音機レコードノ推薦認定ヲ行フコトヽナリタルガ、昭和六年之ヲ改組シテ民衆娯楽調査委員トアラタメ各種調査及資料ノ刊行等ヲ行ヘリ。其ノ後時勢ノ推移ニ顧ミ映画法制定ヲ機会トシテ演劇映画音楽等ノ改善指導ニ関シ綜合的且ツ具体的方策ヲ樹ツルヲ認メ之ニ関スル調査審議ノ為、昭和十四年十二月二十一日勅令第八百四十六号「演劇映画音楽等改善委員会官制」ニ依リ当委員会ヲ設置セリ[2]

この委員会は、当初は「国民娯楽改善委員

会」という名称で設置が予定されていたが、一九三九年十一月二十九日に「都合ニ依リ演劇映画音楽等改善委員会ト改称致シタキ」[3]と名称を変更して発足した。そして三九年十二月二十六日に演劇映画音楽等改善委員会官制が裁可されている。その官制では委員会設置理由を、「演劇、映画、音楽ハ、国民生活ト密接ナル関係ヲ有シ其ノ社会風教ニ及ボス影響頗ル大ナルモノナリ。此等ノ事項ニ関スル改善指導ノ方策ヲ講ジ以テ国民的自覚ノ強化、情操ノ涵養ニ資センガ為委員会ヲ設置」[4]することにしていた。

　こうして設置された委員会のメンバーは、文部次官を会長とし、板垣鷹穂、波多野完治、橋本國彦、新関良三、大橋武雄、大谷博、小野賢一郎、和辻哲郎、海後宗臣、加藤成之、河竹繁俊、田邊尚雄、田口泖三郎、津村秀夫、長田秀雄、山田耕筰、藤島亥治郎、小松耕輔、権田保之助、齋藤晌、岸田國士、三宅周太郎、内務省警保局長、文部省社会教育局長、教学局長官であり、さらに幹事として文部省社会教育局映画課長、文部省社会教育官、文部省監学官、文部省図書監修官、教学局教学官、内務省警保局警務課長、内務事務官が加わっていた。この顔ぶれは、民衆娯楽改善指導講習会の講師の布陣がベースになっていて、諮問委員会のような位置付けと捉えられる。

　この委員会の設置理由や委員の構成からも明確なとおり、文部省は娯楽を「国民教化」「国民的自覚の強化」「情操の涵養」の手段として認識し、その「健全ナル発達」を図ることを至上命題としていた。そのために前述した農村娯楽調査をおこない、映画の重要性を確認したうえで、法令や体制を整備していたことが明白である。それは委員会への諮問事項について記載した「諮問事項要領」からもうかがい知ることができる、健全な娯楽の普及が一つの課題とされている。

一、演劇映画音楽等改善指導ノ具体的方策ニ関スルコト
一、農山漁村ニ於ケル健全ナル娯楽ノ普及方策ニ関スルコト
一、将来演劇法ヲ制定スルトセバ之ニ規定スベキ要綱ニ関スルコト
一、文部大臣ノ選奨スベキ映画ノ選定ニ関スルコト

一、健全ナル音楽ノ普及ニ関スルコト

一、文部省ノ推薦スベキ音楽並ニレコードノ選定ニ関スルコト[5]

実際に、それぞれの部会にどのような諮問と答申がなされたのかは、前述の「演劇映画音楽等改善委員会概況」で部会ごとに言及しているほか、各部の答申内容、特に演劇部会の答申については権田の『娯楽教育の研究[6]』が詳述しているので、次に概観しておきたい。

各部会の取り組み

演劇部会は、「演劇改善ニ関スル具体的方策如何」を諮問され、誘導助成と立法整備の二点を答申した。第一の誘導助成の内容は、演劇に関する専管行政機関と研究・養成機関の設置だった。行政機関設置の目的は「演劇ニヨル国民性陶冶ヲ意図スルト共ニ、日本演劇ノ精華ヲ内外ニ向ッテ発揚スル」ことである。また研究・養成機関設置の目的は、「演劇ニ対スル指導方針ノ確立、演劇活動ノ醇化向上、健全ナル演劇知識涵養ノ為ニハ、人材ヲ育成シ研究調査ヲ周到ナラスムル」こととされた。

そして第二の立法整備は、演劇法制定による法整備を答申した。演劇法の目的は「国民芸術トシテノ日本演劇自体ノ発展ヲ護リ、国民生活ニ対シテ適正ナル交渉ヲ持タシメ、放恣ナル氾濫乱立、不良不健全ナル逸脱ヲ防止シ、過渡的混乱ヲ整序シ、公益優先ノ自覚ノ下ニ従業者ノ生活ヲ安定セシメ、関係者協力シテ国民文化進展ノ協力ナル一翼タラシムル」こととされていた。そして法律の要綱としては、立法の目的、興行、劇団組織、演技、演出、脚本、脚本検閲、選奨、従業者保護、啓発などの十項目を想定していた[7]。ここでは、演技者や演出家の審査登録制や脚本検閲などの統制の一方で、雇用契約の適正化や従業者の共済制度や生活安定などの従業者保護についても目配りされていた。これは、映画法との関連からも注目される。

映画部会は、「映画法第十条ニ依リ文部大臣ノ発表スベキ映画如何」を諮問され、各種映画の試写をおこない

「推薦スベキ映画ノ選定」をして一九三九年度に四十八編、四〇年度に四十七編、四一年度に二十編の映画を選定した。

音楽部会は「健全ナル音楽ノ普及ニ関スル具体的方策如何」を諮問され、文部省が実施してきたレコード推薦制度の再検討を答申し、「蓄音機レコード選奨並ニ保存要綱」を決定した。この要綱によって以降のレコード推薦は「紹介」と、特に優秀なレコードについては「推薦」とする二段階の選奨制度に移行した。この制度に基づき、一九四〇年度に推薦レコード十六種と紹介レコード八十四種、四一年度に推薦レコード四種と紹介レコード三十九種の選定をおこなっている。

また権田によれば、音楽部会では、委員の田邊尚雄がレコードだけでなく「音楽の全局面に就いて健全なる音楽の普及に関する具体的方策の考究」として「国民音楽ノ研究調査」十一項目、「正シキ音楽文化ノ普及方法」十項目を提言したが、委員会廃止とともに後述する「文部省芸能文化専門委員」に引き継がれ「其の中一二が具体化されてはゐるものゝ、尚ほ全面的の施策の樹立には到達していない(8)」と整理された。

このように演劇映画音楽等改善委員会は、三つの部会が答申をおこなうことで対応していたが、「委員会等整理に関する政府の方針に依り」一九四一年七月二十六日に廃止された。二年七カ月間でこの委員会が果たした役割は、文部省推薦の映画選定、演劇法の検討、文部省推薦レコードの選考基準変更とレコードの選定などであり、その眼目は、農山漁村などを含む全国の教育的施策拡充のための映画やレコードの選定と、娯楽の健全化による国民教化と風教維持を目的としたものだった。また、「情操の涵養」などは、まさに初等教育科目である「唱歌」に求められた役割そのものであり、娯楽を社会教育だけでなく、文部省がもくろむ「臣民育成」の観点から、国民すべてを善導していくためのツールとして捉えていたことが理解できるだろう。

演劇映画音楽等改善委員会が目指した社会教育としての娯楽の育成と健全化という狙いは、委員会廃止後も継続し、一九四二年一月十九日に発令された「文部省芸能文化専門委員」に継続され、一般文化、演劇文化、映画文化、音楽文化の四部構成で教育の観点からの娯楽政策に関わっていくのだった(9)。

2　内務省

内務省警保局の取り組み

①警保局の動向

風俗と興行の取り締まりという内務省の姿勢は、満洲事変期から日中戦争期になっても変わらず継続された。

風俗取り締まりは、一九三八年五月に全国統一の基準が警保局から通牒されるが、その必要性はすでに盧溝橋事件以前から準備されていた。三七年二月の警保局長引き継ぎによれば、風俗警察については「カフェー、バー、ダンスホール取締ニ関シテハ各府県ノ取締ヲ統一スルノ要アルヲ以テ之ガ取締標準ヲ鋭意研究中ナリ」としている。ちなみに同じ引き継ぎでは、公娼制度廃止の可否についても調査継続が明記されている。[10] このように風俗取り締まりのスタンスは、盧溝橋事件を契機として強化された側面だけでなく、すでに満洲事変期からの動向がそのまま継続し、施策に反映されていたことがわかる。

さらに一九三七年五月の警察部長会議では、河原田稼吉内務大臣が治安維持について、「現状打開ニ急ナルノ余リ妄リニ詭矯過激ノ思想ヲ宣伝シテ、社会ノ不安ヲ醸成シ、或ハ徒ラニ現状維持ヲ固執シテ誣妄ノ言説ヲ流布シ、以テ人心ヲ惑乱スル者ノアリマスコトハ遺憾トスル所デアリマス。而シテ斯カル傾向ハ内外諸般ノ問題ト相俟ッテ今後一層深刻化スルノ虞アリ、治安上特ニ留意スベキ所ト考ヘラレマス」[11] と訓示し、警察部長会議の指示事項では、マル秘事項として「過般ノ政変以来既成諸勢力ト革新勢力トノ対立ハ漸ク表面化スルニ至リタル」と現状を分析した。ここでは、治安確保と共産主義運動の取り締まりの徹底が通牒されているように、風俗取り締まりの徹底についても治安の乱れという社会情勢が背景にあった。[12]

このような状況下で発生した盧溝橋事件は、総力戦体制構築のため物心両面で国力拡充への契機になり、国内の治安維持や風紀維持がさらに徹底されることになった。娯楽面の動きで顕著なのは、後述する一九三七年十一月十三日に警保局から各府県長官に対して通牒された「興行取締ニ関スル件」だろう。この通牒の特徴は、各府県レベルで取り締まり規則によって運用されている興行統制について、内務省が全国規模の統一基準を提示したことにある。広く風俗警察の強化という脈絡でこの通牒が出されていた。

ここで報じられた風俗取り締まり強化については、各府県が内務省に順次報告していた[13]。例えば、広島県では、一九三七年十月一日に広島県警察部長が各警察署長に「料理店、飲食店、特殊飲食店、遊技場等ノ許可ニ関スル件」を示達し、同月二十三日には、富田愛次郎知事が馬場鍈一内務大臣に「料理店、飲食店、特殊飲食店、遊技場等ノ許可制限ニ関スル件」として「現在ノ処何等問題ナク概ネ良好ナル成績ヲ挙ゲ居リ候」と上申している。一方で京都府では、三七年十一月二十九日に京都府警察部長から府下警察署長に「享楽ヲ目的トスル営業許可制限ニ関スル件」を示達している。その反応については、鈴木敬一京都府知事から末次信正内務大臣に「享楽ヲ目的トスル営業許可制限ニ関スル件」として実施状況を報告している。

この報告では、「善良ナル風俗ヲ紊リ現下非常時局ニ於ケル国民精神総動員ノ目的ニ副ハザル処多キヲ窺ハル、」として、新規営業・拡張・増築の禁止、相続以外の譲渡禁止を周知したところ、府議会での業者からの要望を受けたこと、さらに「国民生活ノ委縮ヲ厶為セラレツツアル折柄或ハ他ノ案件ニ附随シ帝国議会ニ於テ議論セラル、ヤモ难計」と議会での周知も要望していた。ここでは業者の意向として、標準数の問題、家屋建築上の問題、ダンサーの問題、譲渡の問題の四点が示され、特に「論議ノ中心ハ譲渡ノ問題ニ在リタル」として、相続以外の譲渡を禁止とした措置に対する問題を指摘している。この京都府の事例からは、内務省の方針が直ちに許容されたわけではなく、娯楽規制が必ずしも意識高揚に直結しなかったことや私権制限への抵抗や懸念があったことが明らかである。

しかし内務省は、風俗取り締まりを全国規模で強化徹底する方針を変えなかった。前述のとおり、満洲事変期からすでに顕在化していた、風俗取り締まりの統一基準が確立されていない弊害は警保局も認識していた。一九三八年五月二十三日の警察部長事務打合会の際に警務課長が風俗警察に関する件として、「地方ノ特殊事情ヲ加味シツツ、而モ全国一貫シタ相当恒久的ナ方針ヲ確立シ、全国民一体トナッテ風紀ノ振粛ニ当ルコトガ必要ト考ヘラレマシタノデ、内務省トシマシテハ、風俗営業ニ関スル許可方針、其ノ取締方法ノ大綱ヲ決定致シマシテ、近ク通牒ヲ発スルコトト致シタイ」[14]と説明していて、同日の地方長官会議では後述の通牒が示されている。

この方針は、すでに同月十九日付で警保局長通牒「風俗ニ関スル営業ノ取締ニ関スル件」として周知されていた。[15]この通牒では、現状を、「一面ニ於テ斯ル取締ハ動モスレバ其ノ度ヲ失シ苛酷ニ流レ非常識ノ誹リヲ招クノ惧レ多ク却ッテ逆効果ヲ生ムガ如キ結果ニ陥ルノ虞少カラザルモノアリ。又他ノ地方ニ於テハ斯種営業ノ取締ニ関シ漫然旧来ノ方針ヲ踏襲シ殆ド放任ノ態度ヲ採リ風紀ノ弛緩ヲ顧ミザルモノ亦少カラザル状況ニ在リ」[16]と、取り締まりの度合いの地域差を指摘したうえで、「各府県ノ特殊事情ヲ適宜加味シツツ寛厳度ヲ失セズ合理的ナル取締ヲ励行スルコト」として、風俗営業の許可と、風俗営業の取り締まりの二点について基準を例示した。

まず許可については、カフェーの新設の条件付き認可、バー・喫茶店・料理店・飲食店はカフェーに類似する場合だけ新設・拡張・増築・移転の認可、待合茶屋は新設の制限と拡張・増築・移転の禁止、宿屋・ホテル・下宿屋・アパートで業態が風俗を乱すおそれがあるものの新設・拡張・増築・移転の禁止、貸座敷・麻雀クラブの新設・拡張・増築・移転の禁止、公娼制度廃止の府県・地域の貸座敷などの指定地にある施設の新設・拡張・増築・移転の制限や禁止について基準を設定した。また取り締まりは、既存営業者への衛生上の取り扱い遵守と組合結成の奨励、学校近隣施設への学生・生徒の立ち入り制限、農山漁村に立地する施設の減少化、営業時間の短縮、広告看板やネオンの制限と広告物表示の取り締まり、取り締まり規則の具体化・簡明化などの細部にわたる指針を規定していた。この指針は、同月二十三日に警保局長から各府県長官に対し「風紀営業ノ取締」としても通牒されている。[17]

この「風俗ニ関スル営業ノ取締ニ関スル件」の影響は、六月の「読売新聞」紙上で「その取締りも一般的に当然一層強化されるものとみられるが、その強化は単にサーベルに物言はせる弾圧ではなく、そこに親切な指導が加えられねばならぬといふので従来のいはゆる弾圧方針を避けて飽くまで指導的立場にたって風俗取締の徹底を期さうといふのが眼目である。これには単に警察の力だけではなく教育者、社会事業家、青年団及び業者組合等との連絡を密にしてその理解協力を得なければならぬ」と報じていて、同時に「風俗警察はなかく〳〵の度合ひがむつかしいものだが、出来るだけ時局の潮流に沿った取締りがしたいと思ふ。それには警察の力だけでやらうといふのは無理なことで地方識者の理解と協力を得なければならない(18)」と警保局長の談話も紹介している。

このように、全国規模での基準統一は、風紀維持が治安確保に直結するという内務省の意識が背景にあった。総力戦体制構築に向けて国力増強のため、国体観念の強調とともに、後述する国民精神総動員運動（以下、精動と略記）による生活刷新が展開するが、このような社会情勢に連動した娯楽政策が治安確保とセットになって推進された。それは、一九三九年五月三日の地方長官会議での指示事項で、「治安確保ニ関スル件」として「事変ノ長期建設段階ニ入ルニ伴ヒ政治、思想、経済等ノ各部面ニ於テ生起スル諸般ノ問題ハ治安上重大ナル影響ヲ与フル処ナシトセズ（略）治安ノ確保ニ最善ノ努力ヲ致サレタシ」とし、また同月二十五日の警察部長会議では、マル秘の指示事項として「治安確保ニ関スル件」として「現下内外ノ情勢ハ極メテ複雑深刻ニシテ治安上深キ戒心ヲ要スベキモノアリ。各位ハ事態ノ推移ニ細心ノ注意ヲ払フト共ニ、克ク国家ノ大局ヲ洞察シ以テ事変下治安ノ確保ニ万遺憾ナキヲ期セラレタシ(19)」と指示されていることからも推測できる。

このように日中戦争の推移に連動する国民の意識や生活動向に対して、内閣は細部にわたり注視し、国民意識の涵養をあらゆる側面から強化していた。風俗警察についても同様で、一九三九年十月二十六日から二十七日の保安課長事務打ち合わせ会の「指示事項」は、以後に展開する風俗警察の強化を明白に提示していた。そこでは、次のような指示があった。

戦時下ニ於ケル風俗警察ノ現況ヲ見ルニ農山漁村ニ於ヒテハ戒粛ノ跡極メテ顕著ナルニ反シ都市殷賑産業地帯ニ於テハ寧ロ繁栄ヲ極メ風紀概ネ弛緩シ国民風教ニ好マシカラザル影響ヲ及ボシツツアルガ如ク認メラル

ルハ寔ニ遺憾ニ堪ヘザル所ナルヲ以テ爾今更ニ之等営業ノ取締ニ意ヲ注ギ既定ノ方針ニ則リ其ノ増加ヲ抑制シ営業方法、構造設備、営業時間等ニ関スル制限ヲ励行スルト共ニ従業婦女子ノ保護ニ付格段ノ留意ヲ払ヒ而モ之等ノ取締ニ当リテハ関係営業者ノ自粛ト各種団体ノ積極的協力ニ俟テ風紀粛正ノ実ヲ挙グル様努メラレタシ(20)

ここで指示された事項は、以後段階的に実施されていることからみても、一九三八年五月十九日の警保局長通牒「風俗ニ関スル営業ノ取締ニ関スル件」を踏襲しながら、状況を踏まえて早急に対応すべき事項を具体的に指示したものと解釈できるだろう。

内閣の風俗取り締まりは主に歓楽街に立地する施設の取り締まりであり、その意味では都市部の娯楽統制という性格が濃厚といえる。しかし娯楽取り締まりは、これら風俗警察だけでなく、地方の農山漁村にも波及していた。例えば、企画院は一九三八年五月二十八日の「官民消費節約方策(各庁申合案)」で、金属・皮革の節約、一定規模以上の建築物の建築禁止、中大礼服と正装着用の中止、電力節約のための商店・劇場・娯楽場・飲食店の夜間営業の制限、新聞・雑誌・商品梱包用紙の制限とともに「一般ニ努メテ祭礼葬婚其ノ他ノ式典行事ヲ監視スルト共ニ当分ノ内宴会等ハ之ヲ自粛スルコト(21)」を指示している。

②議会対応

内務省の議会対応は、満洲事変期同様に継続していて、第七十三回帝国議会(一九三七年十二月二十六日—三八年三月二十六日)のために準備された内務省警保局「第七十三帝国議会資料」の「風俗取締ニ関スル件」では、前述で引用した文面と、カフェー・バーとダンスホールの営業者・従業者数や取り締まり状況をほぼそのまま踏襲していた。しかし第七十四回帝国議会(一九三八年十二月二十六日—三九年三月二十五日)のための「第七十四帝国議会資料」では、以下のように変更している。

近時風俗関係ノ営業者中ニハ動モスレバ俗流ニ投ズルニ急ナルガ為斬新ニシテ奇矯ナル営業設備ヲナシ或ハ醜陋卑猥ナル言動ニ出ヅル傾向アルハ寔ニ遺憾トスル所ナリ。風俗ヲ粛正シ国民ノ善良ナル風紀ヲ維持シ進ンデ国民道義ノ確立ヲ期スルコトハ国運進展ノ基ヲナシ特ニ現下時局ニ当面シテ堅忍持久ヨリ非常時ノ国民生活様式ヲ刷新シ社会風潮ノ一新ヲ図ルコトハ長期戦下ニ於ケル時局打開ノ原動力ト認メラル。従来屢々風俗ニ関スル営業ノ免許及取締ニ付適正ナル執行ヲ為ス様各地方長官ニ対シ訓達セル所アリタルモ右業界ノ状況及時局ニ鑑ミ地方ノ区々ナル取締ヲ統一スル必要ヲ認メ過般大体次ノ如ク全国統一ノ歩調ヲ以テ之ガ取締ヲ励行スルコトトセリ(22)

これは導入部こそほぼ同一だが、以降の内容は大幅に改訂されている。さらに続けて、風俗関係の営業許可の制限、学校付近の店舗の営業時間の短縮、営業広告看板の規制、ダンスホールの取り締まり強化、取り締まり上の連絡の各事項が列挙されていた。ここには精動の趣旨の徹底と取り締まり基準統一という新たな視点が盛り込まれているとみることができる。

この方針は、第七十五回帝国議会（一九三九年十二月二十六日—四〇年三月二十六日）の質疑で明確に示されていた。後述するように、精動は、風教維持や娯楽、日常の「生活刷新」を標榜し、娯楽や日常の細部まで介入する娯楽・生活文化の統制である。これによって風俗警察もさらに強化される。また、待合・貸座敷・料理店・カフェー・バーなどの飲食店、ビリヤード場、雀荘、射的場などの娯楽施設の営業時間短縮実施についても、この議会で取り上げられた。

第七十五回帝国議会衆議院決算委員第一、第二、第三分科連合会（第二回）で、古田喜三太議員（立憲民政党）は、四月一日から開始される享楽時間の一時間短縮を「内務省ノ方デハ、各府県ニ向ッテサウ云フ指令ヲ発セラレタノデアリマスカ」と質問した。これに対して山崎巌警保局長は、「今日ノ非常時局下ニ於キマシテ、風俗警察ノ強化ヲ図リマスコトハ、当然ノ警察的処置ダト考ヘルノデアリマス、風俗営業ノ営業時間ニ付キマシテハ、既ニ昭和十三年六月ニ内務省ニ於キマシテ、或ル程度ノ方針ヲ定メテ居ッタ[23]」と答弁した。山崎警保局長が述べた方針は前述の「風俗ニ関スル営業ノ取締ニ関スル件」を指しているのであり、この通牒が以後の風俗警察の大前提になっていて、その骨子を順次実施していることを明言していたのである。

この答弁を受けて古田議員ほかは、「浮華軽佻ヲ引締メ、浪費ヲ戒メルコト」は必要だが享楽機関の引き締めは、経済上も社会に与える影響からもマイナスであると食い下がるが、山崎警保局長は「風俗警察ノ取締ノ強化ニ付キマシテハ、私共ノ考ヘ方ニ付キマシテハ、先程申上ゲタ通リデアリマス（略）今日ノ非常時局下ニ於キマシテ、風俗ノ粛清ヲ図リマシテ、サウシテ国民精神ノ緊張ニ寄与スルト云フ趣旨ニ他ナラナイノデアリマス」と一貫していた。

さらに、福田關次郎議員（立憲民政党）や樋口善右衛門議員（立憲政友会）も関連質問で闇取り引きの横行などの経済警察への影響の懸念についても質しているが、山崎警保局長は「大体ノ方針ハ変ヘル意思ハ現在毛頭持ッテ居リマセヌガ、先程カラ段々申上ゲマスヤウニ、実施ニ当リマシテ其ノ業者ノ実情等モ十分ニ参酌シテ、警察当局ノ措置ニ誤リナイヨウニ致シタイ」と対策実施については一歩たりとも譲歩することはなかった。この質疑は、内務省「第七十五議会ニ於ケル政策具体化ノ言明議員発言中考慮スベキ事項等関係書類」で、「風俗営業取締」の項目として古田議員の発言とそれに対する山崎警保局長の答弁要旨が記録されていることからも、内務省が立法の反発や動きを警戒し注視していたことが理解できる[24]。

風俗警察では、接客を伴う飲食業であるカフェー・バー、喫茶店、料理店、飲食店、待合、芸妓置屋などの施設、宿泊施設、ダンスホール、ビリヤード場（撞球場）、雀荘（麻雀）、射的場などの遊技施設という三つのカテゴリーの業種に対して徹底した取り締まりが実施された。さらに、一九四〇年になると競馬も「国家風教上ニ諸種ノ悪弊ヲ醸成シツツアリタルヲ以テ、全国的ニ其ノ弊害ヲ調査シタル所、詐欺、横領、恐喝、窃盗、文書偽造、殺傷等悪質ナル犯罪並ニ一家ノ離散、精神病ノ発生、自殺等悲惨ナル事象ガ、競馬ヲ直接間接ノ原因トシテ頻々トシテ発生シツツアルト判明シ、其ノ弊害ハ看過スベカラザルモノアリ」[25]と取り締まりの厳格化を指示していた。

満洲事変期から日中戦争期は、思想・風俗統制強化の一環で、これらの接客を伴う飲食施設、宿泊施設、遊技施設を一貫して取り締まり強化の対象としていたのである。これは人々の束の間の安息の娯楽の場を制限することであり、「風教の粛正」によって日常生活が規制されることを意味していた。特に、日中戦争期には、精動から新体制運動に継続する、政府による生活刷新や消費抑制という日常への介入が顕在化するなかで、これら風俗警察による娯楽統制がなかば正当化され、内務省がもくろむ施策が着実に遂行されていたのだった。

ダンスホール取り締まり

①取り締まりの状況

一九三七年七月の盧溝橋事件を発端とする日中全面戦争化を通して、文化領域も総力戦体制構築の手段として動員された。満洲事変期に顕在化した内務省による娯楽取り締まりも、さらに強化されていた。

一九三七年十二月には、精動の一つの狙いだった生活刷新として唱導された、カフェーやダンスホール、麻雀などへの取り締まり徹底という内務省のスタンスが顕在化する。一方で、ダンスホールを運営する事業者は、ダンサーたちの愛国婦人会への入会や営業自粛といった自主規制に踏み切って内務省への申し入れをおこなうなどの対応策を推進した。愛国婦人会との関わりについては、三七年四月二十七日の和泉橋ダンスホールのダンサーの愛国婦人会入会、二十八日のフロリダ・ダンスホールのダンサーによる愛国婦人会葵分区会結成式、五月十五日の国華ダンスホールの愛国婦人会国華分区会結成式などが新聞で報じられている[26]。

このような状況にあって、日中戦争開始に伴う風俗取り締まりについては、一九三八年二月七日の第七十三回帝国議会でも質疑されていた。福田關次郎議員（立憲民政党）が京都市桂のダンスホール営業停止に関連して「将来モサウ云フ考デ弾圧ヲナサルト云フコトニナル」のかという質問に対し、末次信正内務大臣は次のように答弁した。

「ダンス・ホール」ガ日本ノ誇リトスル婦道ニ対シテ宜シカラザル影響ヲ及ボスト云フコトハ、是ハ事実デアリマシテ、沢山ナ実証ガ挙ッテ居ルノデアリマス、之ヲ如何ニスルカニ付テ、中央ニ於テモ亦地方ノ府県ニ於テモ研究致シテ居ルノデアリマス、只今ノ所慎重ニ研究致シテ居リマスガ、強制的ニ之ヲ全国的ニ止メサセル、直チニソレヲ止メサル、斯フ云フ風ニハ考ヘテ居リマセヌ、併シ何トカシテ弊風ヲ除キ得マイカト云フコトニ、研究ヲ続ケテ居ル訳デアリマス(27)

この答弁は、まず前提としてダンスホールを取り締まる必要性を提示している。そのうえで、現時点で直ちにダンスホール閉鎖は実施しないが、今後の対応は検討中と述べているもので、決して取り締まりを実施しないと述べているわけではない。

しかし、新聞紙上では「ホール閉鎖追撃に内相の人情論」という見出しで報道され、いかにも内務大臣がダンスホールを容認したかのような内容になっている(28)。これはメディアが「人情論」と解釈しただけのことであり、実際には末次内務大臣の答弁のとおり、内務省は一九三八年一月十八日付で「舞踏場等取締ニ関スル件」をダンスホールを所管する十四の警察署長宛に提示し、「依然トシテ婦女子青年等ノ出入スル者多ク中ニハ風俗ヲ紊リ我国伝来ノ良風ヲ破壊スルモノ少カラザルモノアリ現下ノ時局ニ処シ挙国一体国民精神ノ昂揚ヲ期スルノ要特ニ緊切ナルモノアル時代ノ要求ニ副ハザルモノアリト認メヲルヲ以テ近ク之ニ対シ適切ナル処置ヲ講ジ度目下鋭意考究中ニ有之依ニ付テハ之ガ参考ニ資シ度候條左記事項調査ノ上申報告相願度(29)」と指示していた。末次内務大臣は事実をありのままに答弁していたにすぎない。この通牒からも明白なように、内務省はダンスホール取り締まりの重要性を認識し、その対応策を推進していたのだった。この姿勢は、三八年六月に「舞踏場及舞踏教授所ノ取締ニ関スル件」で明確になる。

舞踏ハ本来我国情ニ背反シ婦道ヲ紊リ青年子弟ノ気風ヲ浮導ナラシメ国家風教ニ悪影響ヲ及ボスコト少ナカラザルヲ以テ之ヲ行フ舞踏場及舞踏教授所ノ存在ハ寔ニ好マシカラザルモノト認メラルルモ過去数年間ニ渉リ其ノ存在ヲ容認シ来レル方針ニ鑑ミルトキハ今遽カニ之ヲ一齊《（ママ）》ニ廃止スルコトハ稍穏当ヲ欠ク嫌ナキヲ保シ難キヲ以テ爾今舞踏場及舞踏教授所ノ取締ヲ一層強化シテ円滑ニ之ガ根絶ヲ期スル方針ノ下ニ概ネ左記各号ニ則リ取締ヲ励行スルコトトシ以テ国民風紀ノ振粛ニ遺憾ナキヲ期シ度依命此段及通牒候也[30]

この通牒は、すぐに具体的な動きになって表れた。女性のダンスホール入店禁止、男性も住所・氏名・職業・年齢などの個人情報を記帳することを取り決めた警視庁の通牒は一九三八年七月十日から実施され、「この婦人客厳禁と男子客の記帳で、更に一層の弾圧となり婦人客によって初めて成り立っている準ダンスホールやダンス教習所は、十日から事実上閉鎖やむを得なくなり、その他の各ホールもこの制限で経営成り立たぬところも少なからず、いよいよホール閉鎖の一歩手前まで押しつめられるものと見られる」[31]と報道している。報道では、中小のダンスホールやもともと女性客が中心だった舞踏教授所の廃業、また入店客数の大幅減を取り上げていて、この命令は実質的な営業停止措置であったことがうかがえる。それは「全盛時代に比べるとダンサーは二百九十名で半減、総収入は七割減を示し、ダンス教授所のごときは十二年末五十三ヵ所が僅かに十ヵ所になっている。これについては法外のチップを貪るカフェー、バーの二百九十軒減等がある」[32]と状況を報じていることからも見て取れる。これによってダンスホールから学生・生徒と女性が排除されることになった。

②議会資料にみる内務省

ダンスホール取り締まりを強化したいという内務省の姿勢は、「議会資料」からも読み取れる。第七十四回帝国議会のための「第七十四議会参考資料」では、前述のとおり風俗取り締まりの全国規模での基準統一と合わせ、営業時間の短縮などの詳細を記載しているが、ダンスホール取り締まりについては、第六十七回帝国議会の参考資料から継続していた記載方が変更され、まず営業者・従業者数を列挙したあと「ダンスハ婦道ヲ紊リ、子弟ノ気風ヲ浮薄ナラシメ、社会風教上甚ダシキ悪影響アルヲ認メタルヲ以テ其ノ新設ヲ認メザルコトトシ且学生生徒及婦人ノ出入ヲ禁止スル等風紀ノ粛正ニ努メ居レリ(33)」と位置付けていた。ここで学生や生徒など若年層や女性の「風紀の粛正」を強調していることから、前述の女性と学生・生徒のダンスホール入店禁止措置の実施と連動した内閣の娯楽統制の実像をみることができる。

警視庁は、その後、芸妓屋、待合、料理店などへの規制も強化し、日常の娯楽への規制を強化していった。その背景には、精動として強制された人々の日常生活や娯楽への統制強化という社会情勢があった。精動の一環として一九三九年四月二十八日に閣議決定された「物資活用並に消費節約の基本方策」や、同年七月四日国民精神総動員委員会決定の「公私生活を刷新し戦時態勢化するの基本方針」での生活刷新運動で、娯楽施設での営業時間の短縮を強化した(34)。さらに四〇年には奢侈品等製造販売規則(商工、農林省令第二号、いわゆる「七・七禁令」)公布に連動させ、都内のダンスホール閉鎖を警視庁が通達し、内務省・警視庁という警察行政によって営業休止が強制されることになった(35)。それは身体性を発揮する庶民の娯楽や、ダンスホールでバンドによる実演をしていたポピュラー音楽の演奏・鑑賞機会を奪うものだった。この閉鎖について内務省は、第七十九回帝国議会に際して次のように総括している。

ダンスハ婦道ヲ紊リ、子弟ノ気風ヲ浮薄ナラシメ、社会風教上甚ダシキ悪影響アルヲ認メタルヲ以テ、其ノ新設、増築、譲渡ヲ認メザル等漸減方針ヲ以テ臨ミタル結果、昭和十五年末ヲ以テ全部円満整理ヲ見ルコトトナリタリ(36)

以上みてきたように、内務省や各府県警察は、風俗を紊乱する場の取り締まりとして、貸座敷・引手茶屋・娼妓、芸妓屋、料理店・飲食店や遊戯場とセットでの強力な統制を展開したが、そのなかでもダンスホールは、当

写真7　閉鎖前夜、超満員のダンスホール（1940年）（毎日新聞社提供）

初から「根絶」させることを前提として取り締まりをおこない、府県警察による取り締まり規則で統制する一方で、一九三八年六月の警保局長通牒「舞踏場及舞踏教授所ノ取締ニ関スル件」で、全面禁止に向けて段階的な取り締まりを積み上げたうえで、四〇年十月末の営業閉鎖に追い込んだのである。

　しかし、この営業休止を強制する娯楽取り締まりは、単に戦時期に特有の事象ではなかった。警察行政による風俗紊乱への取り締まりというスタンスは、そのまま戦後に継続し、一九四八年七月の風俗営業取締法公布、その改正となる八四年八月の「風俗営業等の規制及び業務の適正化等に関する法律」公布へと続き、二〇一〇年のクラブ一斉摘発といった日常への介入が公然と繰り広げられている現実がある[37]。外部と遮断された空間での営業行為に向けられる警察行政のまなざしは、戦時期から戦後まで一貫して不変であり、そこで演奏されていた音楽も風紀を乱す悪と解釈されていたのである。

レコード検閲

内務省警保局図書課を担当部署として実施されたレコード検閲は、前述の山本内務大臣の指示事項が忠実に実行されていた。内務省警保局図書課の小川近五郎は、「最初から当局と業者との連絡調整主義でやって参りましたので、今度の事変と共に時局にふさわしくないレコードを一気に無くすることが出来ました[38]」と述べていることからも明白である。

このように実施されたレコード検閲が機能した事例は前述の「忘れちゃいやよ」の事例が代表例だが、流行歌レコードの扱いについては、それ以外にも「出版警察報」に報じられているように、毎月発売禁止処分になるレコードがみられた。また後述する、内閣情報部選定で一九三七年十月発表の「愛国行進曲」(作詞:森川幸雄、作曲:瀬戸口藤吉、一九三七年)であっても、レコード会社各社が競作になった際には検閲の影響が見られた。例えば、ポリドールは東海林太郎と関種子の歌唱で吹き込みをおこなったが、「東海林太郎の歌い振りが従来の流行歌調から一歩の脱せず卑俗極まるもので国民精神作興上面白くない[39]」という理由で不許可になった。出版物の検閲基準は、第六十五回帝国議会でも議論になっていたが、ことレコードでは、検閲者の主観による判断が継続していた。

小川近五郎は、「忘れちゃいやよ」を頒布禁止処分とした理由について「しなだれかかってエロを満喫させる」と述べたが、新聞紙上では「取締の主眼は、レコードの低調卑俗と戒め以て世道人心の頽廃退嬰を防ぐことであって、普遍妥当性のない私的感情(恋愛を含む)や私的生活を主観的に扱ってもらはないようにしています[40]」とその基準を明らかにしている。そもそも出版法では、「安寧秩序ヲ妨害シ又ハ風俗ヲ壊乱スルモノ」の発売頒布禁止と差し押さえ、「皇室ノ尊厳ヲ冒瀆シ政体ヲ変壊シ又ハ国憲ヲ紊乱セシムル」ものの禁固・罰金刑、「風俗ヲ壊乱スル」ものの禁固・罰金刑を規定しているが、「私的感情」「私的生活」を排除し「普遍妥当性」を基準に可否を判断すること自体、客観性がない基準であり、また実際には演奏法や歌唱法という抽象的な基準で検閲がなされていたのが現実だった。法律条文ではなく、検閲官の「好み」が判断基準になっていたのである。この内務省のレコード検閲が、日中戦争を契機として、特に流行歌レコード統制の強化と善導を意識していたことは、娯楽政策の推移という観点からも重要である。

この警保局図書課の意向は、常に業界にも周知徹底され、その意向が事前審査や作品の自主規制となって機能していた。そのことは、小川自身の指摘からも明らかだ。例えば、「アラ恥しいわ」（作詞：宇津江精二、作曲：佐々木俊一、歌：小林千代子、一九三六年）、「だって嫌よ」（作詞：三沢操、作曲：山川武、一九三六年）、「あたしの彼氏」（作詞：若杉雄三郎、作曲：細田義勝、一九三六年）、「円タク行進曲」（作詞：三沢操、作曲：山川武、一九三六年）、「彼女の青春」（作詞：佐伯孝夫、作曲：佐々木俊一、一九三六年）などの楽曲を挙げて「之等に対しては、当時掣肘を加えて流行を阻止した」(41)と業界に対する介入をおこなったことを端的に述べているし、以下の雑誌記事からもその実態をうかがうことができる。

長期戦下の今日と雖、大衆の低俗卑猥な趣味が消滅したとは決して言へないばかりでなく、寧ろ戦ひの長びくにつれて、再び抬頭の気配さへ観取出来るからである。あながち取締当事者ならずとも、この辺でもう一締めして、弛みに備へなければならないことは、論議するまでもないと信じている。味のない言ひ方ではあるが、流行歌の健全性保持の為にも、之は必要なことと思ふ。この対策として、先頃業者に、長期戦下の企画案と謂ったものを提示して、編輯上の参考資料として貰ふことにしたのである。企画案なるものは、専ら時局克服を目標とした各般の事項が掲示してあるのであるが、その中で「時局と遊離した感覚の作品を作成せざること」という項目が設けてあって、喧噪、軽佻浮薄、遊惰、耽溺した恋愛、誤解され易き未練心など、凡そ非常時局に似つかはしくない気持ちの表現を遠慮して貰ふ趣旨を盛り込んで置いたのである。現在の流行歌の傾向に対しては、専ら此の項目の趣旨を尊重して貰はないことには、弛緩防止の目的を達し得ないと思ふからである。それで、この趣旨の要点が今日の検閲標準に加味されて事実上の処分決定の鍵ともなって

ゐるのである(42)

このように、法令とともに、検閲当事者の主観と、業界との懇談による自主規制を強制しながら検閲を運用していたのが、レコード検閲の実像だった。

興行取り締まり

内務・警察行政が、日中戦争期に注力した政策として、興行取り締まりについても指摘しておきたい。興行取り締まりそのものはすでに一八八〇年代以降から、興行場の建築や設備の規制というハード面と、興行者や興行形態への取り締まりというソフト面がセットになり、府県警察の規則に基づいて規制されていた。ハード面の取り締まりは、現在の建築基準法などの法令で規定されている制限事項だが、ソフト面の取り締まりは、規則改正のたびに強化されていくことになる。

警視庁の場合、明治期の様々な規則を一元化し、一九二一年七月に興行場及取締規則(警視庁令第十五号)が施行された。さらに三七年十一月に届出方法の変更や勧誘目的の入場券や物品の配布禁止などを追加した興行取締規則(警視庁令第十九号)が施行され、日中全面戦争化に伴う娯楽の簡素化や統制の強化が反映されていた。このような状況下にあって、日中戦争の拡大に伴う国内統治強化と興行取り締まりの強化という基本的な認識の統一を目的として、前述の三七年十一月十三日付の警保局通牒「興行取締ニ関スル件」が示達された。

近時ニ於ケル演劇、レビュー、漫才、落語、紙芝居等興行ノ内容ヲ見ルニ其ノ間往々民衆ノ嗜好ニ迎合センＴスルノ余リ娯楽ノ本質ヲ没却シテ低調卑俗ニ陥リ廃頽悖倫ニ渉ルモノ無キニ非ズ、又支那事変発生後ハ之ニ取材セルモノ著シキ数ニ達セル所ナルガ、其ノ内容ヲ見ルニ概ネ粗雑ニシテ動モスレバ安価ナル感激ヲ唆リ徒ラニ対支感情ヲ激発シテ禍根ヲ将来ニ貽スガ如キモノ、或ハ戦争反対戦争嫌悪ノ念ヲ起サシムルガ如キモノ、或ハ事変ニ対スル国民ノ厳粛ナル感情ヲ傷クルガ如キモノ無シトセズ、是等ノ事項ニ関シテハ夙ニ厳重取締ヲ行ヒツツアル様認メラレル[43]

この通牒では、作品の精神、盛り込むべき姿勢、題材の適正化、脚本の事前調整、興行時間短縮など十七項目の励行が指示された[44]。何より「現下ノ如ク挙国振張、国民ノ精神的総動員ヲ行ヒ堅忍不抜、重大ナル時局ニ対処シ且今後持続スベキ時難ヲ克服シテ愈々皇運ヲ扶翼スルノ要最モ緊切ナルモノアル時代ノ要求ニ鑑ミルトキ」と述べていることからもわかるとおり、これは社会情勢が色濃く反映された通牒であり、一九三七年十一月という精動が大々的にスタートしたタイミングで、興行者と興行従事者に対する国策協力の要請と脚本などの検閲強化が盛り込まれていたのである。

このように、興行取り締まりは、各府県警察がそれぞれに興行取締規則を施行することで展開していたものだが、この通牒は内務省が全国規模の指針を示した点に特徴がある。この内務省の娯楽統制については、早速十二月の「読売新聞」紙上でも「いはゆる日本精神的見地にたって大衆娯楽の全面的統制に乗り出した内務省警保局では、まず映画、レコードを槍玉にあげたうへ、更に進んで芝居、寄席、レヴュー等に手を伸ばし目下統制具体案の研究に着手してゐるが、これと併行して警保局ではカフェー、バー、ダンス・ホール等が国民教化、風紀取締り上甚だおもしろくない点に鑑みて今夏依頼事変下の風紀警察全般にわたって慎重協議を重ねてゐたところよく〳〵取締具体案ができあがったので近日中に内務次官または警保局長通牒によって全国府県に指令実施されることとなった[45]」と広く風俗警察の強化という脈絡で報じている。

そして、一九四〇年二月公布の興行取締規則（警視庁令第二号）と同年七月の改正では、舞台の演奏者や俳優を「技芸者」と位置付け、この技芸者に対して審査のうえ鑑札（技芸者之証）を発行し、その携帯義務を課すと同時に、技芸者の団体の組織化をも強制する条項が追加された。また、音楽界も興行取締規則に対応するため、四〇年に山田耕筰を会長とする演奏家協会を設立し、演奏家協会も一丸となった芸能文化連盟の組織化が推進された。
さらに興行取り締まりは、アジア・太平洋戦争期にも継続していく。各府県単位だった興行取締規則は、その後全国統一の規則に強化され、一九四四年二月に内務省令第四号・興行等取締規則が発表された。この規則では、興行者・技芸者・演出者の届出・営業停止・許可取り消し、劇団・演芸団・観物団の届出・許可、脚本の検閲などソフト面に限定した全国統一基準が発効された。この規則について「読売報知」は、次のように報じた。

新しい取締規則の要点は、まず興行者を始め技芸者、演出者のいずれも主な就業地の地方長官、都は警視総監の許可を受ければ全国で有効となり、いままでのように東京で許可を受けても福岡県へゆくと無効になって同県をうけるなど形式的な面倒さが解消する（略）移動演劇団などは従来移動するたび毎に関係閣府県庁に脚本検閲を受けていたものが四月から内務大臣検閲に合格すれば全国に共通し手数や脚本紙が省ける(46)

紙面では、全国統一の規則のメリットを強調しているが、その背景には、移動演劇や移動音楽を推奨することになる決戦非常措置要綱との連動が明白である。地域の特性や施設・演者・スタッフの地域ごとの状況の違いを反映するのではなく、あくまで統制を重視した統一基準の設定は、まさに娯楽統制のありようを示すものといえる。

日中戦争期の娯楽政策は、満洲事変期から継続してきた内務省を中心とする思想・風俗取り締まりが一層強化・徹底されたものだった。ダンスホールの閉鎖は、その強権的な取り締まりの象徴といえる。これは単に閉鎖という事実にとどまらず、事業を強制的に停止させる行為であり、また従業者の就労機会を奪う行為であり、人々の娯楽の機会を剝奪する行為である。それが何ら法令に基づかず、内閣の恣意と立法からの要請によって実施されたところに、戦時期の内閣や立法の恐ろしさがある。さらに精動という、内閣が主導した人々の日常生活の統制強化と挙国一致のための民心掌握にもまた、その片鱗が見え隠れしていた。次章で詳述するように、さすがに生活刷新を標榜した精動は、実施体制や実施内容への不満や矛盾が露呈して失敗に終わるが、目的や理念は新体制運動に継承されることになる。音楽文化への関わりでは、レコード検閲などの統制強化の一方で、内閣と業界との協調による施策の展開など、相互の依存と意思疎通のなかで、業界の忖度なども付加しながら娯楽政策を推進していった側面もみられた。総力戦体制の構築のために、娯楽に対しても挙国一致を目指した統制や取り組みが進展していったのである。

注

（1）演劇映画音楽等改善委員会の沿革と経緯については、「演劇、映画、音楽等改善委員会官制廃止ノ件」（JACAR〔アジア歴史資料センター〕Ref:A14100879600、「演劇、映画、音楽等改善委員会官制ヲ廃止ス」、公文類聚・第六十五編・昭和十六年・第二十一巻・官職十八・官制十八〔文部省五〕）。
（2）同資料
（3）「国民娯楽改善委員会官制ニ関スル件」（JACAR〔アジア歴史資料センター〕Ref:A14100709100、「演劇、映画、音楽等改善委員会官制ヲ定ム」、公文類聚・第六十三編・昭和十四年・第十六巻・官職十三・官制十三〔文部省六〕）
（4）「演劇、映画、音楽等改善委員会官制ヲ裁可シ茲ニ之ヲ公布セシム」（JACAR〔アジア歴史資料センター〕Ref:A14100709100、「演劇、映画、音楽等改善委員会官制ヲ定ム」、公文類聚・第六十三編・昭和十四年・第十六巻・官職十三・官制十三〔文部省六〕）
（5）同資料
（6）前掲『娯楽教育の研究』。以下の引用は同書による。
（7）前掲『娯楽教育の研究』八八―九四ページ
（8）同書九七―九八ページ

（9）以上の廃止に至る経緯は、同書七二ページ。

（10）「警保局長事務引事項」（ＪＡＣＡＲ〔アジア歴史資料センター〕Ref.A05032332500、「本邦警察施設に関する参考資料（外務次官）」、警保局長決裁書類・昭和十二年〔下〕）

（11）「河原田内務大臣訓示、指示事項（昭和十二年五月二十五日警察部長会議事務打合会）」（ＪＡＣＡＲ〔アジア歴史資料センター〕Ref.A04010446600、「地方長官警察部長会議書類・昭和十二年」、地方長官警察部長会議書類・昭和十二年）

（12）同資料

（13）「風俗に関する営業の取締に関する件（各府県）」（ＪＡＣＡＲ〔アジア歴史資料センター〕Ref.A05032042300、内務大臣決裁書類・昭和十三年〔上〕）

（14）「参考資料五、風俗警察ニ関スル件」（ＪＡＣＡＲ〔アジア歴史資料センター〕Ref.A05020213700、「末次内務大臣訓示要旨」、種村氏警察参考資料第六十一集）

（15）「風俗ニ関スル営業ノ取締ニ関スル件」（ＪＡＣＡＲ〔アジア歴史資料センター〕Ref.A05032042300、前掲「風俗に関する営業の取締に関する件（庁府県）」）

（16）同資料

（17）警保局警務課「支那事変関係通牒集 昭和十四年八月現在」（ＪＡＣＡＲ〔アジア歴史資料センター〕Ref.A05020217300、「支那事変関係通牒集」、種村氏警察参考資料第六十三集）

（18）「カフェ、バーの取締 識者の声に聴く」「読売新聞」一九三八年六月三日付

（19）「指示事項昭和十四年五月三日地方長官会議」「指示事項昭和十四年五月二十五日警察部長会議」（ＪＡＣＡＲ〔アジア歴史資料センター〕Ref.A04010447200、「地方長官警察部長嘉一書類昭和十四年」、地方長官警察部長会議書類・昭和十四年）

（20）「指示事項」（ＪＡＣＡＲ〔アジア歴史資料センター〕Ref.A05020225500、「保安課長会議指示事項」、種村氏警察参考資料第六十八集）

（21）「官民消費節約実行方策」（ＪＡＣＡＲ〔アジア歴史資料センター〕Ref.A15060279300、「官民消費節約実行方策

（各庁申合案）（昭和一三・五・二八）」、企画院関係書類）
（22）内務省警保局警務課「第七十四議会参考資料」（JACAR〔アジア歴史資料センター〕Ref:A05020221700、種村氏警察参考資料第六十六集）
（23）「第七十五回帝国議会衆議院決算委員第一、第二、第三及第四分科聯合会会議録（速記）第二回」一九四〇年三月十七日
（24）内務省警保局「第七十五議会ニ於ケル政策具体化ノ言明議員発言中考慮スベキ事項等関係書類」（JACAR〔アジア歴史資料センター〕Ref:A05020270500、「第七十九議会参考資料」、種村氏警察参考資料第九十二集）
（25）警保局図書課「第七十九議会参考資料　昭和十六・一二」（JACAR〔アジア歴史資料センター〕Ref:A05020228800、「第七十五議会に於ける政策具体化の言明議員発言中考慮すべき事項等関係書類」、種村氏警察参考資料第六十九集）
（26）愛国婦人会に関する報道は、「和泉橋ダンサーも愛婦へ入会」（「東京朝日新聞」一九三七年四月二十八日付）、「踊るステップに愛国の純情」（「東京朝日新聞」一九三七年四月二十九日付）、「私達の愛婦」（「東京朝日新聞」一九三七年五月十六日付）を参照。
（27）「第七十三回帝国議会衆議院予算委員第二分科（内務省、文部省及厚生省所管）会議録（速記）第三回」一九三八年二月七日
（28）「ホール閉鎖追撃に内相の人情論」「東京朝日新聞」一九三八年二月八日付
（29）「舞踏場取締ニ関スル件」（JACAR〔アジア歴史資料センター〕Ref:A05032334600、「舞踏場等取締に関する件（関係警察部長）」、警保局長決裁書類・昭和十三年〔上〕）
（30）「舞踏場及舞踏教授所ノ取締ニ関スル件」、同資料所収。もっとも、ダンスホール規制については、一九三七年に「此樹会にダンスホール、カフェー等にいたるまで広範囲の娯楽統制に一段階を進めることになり警保局で慎重具体策の作成に着手した」（「ダンス統制へ〝忘るな日本精神〟」「読売新聞」一九三七年十月十三日付）や、「内務省では今度はダンスホールに眼を向けダンスホールの実情が我が国の醇風美俗を破壊し何等の益するところがないというので、全国のダンスホールを断固閉鎖させることに決定した模様」（「国民よ嵐の前甘んじて立て　全国のダンスホール

断固閉鎖に決す」「東京朝日新聞」一九三七年十二月二十九日付）など、その兆候を報じていた。
（31）「瀕死のダンス」「東京朝日新聞」一九三八年七月九日付。この施策については、「読売新聞」でも「ネオン街へ粛清の爆弾」（一九三八年七月二日付）、「客足四割減る」（一九三八年七月十一日付）、「一流花街ガタ落ち」（一九三八年七月十二日付）などと報道していた。
（32）「事変下慎むべき遊興」「読売新聞」一九三九年二月九日付
（33）前掲「第七十四議会参考資料」
（34）「物資活用並に消費節約の基本方針」は、「週報」第百三十三号・一九三九年五月三日号（内閣情報部）、「公私生活を刷新し戦時態勢化するの基本方針」は、「週報」第百四十三号・一九三九年七月十二日号（内閣情報部）でも国民に告知していた。
（35）「享楽面へ、来た〝八・一禁令〟」「読売新聞」一九四〇年八月一日付、「享楽街にも七・七禁令の浪」「朝日新聞」一九四〇年七月三十日付。なお、警視庁がいつどのような内容の通達を発出したのかについては未確認である。
（36）前掲「第七十九議会参考資料 昭和十六・一二」
（37）永井良和『定本 風俗営業取締り――風営法と性・ダンス・カジノを規制するこの国のありかた』（〔河出ブックス〕、河出書房新社、二〇一五年）を参照。この書籍の狙いはサブタイトルにもあるとおり「風営法と性・ダンス・カジノを規制するこの国のありかた」そのものを問うことにあり、永井は「まえがきに代えて」のなかで「風俗営業取締法が制定されたのは、戦争のあとにつづく大混乱の時代であった。当時は新しい社会をつくる様々な試みがなされた。高い理想に導かれ、また希望に満ちていた反面、きびしい現実を生きぬくことから逃れられない状況下で、戦前期の体制が復活し、あるいは延命される面もあった。風営法の歴史にも、新時代にふさわしい管理を実現していく面と、古い意識やしくみを生きながらえさせる面との二面がある。その歴史を現在までたどることによって、私たちが将来についての展望をもつことも可能になるだろう」（同書一四―一五ページ）と述べているとおり、戦時期のダンスホール取り締まりの歴史を今日的な視点をもちながら考察する必要があるだろう。
（38）「検閲鏡にうつるレコード上」「東京朝日新聞」一九三八年七月三十日付
（39）「愛国行進曲に厳重な当局のテスト検閲」「読売新聞」一九三七年十二月二十八日付

(40) 前掲「検閲鏡にうつるレコード上」
(41) 前掲『流行歌と世相』一四四ページ
(42) 前掲「流行歌昨今の傾向と取締態度」三ページ
(43)「興行取締ニ関スル件」（ＪＡＣＡＲ〔アジア歴史資料センター〕Ref.A05032039600、「興行取締の件（各庁府県）」、内務大臣決裁書類・昭和十二年〔下〕）
(44) 同資料
(45)「風紀警察の猛進軍　いよいよネオン町攻落」「読売新聞」一九三八年十二月十四日付
(46)「幕開く『決戦舞台』内相の検閲で〝合格〟物は全国有効」「読売報知」一九四四年二月一日付。一九四二年八月五日に「読売新聞」と「報知新聞」が合併して、題号が「読売報知」になった。

第4章　内閣情報部の娯楽政策

内閣が担った戦時期の娯楽政策は、文部省や内務省だけでなく、総力戦体制構築を推進するための新たな部局の発足と拡充を促すことになった。一九三七年七月に改組で発足した内閣情報部は、文部省の社会教育や内務省の風俗警察とは異なり、人々の日常生活に直結した政策を推進していく。本章では、内閣情報部にフォーカスして、その取り組みと影響を検証する。

1　内閣情報委員会から内閣情報部に至る過程

一九三六年七月に「各庁情報ニ関スル重要事項ノ連絡調整ヲ掌ル」（内閣情報委員会官制第一条）目的で発足した内閣情報委員会は、三七年九月に内閣情報部、四〇年十二月に情報局へ改組・拡充され、内閣の情報宣伝・啓発とインテリジェンス機能を担うことになる。これらの一連の変遷は、娯楽政策をはじめとする文化政策にも深く関与することになる。(1)

満洲事変の展開によって、政府はインテリジェンスと情報宣伝機能の強化の必要性に迫られることになり、一九三二年六月に、外務省と陸軍省、陸軍参謀本部が時局同志会を開催したのを皮切りに、同年九月に外務省内に外務省、陸軍省、陸軍参謀本部、海軍省、海軍省軍令部、内務省、文部省、逓信省による情報委員会を設置し、以降、内閣情報委員会が発足する三六年七月までこれらが情報共有と宣伝機能強化のために協議を継続していた。一方で、対内外のニュース配信をめぐって、陸軍省寄りの日本電報通信社と、外務省寄りの新聞連合社の、それぞれの報道の食い違いが問題化したため、三二年九月から両社の統合の動きが本格化し、三五年十一月に同盟通信社が設立認可された。

この同盟通信社の管轄のため、各省を横断した情報連絡機関の設立も急務の課題になっていた。これらの状況を打開し、国内外への情報啓発宣伝の課題を克服するために、一九三六年七月に内閣情報委員会官制を公布し、「国策遂行ノ基礎タル情報ニ関スル連絡調整、内外報道ニ関スル連絡調整、啓発宣伝（与論指導）ニ関スル連絡調整」を推進するため、独立部局として内閣情報委員会が発足した。

内閣情報委員会の実績としては、一九三六年十月から始まる「週報」の刊行、同年十一月の「日支問題ニ関スル対外宣伝方策」、十二月の「日独防共協定ニ関スル宣伝方針」「紀元二千六百年ニ関スル宣伝方策」、三七年三月の「衆議院総選挙ニ対スル教化宣伝要綱」など啓発宣伝に関わる方策の策定と実践が挙げられるが、これら啓発・宣伝方策の取り組みが、その後、国民精神総動員運動（以下、精動と略記）の起点になる同年四月の「国民教化宣伝方策」に収斂していく。(2) そして、同年六月二十四日の次官会議で「国民教化運動ニ関スル宣伝実施基本計画」が決定し、同年八月二十四日に「国民精神総動員実施要綱」が閣議決定された。(3) ここで、「挙国一致」「尽忠報国」「堅忍持久」の三つのスローガンが掲げられることになる。

同時に、盧溝橋事件が契機になって、内閣情報委員会は対外情報蒐集機能のさらなる強化を目的に改組・拡充され、一九三七年九月に内閣情報部官制が公布され、「国策遂行ノ基礎タル情報ニ関スル各庁連絡事務ノ調整、内外報道ニ関スル各庁連絡事務ノ調整、啓発宣伝ニ関スル拡張連絡事務ノ調整、各庁ニ属セザル情報蒐集、報道及啓発宣伝」をおこなう機関として内閣情報部に改組された。[4]

しかし、内閣情報部への改組に対しては、「貴族院枢密院方面においては、官僚的独善的機構新設案であるとして、反対の空気が強い」として、「政府と所見を異にする言論、報道等に対し強権を用いて封鎖するが如き傾向を必然に有することにならぬか」「情報部即ち宣伝省ともいうべきものは寧ろ言論、結社の憲法において認められたる自由を奪いファッショ国の例に見習うもの[5]」と危惧が示された。そして「内閣全般の情報に関しては書記官長が管掌しているがこの外に情報部を作ることは屋上屋を架することにもなり且つ言論圧迫の印象を与える虞がある」ので「現行制度のまま運用方法を拡充せんとすることになった[6]」と報じられた。

この背景には、第七十議会での解散をめぐる政府と政党の対立緩和策としての内閣情報部改組や、官制を枢密院へ諮問しない方針をめぐる軋轢などの政治的背景が推測されるが、内閣情報部への機能強化に対して挙げられた言論統制への懸念は、行政機能強化一辺倒の政策への異議として捉えるべき課題だろう。

2 国民精神総動員運動の推進

内閣情報部が担った国民統治や啓発宣伝の政策として重視すべきは、本章で明らかにするとおり、精動である。[7]精動は内閣情報部が中心になって企画立案され、その取り組みは、人々の娯楽や日常生活のあり方に変革を迫るものだった。このため、本節では精動を娯楽政策の観点から捉え直し、その本質をこれまでとは異なる角度から照射してみたい。

精動の起点は、前述の「国民教化宣伝方策」であり、その骨子は、精動が頓挫して新体制運動に収斂していく過程でも変わることはなかった。一九三七年四月十九日に内閣情報委員会が発表した「国民教化運動方策」は、以下の趣意を掲げていた。

写真8　国民精神総動員運動大演説会（日比谷公会堂）で演説の近衛首相（1937年9月11日）
（毎日新聞社提供）

尊厳ナル我国体ニ対スル観念ヲ徹底セシメ、日本精神ヲ昂揚シ、帝国ヲ中心トスル内外ノ情勢ヲ認識セシメテ国民ニ向フトコロヲシラシメ、国民ノ志気《ママ》ヲ鼓舞振張シ、生活ヲ真摯ナラシムルト共ニ国民一般ノ教養向上ヲ図リ、以テ国運ノ隆昌ニ寄与スルニ在リ[8]

そして、要綱として、皇室中心の国民の一致団結、官民一致による国体観念の培養と国家秩序の安定による国力充実、国際情勢の自覚と国運伸張に対する国民の努力の推進、教養の向上と旧来からの弊習の打破と改善、質実剛健や伝統の醇風美俗の維持、国民体位の改善による国民生活の明朗化と国力の充実の四点を掲げて、「肇国精神の宣揚」「国民精神の作興」「政治、行政に関する国民教育」「社会的教養の向上」「生活の改善」「体位、保健、衛生の向上」について各省庁が具体的取り組みをおこなうことを実施事項としていた。これは一見すると、イデオロギーを前面に打ち出した「精神運動」のようだが、実際におこなわれた施策は、まさに生活刷新を標榜した娯楽統制や人々の日常生活の制限に直結するものだった。そして、この要綱は後述するように日常生活の細部にわたる統制となって展開していくことになるが、その中心を担っていたのが内閣情報部だった。

一九三七年八月二十四日に閣議決定した「国民精神総動員実施要綱」の実践方法では、都道府県レベルでの具体的実施計画の樹立実行、市町村レベルでは実施計画の「各家庭ニ至ル迄滲透スル様努ムルコト」「諸会社、銀行、工場、商店等ニ於テハ夫々実施計画ヲ樹立シ且実行スル様協力ヲ求ムルコト」とともに、言論機関、ラジオの利用、そして「文芸、音楽、演芸、映画等関係者ノ協力ヲ求ムルコト」を規定した。ここでは、「挙国一致」「尽忠報国」「堅忍持久」というスローガンが掲げられたほか、明確に都道府県単位での具体策策定と実行、各家庭や事業所での実行の強制、つまり文化領域の動員が見て取れる。(9)

これを受けて、同月三十一日には改組寸前の内閣情報委員会が具体的な取り組みとして「国民精神総動員実施要領」(10)を発表した。そこでは、九月十日から十月十二日までを第一期、十月十三日から十九日を強調週間、十月二十日以降を第二期として「国民教化宣伝方策ニ依ル甲号及乙号宣伝ハ総テ本運動ノ趣旨ニ立脚シテ実施スルコト」とされた。強調週間は、「国民教化宣伝方策」のなかで「社会的教養向上、生活改善ニ関スル週間」を設定することで「事変ト生活ヲ強調」することを目的としていたが、この強調週間の実施については、文部省が一九三七年九月二十五日付で「国民精神総動員強調週間実施方ニ関スル件」を文部次官と内務次官連名で通牒している。

そこでは実施方法として、「週報」特集号やポスターとビラの配布、特別編成によるラジオ番組の放送、地方での宣伝実施が盛り込まれている。(11)この通牒を受けて、各方面で強調週間の実践がおこなわれたが、実際に強調週間の期間中、日本放送協会は、毎朝八時から「国民朝礼の時間」として、「君が代」、宮城遥拝、訓話、ラジオ体操を、午後七時三十分から講演による番組を放送し、その朝と夜の放送ともエンディングテーマとして「海ゆかば」を演奏した。「海ゆかば」(12)は、この番組のために日本放送協会が大伴家持の長歌の一部を選定し、信時潔に作曲を委嘱したものである。

「海ゆかば」は、一九四二年十二月に、大政翼賛会による「国民の歌」に指定され、隣組や常会で歌唱が義務付けられたこと、四二年三月の「特別攻撃隊」の戦死報道でテーマ音楽として使われて以降、玉砕を報じる報道番組のテーマ音楽として使用されたことから、人々の記憶には戦死と直結して刻印されることになるが、もともとは、死を象徴するものではなく、精動という「挙国一致」「尽忠報国」「堅忍持久」の理念や意識を人々に周知徹底するための音楽だったことは留意しておきたい。

精動そのものは、一九三七年九月十一日に開催された国民精神総動員大演説会で、近衛文麿内閣総理大臣が自ら「挙国一致」「尽忠報国」「堅忍持久」を訴え、国民に周知することでスタートした（写真8）。そして精動の個別施策の実施は、官民が一致協力して実施するという建前のもとで、十月十二日には民間の推進主体という体裁による国民精神総動員運動中央連盟（精動中央連盟）が、有馬良橘（海軍大将）を会長、政・官・財界の十五人を理事に選任し、全国町村長会や在郷軍人会、婦人団体のほか経済、労働、社会事業、文化など様々な業界団体を加盟団体として発足した。内閣情報部、内務省、文部省を中心とする内閣が、基本方針と具体的施策の企画立案をおこなうと同時に、その実践を周知し、精動中央連盟が地方組織と連携して内閣の施策を実行するとともに、個々の地域での個別課題に取り組む推進母体として機能するという二元体制が確立された[13]。

内閣主導の運動は、前述の強調週間のあと、十一月三日の明治節奉祝がおこなわれ、以後、四大節（四方拝、紀元節、天長節、明治節）では奉祝行事が開催されることになる。さらに、一九三八年二月の国民精神総動員運動第二回強調週間、四月の昭和十三年度実施基本方針の閣議決定、六月の貯蓄報国強調週間、七月の一戸一品献納運動、七月下旬からの経済戦強調週間、八月の国民心身鍛錬運動、十月の銃後後援強化週間、十一月の国民精神作興週間といった運動が継続して実施された。実際に実施された運動からもわかるように、精動は人々の日常生活そのものを規制し暮らしに介入するものだった。

例えば、一九三八年二月の建国祭では、建国祭本部主催の奉祝事業に合わせて文部省が地方長官に精動の通牒を発したほか、第二回強調週間では厚生省の「歩け運動」、「支那事変一周年」に合わせて実施された内閣情報部

写真9　日比谷公会堂での愛国行進曲発表会（1937年12月26日）（Ⓒ昭和音楽大学　撮影／小原敬司）

主導の「一戸一品運動」での衣食住の簡素節約としての一菜主義励行、経済戦強調週間での女性動員のアピールとビラ配布、内閣情報部主導の「生活刷新」としての年賀状や忘年会・新年会の廃止、「貯蓄励行」としての国債や貯蓄債権応募の励行、銃後後援強化週間での東京朝日新聞社主催の「漢口攻略記念銃後奉公大行進」に代表されるメディアイベントとの協調などからも、その内実がうかがえる。

一九三七年十月に発表された、内閣情報部選定「愛国行進曲」も、これら精動の施策のなかで実施されたものだった。これは、内閣情報部が自ら作詞と作曲を公募し、その審査を専門家に委嘱して楽曲を選定・発表したもので、その懸賞募集には「内閣情報部に於ては、今回行なわれる国民精神総動員を機として、国民が永遠に愛唱し得べき国民歌を作ることとなり、次の規定に依って汎く帝国国民より愛国行進曲（歌詞及作曲）を募集することとなった」と記されている。

この内閣による楽曲公募の目的については、内閣情報部の京極高鋭が解説していた。京極は「情報部で愛国歌を作りたいということを決定したのは九月初めだと思いましたが、この国民精神総動員を機会として日本国民が全部歌える行進曲の愛国歌をつくろう、また一般から募集することによって国民精神作興にもなる。亦常に吾々には歌いたい気持ちはあるが適当な歌がない、これを満足させる目的で作られたものであろうと思います。それと同時に、軽佻浮薄な流行歌を排撃すると共に本格的な歌い方を出来るだけよく指導するという意味も含まれてをったと思っております(14)」と述べているように、「愛国行進曲」の公募は精動と流行歌統制を目指したものであることを明らかにしている。このようにして、国選の音楽作品が、その後敗戦に至るまで様々な演奏会やイベントで演奏され続けることになったのである。

写真10　花柳寿美喜代愛国行進曲振付（1938年1月）（©昭和音楽大学　撮影／小原敬司）。「愛国行進曲」は舞踊の振付もおこなわれ啓発されていた

「海ゆかば」と「愛国行進曲」は、敗戦に至るまで様々な場面で聴かれ、歌われ、人々の日常に息づいていた。戦争を体験した世代には、まさに「戦争の記憶」と一体となって脳裏に焼き付いている音楽といえる。その楽曲が、精動を契機に創作され発表されている事実は、音楽文化が精動の趣旨を徹底し人々に意識付けを促すツールとして活用されていたことを物語るものである。音楽文化がどのように受容されていたのかは、一つの試金石となる日本放送協会がラジオ番組の聴取状況を調査した一九三二年実施の「慰安種目の嗜好状況」と、三七年実施の「番組種目嗜好および調査状況」のデータからは、西

洋音楽がまだ違和感をもって受け止められていた側面が顕著だ（本書二六ページの表1を参照）。それでも、レコードの普及に伴い、歌謡曲（流行歌）や国民歌謡などの「うた」が日常の娯楽として根付きはじめていたのが三〇年代だった。精動が、「うた」をその啓発ツールに活用した意味も、その影響力を重視していたことの証しといえるのではないだろうか。

3　国民精神総動員運動の再構築

精動の変質

しかし、これらの運動は、「その実施に伴って欠陥を認められる点も生じてきた」として、中心指標が不明確であること、都市や各家庭、殷賑産業での不徹底、運動目標が抽象的かつ高踏的であること、政府と中央連盟との一貫性欠如といった限界が指摘されていた[15]。運動の中軸だった内閣情報部自ら、精動の実像を注視し改革しようとしていたのである。

第2節で概観した運動が展開されていた一九三八年七月時点で、すでに精動の中枢機構整備について内閣書記官長を中心に検討を開始していることが報じられた[16]。そして同年十二月に八相会議で「国民再編成のための挙国一致的新組織」について「国民精神総動員中央連盟所属の全団体を下命せしめこれを改組拡大して新機構中に包摂し東亜新秩序の建設に協力した物心両面に亘る国民の挙国態勢を整備する事を綱領としている[17]」ことが合意された。しかし、官僚主導の再編に対する政党の反発、三九年一月四日の第一次近衛内閣総辞職と平沼騏一郎内閣の発足などによって構想はいったん頓挫し、平沼自身、国民再組織について「朝日新聞」紙上で「前内閣の考えたようなことは私は考えていない[18]」と明言した。この平沼内閣総理大臣のコメントは、同紙で「改組機構の内容については前内閣の案は一応白紙に還元し新なる構想の下に新内閣独自の改組案を考究する[19]」と報じられていた。

このような内閣の動きを受けて、一九三八年秋以来、たびたび内部で運動のあり方について検討を重ねていた精動中央連盟も、改組案準備に着手し、同年二月四日に有馬会長が平沼内閣総理大臣に「国民精神総動員運動に関する意見書」を提出し、「連盟自らが自主的改組拡充を断行して更に官民一体の強力なる中枢機関たらしむるやう拡大充実を図る事になった」[20]と発表した。そして、同月二十四日には規約改正をおこなって組織体制の再編や地方組織の拡充を実施していく。その背景や狙いについては、次のように解説している。

> 戦は既に新東亜建設へと進み、時局は益々重大化して行くにも拘らず、かうした殷賑産業関係者の精神の弛緩とか闇取引の横行とか云った甚だ面白くない現象が国民の間に益々多く見られることは、確かに国民精神総動員が徹底しない証拠である。これではいけないと云ふので、政府も色々と研究し、中央連盟からも意見を具申して、その結果もっと運動を強化し、国民の総てが真に国民精神総動員を生活の糧に実践できるやうにしやうと云ふことになったのが即ち今回の「精動の再出発」である（略）かうした方針のもとに先ず十分に運動の出来る精動本部たらしめやうと云ふことで、聯盟の改組拡充が進められたし、一方内閣には官民合同の国民精神総動員委員会が勅令を以て設置され（三月廿八日公布）会長に平沼首相を戴き、荒木文相を委員長として、政府民間一体となって運動の企画や指導の総合、一元化を図ることになったのである。更に地方の組織としては、新たに各地方庁に精動事務局を設けて運動事務を統一処理させる[21]

ここでも指摘しているとおり、精動中央連盟の意識は、内閣の施策を地方にまで徹底して忠実に実施させているにもかかわらず、特に大都市部の取り組みが不十分であり、全国レベルでの均質な実行が伴っていないことへの苛立ちがあった。

内閣では、政党からも内閣に対応が要請され、改組への動きが加速する。[22]同年二月九日に「新東亜建設に対処すべき総合国力の充実発揮、国家総動員態勢の強化に資せしむ為め」精動中央連盟を改組し、「官民一体の挙国実践運動たるの実」を挙げるため、内閣に国民精神総動員委員会を置くこと、「中央連盟に関する事項」五項目、「中央連盟と政府との連絡機構に関する事項」四項目、「地方の機構に関する事項」が規定された「国民精神総動員強化方策」を閣議決定した。[23] そして、同月二十四日に、国民精神総動員に関する一般事項を内閣情報部の所管とし、内閣情報部を事務局とする国民精神総動員委員会官制を閣議決定し、同月二十八日に官制が公布され、同時に官僚、議員、新聞社、精動中央連盟、大日本産業報国会（産報）、商工会議所などを委員とする「朝野官民一体の運動」の国民精神総動員委員会が文部大臣・荒木貞夫を委員長として発足した。[24]

もっとも、近衛内閣から平沼内閣に至る精動の迷走は、「従来は、中央連盟に主体が置かれながら、監督官庁が文部、内務の二つになってをり、内閣情報部の如きは、その位置さえ漠然としていた。殊に、文部内務の関係は、譲り合いのような、或は取り合いのような妙な具合で、その結果、内務中心の末次案が急進出せんとしたことが顧みられる[25]」という指摘が簡潔に物語っている。この迷走は、「朝日新聞」の「前内閣時代の国民再組織問題蹉跌の根本原因に、議会対策と国民運動振興と農工商各団体の整理再編成の基本的な三つの根本課題を、十把ひと絡げに雑然と盛り上げるだけで、その実行の手順或いは主体も漠然としているままに、上からの官僚統制の仕組みだけがむやみに前面に進出していたことにある」という社説や、「大は全国に根を張る団体から小は数十の会員しか持たない団体（但し看板の大なること田舎の芝居小屋の如し）までの一つの器に盛ろうとすること自体が既に困難な業（略）徒に活動の華々しさのみを庶幾し、甚だしきは幾十年の歴史を持つ加盟団体の事業を模倣横取りするが如きことあるにおいては、全く□□に堪えない」というコラムなど新聞紙面でも批判が表面化していたことからも、人々の意識のなかにも精動に対する疑義が示されていた状況が読み取れる。[26] 実際に、精動中央連盟の人事でも、辞任表明していた会長の有馬良橘の留任は取り付けたものの、理事長は日本商工会議所会頭の伍堂卓雄や、賀屋興宣に拒絶され、結局、陸軍中将・筑紫熊七に決定という混乱した経緯があった。[27] このようにもともと、精動のあり方や地方と大都市部の意識の落差が問題化していた精動中央連盟と内閣の間の様々なせめぎ合いが表面化し、それぞれの改組で精動を継続させるという解決策が実行されたといえる。

そして同年四月七日に国民精神総動員委員会決定のあと、同十一日の閣議決定で「国民精神総動員新展開の基本方針」が決定された。こうして本格的に仕切り直しの精動がスタートし、同月十三日の精動中央連盟主催の国民精神総動員運動大講演会が開催され平沼首相、荒木精動委員会委員長、筑紫精動中央連盟理事長が講演してさらなる運動の推進をはたらきかけた。[28] 続く同月二十八日には、国民精神総動員委員会が、各省、精動中央連盟、地方庁、各種団体の基本方針として「時局認識徹底方策」と「物資活用並に消費節約の基本方策」を発表した。「国民精神総動員新展開の基本方針」の最大の特徴は、「国民精神総動員運動を一層強化し、物心一如の実践運動に推し進めねばならぬ」ことを趣旨とし、はじめて、

（一）肇国の大理想を顕揚し東亜新秩序の建設を期す
（二）大に国民精神を昂揚し国家総力の充実発揮を期す
（三）一億一心各々其の業務に精励し奉公の誠を致さむことを期す

という「綱領」を掲げたことだろう。この趣旨は、「この運動は東亜新秩序建設といふ大目標に向っての強力日本建設運動であり、このための国民奉公の実践運動であることが明白にされた」[29] ことにあった。従前の運動の趣旨が明確でないという批判に応えたもので、国民運動に綱領を掲げてその精神を明確化するという取り組みは、その後に継続し、例えば大政翼賛会もこの精動の綱領の趣旨を踏襲している。そして、実施要項として三項目を規定したが、その二項目に「特に物資の活用、消費の節約、貯蓄の実行、勤労の増進、体力の向上に主力を注ぎ業務並びに生活の間に於いて刷新を図ること」と、はじめて実施要項に何を実施すべきか具体的事項が明記された。この実施要項が「物資活用並に消費節約の基本方策」の「一・物資活用並に消費節約運動の展開」として、

（一）簡素生活の実践

（二）物資の愛用
（三）空閑地、荒蕪地の活用
（四）全面的消費節約
（五）不急品、不用品の活用
（六）廃品回収
（七）金の集中
（八）貯蓄の実行

のように対応策が列挙されることになるが、この基本方針で「物資活用と消費節約」という精動の一つの目標が明示され、一九三七年四月の「国民教化運動方策」の実施宣伝項目で提示された、人々の日常生活に対する統制がより具体的になり、かつ徹底されることになった。

精動の抜本的改革と具体策明示のあと、一九三九年六月に内閣情報部官制を改正し、目的の第五項に「国民精神総動員ニ関スル一般事項」を追加したことからも、内閣情報部が精動の企画実施の中心として機能していくという内閣のスタンスが表れていた。こうして体制を立て直した運動は、「全国民は小我を捨てて大和協力、各々その公私生活を通じこの運動の実践に向って邁進すべき」であり、そのために「全国民の知性を動員し得るような確固たる指導理論の確立を必要とすると共に新しき国民体制のための実践網組織の整備確立とその積極的活動が期待されなければならず、これが今後の本運動展開上の重要問題である」[30]と新たな展開が期待されることになった。

これまで検証した精動の改革は、当初目指していた精動の狙いが空回りして機能しなかったために、一層の統制強化を図ろうとしたものだった。それは、前述した四月十三日の精動大演説会での、有馬の「従来の総動員運動の跡を検討致しまするに地方の農山漁村に於いては、その趣旨が或る程度まで徹底して、相当の実績を挙げて居るに反し、都市に於いては時局認識を欠き遺憾の点少なからざるものがある」、筑紫の「政府は率先して政府部内の一体化を計り、官界に於ける精神総動員の実を挙げるべきであると思います。また中央連盟は各種団体の組織的協心戮力を期待し、その中軸となって民間に於ける精神総動員運動を、一段と強化徹底せしめなければならぬ」という精動中央連盟側の認識や、内閣側も精動委員会の荒木貞夫委員長が「生産拡充、物資動員」への注力を二回も強調しなければならない状況への危機意識のほか、「週報」の特集「事変二周年と精動の新段階」で「本運動の欠陥」として列挙された事項などに顕在化している。[31]

このような精動の経緯やスタンスについて、平沼首相は「俯瞰解説したに止まる」、荒木委員長は「含蓄味が多い」、有馬会長は「必要なる諸問題について、此機会に十分熱意がこめられなかった」と批判されているし、「多少とも自己を磨くことを知っているインテリの中には、てんで精動中央連盟の活動と無関係な者がすくなくないと察せられる理由がある。しかも斯様なインテリこそ実は最も精神総動員の必要がある」という見方も示されていた。[32]これらの矛盾や不満は、同年五月に開催された地方長官会議の「物的経済運動に発展」すべきという徹底した要望や、政府の委員会の統合などが要望されていることなどにも表れていた。

精動の新たな展開

一九三九年五月三十日には、精動中央連盟による事変二周年記念実施運動要綱が決定し、同年六月十五日からは百億貯蓄運動が開始された。しかし、この時期には精動改革の一環として「〝運動週間〟の連発を廃止し、これを最小限に止めて閑却されていた経済的方面で国民生活に徹した地道な運動に全力を注ぐ[33]」という方針の転換がなされていた。この精動の方向性は、「週報」でも「事変二周年と精動の新段階」としてそれまでの経過と、今後目指すべき方向について整理されていた。[34]ここでは運動内容の改善として、綱領を打ち出し、官民協力の強化、形式主義の打破の三点を指摘した。そして今後については、四月に決定した「時局認識徹底方策」と「物資活用並に消費節約の基本方針」の励行を喚起すると同時に、その具体的実践方法として、次のように解説している。

第一は「更に一層緊張せしむる為時局に照応する政治的社会的態勢を促進するの基本方針」であり、第二は「公私生活を刷新して戦時態勢化するの基本方策」であり、第三は「勤労の増進、体力の向上に関する基本方針」である。即ち第一の問題はさきに決定された「時局認識徹底方策」に関連して当然企画さるべきものであり、第二の問題は第一の問題に関連し、又さきに決定を見た「物資活用並に消費節約の基本方策」を徹底する上に於いても当然企画さるべきものである。第三の問題は新展開の基本方針に基づき時局下国力の増強を図る上に極めて緊切なる問題として当然採り上げるべきものと思はれる[35]

ここで解説しているとおり、仕切り直しの精動の中心になる方針が、四月十一日決定の「国民精神総動員新展開の基本方針」であり、この方針の具体的施策として「時局認識徹底方策」と「物資活用並に消費節約の基本方策」を決定し、さらにそれぞれの実践施策として後述する三つの基本方針を実践していくという枠組みを構築していったのである。内閣が目指した、精動のあるべき方向性とスタンスを明確に解説しているが、この方針が、月一回の「国民生活の日」の設定、結婚披露宴やモーニング、中元・歳暮の廃止、ネオンサインの消灯など具体的な施策として実施されることになる。

この精動の動向は人々にも周知されていて、「読売新聞」は六月十一日付から「生活よ廻れ右」の連載を五回、「東京朝日新聞」は五月八日付から「進め精動」の連載を二十回掲載し、具体的な施策の啓発をおこなっている[36]。そして六月十六日の精動委員会の生活刷新に関する小委員会の決定と閣議決定を経て、七月に「公私生活を刷新し戦時態勢化するの基本方針」と「勤労の増進、体力の向上に関する基本方針」が、九月に「時局照応政治的、社会的態勢促進の基本方策」が、それぞれ発表された。この方針が政府による本格的な生活刷新の基本スタンスになる。

そして九月には興亜奉公日の設定、十月からは電力節約と糧食充実運動、銃後後援強化週間、十二月からは経済戦強調運動などを実施し、消費節約と生活刷新という日常生活に直結する施策が強制されるようになる。これらの施策に対応して、「週報」では「精動の頁」を連載し、「勤労増進・体力向上策の趣旨はどこにあるか」（第百四十七号・一九三九年八月九日号）に始まり、「興亜奉公日設定さる」（第百四十八号・一九三九年八月十六日号）、「銃後後援強化週間」（第百四十九号・一九三九年八月二十三日号）、「時局照応政治的、社会的態勢促進の基本方針」（第百五十二号・一九三九年九月十三日号）、「紀元二千六百年新年奉祝実施要綱」（第百五十五号・一九三九年十月四日）を経て、「経済戦強調運動と戦時食糧充実運動の展開」（第百五十九号・一九三九年十一月一日号）に至る、精動の施策周知を徹底する宣伝が継続した。

日常や娯楽への介入

前述したように、精動の具体的施策として発表されたのが、一九三九年七月四日の国民精神総動員委員会決定「公私生活を刷新し戦時態勢化するの基本方針」、同月十一日の国民精神総動員委員会決定「勤労増進、体力向上に関する基本方針」、同年九月七日の国民精神総動員委員会決定「時局照応政治的、社会的態勢促進の基本方針」だった。これらは、国民の自発的な実践運動として展開されるべきものであり、その行動指針として提示された三点セットともいえるものだった。

しかし、これらの基本方針は、精動の矛盾と限界を早々に露呈させる結果になる。特に「公私生活を刷新し戦時態勢化するの基本方針」は、世論の徹底した反発を招くことになる。

この基本方針では「刷新項目」として、

（1）料理店、飲食店、「カフェー」、待合、遊戯場等の営業時間の短縮

（2）「ネオンサイン」の抑制

（3）一定の階層の禁酒、一定の場所の禁酒
（4）冠婚葬祭に伴う弊風打破就中奢侈なる結婚披露宴等の廃止
（5）中元、歳暮の贈答廃止
（6）服装の簡素化
「フロッグコート」「モーニングコート」の着用は公式の儀式に限り、其の他は平常服を以て之に代えること。
男子学生生徒の長髪禁止
婦女子の「パーマネントウェーブ」其の他浮華なる化粧服装の廃止

を掲げていた。

しかしこの方針に対しては、正式発表前から新聞などで批判意見が報じられていた。

例えば、「読売新聞」の投稿欄では、「大臣、時間、或は精動関係の指導者から率先して自家の結婚式に際し改めて貰いたい（略）結婚披露をやめるという考え方には非常な錯誤がある」[37]（結婚披露と精神）、「強制貯蓄をさせる結果は勢い栄養の低下を招き国民体位の向上に逆行する」[38]（強制貯蓄の限度）、「文相〔荒木文部大臣：引用者注〕の鼻下には必要以上に長い髭が昔から威風堂々としてをり、石黒次官は頭を断髪したが鼻の下は立派なヒゲが保存されている。髭には精神総動員の上に何か功徳があるのであろうか（略）長髪はいけないが長髭は有用だという根拠はどうも発見いたしかねる」[39]（長髪か長髭か）、「精動がパーマネントを禁止すると聞きますが、家庭婦人の経験からすれば失礼ながら行き過ぎです」[40]（パーマネント経済）などの批判が掲載されている。

また「朝日新聞」の「鉄箒」では、「学生に対し長髪美装禁止、禁酒禁煙をするよう、精動や文部省あたりで考慮中とかいうことである。こんなことがそもそも一片の「法令」や「指令」で達成され得ると思い上がったところは、いかにもお役人並に準お役人らしい。これが果たして事実とすれば、時局下の国事に携わっている彼等

をこそ先ず教育しなければなるまい」[41]（学生のアタマ）、「物資節約の総元締たる商工省のお役人辺りが率先して、今年の中元はいかなる方面のものも絶対に受けないということを「中外に表明」して頂きたい」[42]（中元謝絶）など行政や官僚にも批判の目が向けられた。このような官僚批判に対しては、大蔵省が全省員に「一分刈り」を実施させている。[43]

これらの批判にも明らかなように、基本方針のなかでも議論になったのは、中元・歳暮の廃止、長髪やパーマネントの禁止だった。中元・歳暮については、「報恩の意味を含んだものは廃止すべきではあるまいというの声も聞かれる」とか「消費者の方だけにきびしく言うわけにはいきません。どうしても生産者側にも、出来るだけ売らないように自粛して貰わなくてはなりません。何しろ軍需景気で金を持っている人は目の前に化粧をほどこした品物が列んでをれば、遂買いたくなるのが人情ですから」[44]といったように、微妙な受け止め方がなされている。

またパーマネントの禁止については、国民精神総動員運動委員会の女性委員の武内茂代が新聞紙上でのインタビューで、「廃止への反対論は、大体パーマネントは経済的だという説と、そんな事はどうでもいいではないかという論ですが、之に対しては」という問いに対し「経済的などからいえば、してもしなくても同じ位でしょう。しかしこの問題は経済論じゃない。余りにも時局を弁えぬ女性の心掛が問題なのです。雀の巣の様なモシャモシャは一体何ですか。汚くて見苦しくて第一不潔で衛生的にもよくありません」と断じながらも、「中にはつつましいパーマネントもある様ですが」という問いには、「毛先を少し縮らせただけの自粛的なのは悪くはないでしょう。要は自粛の精神でそれまで禁じなくてもと考えられます。だからつつましく自分でコテをあてて生活の合致した髪にすればいいでしょう。反非常時色を抹殺して自粛したものなら、その程度のものは許されると解釈していいと思います」[45]と、曖昧な回答に終始している。

ちなみに、中元・歳暮の廃止については、精動中央連盟が業界と百貨店自粛懇談会を開催して営業対策を要望するという統制も実施するなど、日常生活への強制力を伴う施策を推進した。[46] 同時期には、前述した事変二周年記念として享楽の停止も実施され、例えば東京府の状況を「読売新聞」が「家庭でも生活刷新の強化を図り、黎明に起床して一家打揃って宮城を遥拝し、禁酒禁煙、一汁一菜、享楽停止の三項目の徹底的励行を慫慂する[47]」と報じ、具体的施策として、東京府によるポスター・立て看板・アドバルーンでの周知、児童に標語を書かせて電柱や門柱に掲示、飲食店などでの三十銭以下の「事変弁当」の調製、歓楽街のネオンサインの消灯や臨時休業の実施などを挙げている。この対応は、実際に映画・演劇関係の十九時閉館と士気振作作品の上演、ネオン消灯の申し合わせ、料理店や待合、カフェー、貸座敷などの営業自粛などが実施され、「酒もない、レコードもネオンもない歌舞音曲歓楽の色を抹殺した歴史的静かなる日を迎えることになった[48]」。

また「勤労の増進、体力の向上に関する基本方針」では、特に勤労増進について、「勤労報国精神の作興、勤労の倍加、青年勤労奉仕制度の確立、学生生徒の集団的勤労作業の拡充強化、婦人にして余暇ある場合、殊に未婚女子青年に対し其の環境に従い銃後勤労奉仕作業を行はしむる方途を講じること」の五項目が掲げられた。この狙いについては、「週報」が「精動の頁」で解説しているが、特に未婚女子青年の勤労奉仕については、内閣の女性や娯楽に対する意識が鮮明に表れている。

> 通常の家庭婦人には余暇は少ないが、余暇を多く持つ婦人もあり、特に上中流の未婚女子青年の多くは家に在ってブラ〱してゐる。一部の人は或ひは上級学校に行き、或ひは職業婦人となるが、多くは家庭に残り、お稽古と称して生花、茶、琴などを習って、家にあっても家事の手伝をせず、劇場や映画館の前に並んだりして毎日遊んでゐる。最近は結婚の相手も中々得られないから、二十四、五歳までも家に在って、パーマネントをかけたり、享楽的な生活を送ってゐる場合が多い。戦地で勇敢に働いてゐる青年の妻となる資格はない。かかる人達に勤労奉仕をさせ、徹底的に個人主義的精神をたゝきなほさぬと、将来に於ける家庭教育上由々しき問題である。かういふところを狙つてこの問題が採り上げられたのである[49]

いかに戦時期といえども、政府の広報誌でここまで女性を蔑視し、文化を軽視していることに憤りさえ感じるが、この意識が、前述したような世論の反発や批判を招くことは当然であり、ここにも内閣の意識と人々の生活感覚の落差が顕在化し、精動の限界があらわになっている。いずれにせよ、この基本方針からは生活を刷新し、娯楽を制限し、人的資源を総力戦体制構築の目的だけに特化しようともくろむ狙いが透けてみえる。

そして仕切り直しの精動の具体的実践の第一に掲げていた「時局に照応する政治的社会的態勢を促進するの基本方針」は、その決定が遅れていたが、同年八月に「滅私奉公精神を以て戦時体制下にある諸般の態勢を刷新強化すると共に、従来兎角論議されていた各種民間団体の整理統合を積極的に企図する(50)」目的が報道され、結局九月七日に「時局照応政治的、社会的態勢促進の基本方策」として、「国民各人の行動の基本を皇運扶翼の奉公精神に置き」、そのために、「政治の綜合的強力化」「国論の統一強化」「議会機能の戦時態勢化」「国民諸組織の戦時態勢化」「公私生活の戦時態勢化」という五項目を実践することが決定された。この基本方針でも、公私生活の戦時態勢化を再び強調していることは、精動が何を目指していたのかを端的に物語っている。

この基本方針の決定によって精動委員会が主体となって推進する具体的方策の骨格が整うことになるが、この三つの基本方針に通底するのは、総力戦体制を構築するための「戦時態勢」の確立であり、その根底に位置付けられたのが、人々の日常生活を刷新し、徹底的に倹約させ、日常のささやかな娯楽や慰安を統制し制限することだった。

精動の限界

これら基本方針のもとで実施された施策だが、大々的に告知された経済戦強調週間では、賞与での国債購入と歳暮廃止の奨励を婦人団体や貯蓄奨励局の女性委員を通じて周知徹底する方策が実施されたほか、同じ九月一日からは「国民生活の日」が「興亜奉公日」としてスタートし、「一日戦死」を合言葉として事変二周年記念日に実施された。ここで歓楽街休業、禁酒禁煙、一汁一菜などの質素倹約が強制され、「消極的否定的の面のみが強

写真11　興亜奉公日で百貨店の食堂も休業（1939年）（毎日新聞社提供）

調され、あたかも「べからず日」の観を呈している。これでは「興亜奉公」の言葉の持つ積極性が余りにも閑却されていはしないかとの声も強い[51]」と批判されている。

しかし、鳴り物入りで実施されたこれらの施策が、人々に受容されたのかは一考を要する。特に日中戦争開始に伴う軍需景気の恩恵を受けた人々が、旅行、百貨店、花街、映画など生活娯楽に傾倒し、これらの活況は「跛行的な軍需景気が描く消費面の軌跡[52]」とされ、半面で戦争への危機感が希薄化していたことは先行研究でも指摘されている。精動の施策が、末端にまで浸透しきれていない矛盾は、このような世相の反映でもあり、また行政の苛立ちの裏返しでもあった。

また内閣でも、すでに自粛を徹底していた地方からの反発も表面化していたことは「内務省、文部省では刷新成績の鍵は都会生活者の自粛精神にかかっているとみている。当局に集まった道府県精動成績報告によれば、地方農村にあっては、今回の刷新項目に列挙された如きものは事変一ヶ年を経過した昨夏にはすでに完全に実行されてをり、むしろいまさらこれをとりあげた精動の態度を奇異の目を以てみているという実情にある（略）結局刷新すべき生活は大部分都会にのこされている[53]」という指摘にも表れている。精動の組織体制と方針が変更された一九三九年段階でも、施策の狙いは克服されていなかった。

また、パーマネント禁止に対する業界団体の順応、事変二周年記念の享楽停止に対する興行界や芸妓、待合、料理店の組合による営業自粛など、内閣の統制が営業に直接的に影響する業界では、自主規制として事業そのものの見直しが進行していた。[54] このような限界は、情報局の当事者をして「この運動に対する世評は芳しいものではなかった（略）根本的には、永い間自由であった個人生活に干渉し、日常生活や思考を一本化して、戦時の耐乏生活を強いるものであるから当然のことである[55]」と総括せざるをえない結果だった。

結局、一九四〇年二月には、精動中央連盟の改組と内閣情報部拡充の検討が動きだしている。それは精動を内閣情報部から内務省に移管し、内閣情報部と陸軍省、海軍省、外務省との連携強化を図るとともに、民間有識者の任用などの検討が取りざたされるものだった。その後三月一日には、米内光政内閣総理大臣が、石渡荘太郎内閣書記官長に精動機構改組を命じ、内閣情報部も交えての検討の結果、国民精神総動員委員会と精動中央連盟を廃止して内閣総理大臣を会長とする国民精神総動員中央本部が設置された。しかし、四〇年七月二十二日に第二次近衛内閣が発足して新体制運動が始まると、組織は全面的に解消され、大政翼賛会に継承されることになった。

精動は、地方の精動推進主体の反発や批判を受けたばかりか、生活刷新の影響をこうむる人々の支持を得ることができず、政府のもくろみがうまく機能せずに終息したが、精動として示された人々の日常に介入する生活刷新の考え方は、その後に継承された。それは、アジア・太平洋戦争期の決戦非常措置要綱などに継続するし、隣組や町内会組織の強化は、アジア・太平洋戦争を経て、今日に至る住民自治や共助の考え方に直結している。また、娯楽やサービス産業の営業形態や営業時間への規制などは、前提の違いこそあれ、コロナ禍に直面して再び亡霊のようによみがえって私たちの日常を攪乱し、事業者の窮状を招いている現実がある。内閣や立法が危機管理を実施する過程で何を犠牲として取捨選択するのか、あらためて歴史から考える必要があるのではないか。

4　情報局の発足

内閣情報部は、啓発宣伝や情報機能の一元化を目的としていたが、政策との遊離、各種言論機関への監督権がないなかで指導にあたるという矛盾、外務省や陸軍省、海軍省など省庁との統一保持の困難、人事の独立性欠如といった問題が表面化していた。一九四〇年五月には、「内閣情報部の機構拡充については、熊谷情報部長が就任以来（略）試案を調整中であったが、漸く検討を終えたので、精動改組の一段落を機に地方長官会議の終了を俟って愈々右の情報部長試案を中心に内閣三長官の間で具体的研究を進めることになった[56]」と報じられた。このような内閣情報部をめぐる問題とともに、四〇年七月に発足した第二次近衛内閣は、新体制運動に連動した情報機構の強化をもくろむ近衛の思考と相まって、各省情報機関の統合を具体化することになる[57]。

情報局への拡充については、「内閣情報部を拡充して局に昇格し各省との有機的連絡を確保するとともに、内閣情報部長を情報局長官として内閣書記官長、企画院総裁、法制局長官とともに内閣四長官として閣議に列席せしめ国政の枢機に参画せしむると共に、従来書記官長が担当していた内閣のスポークスマンとしての職務に当らしむる」ことと「情報宣伝に関する事務を新局に一元的に統一[58]」することが報じられた。そして八月十三日の関係閣僚懇談会で、外務省情報部、陸軍省情報部、海軍省軍事普及部、内務省警保局図書課の事務を統合することを申し合わせ、同時に外務省の伊藤述史を内閣情報部長に起用した。具体的な拡充案は、星野直樹企画院総裁、富田健治内閣書記官長、村瀬直養法制局長官と伊藤内閣情報部長が中心になり、外務省、内務省、逓信省、陸軍省、海軍省が官制の大綱作成などの意見集約に関して九月七日、二十七日、二十八日と協議を重ね、十月十五日の閣議で情報局官制が決定され、枢密院での審議を経て十二月五日に公布された。この間、首相官邸に同居していた内閣情報部は、局に拡充されることを前提に移転先について、小林一三の仲介で帝国劇場を選定して所有者の東京宝塚劇場と協議のうえ、九月十五日からの賃貸借を決定している。[59]

こうして情報局は、内外の輿論指導と啓発宣伝、国内外の情報収集、内外輿論思想の調査を担う第一部、新聞や通信、放送、雑誌・出版物、用紙統制を担う第二部、対外啓発宣伝・輿論指導を担う第三部、国家総動員法第二十条に規定、映画・レコードの検閲、演劇演芸の指導を担う第四部、写真・映画・演劇・演芸・美術・文学・音楽による啓発宣伝を担う第五部で構成された情報局が発足した。情報局の発足について「週報」は、「情報局は国策遂行に関する情報蒐集、報道、啓発宣伝を綜合的に行ふため、新らたに時代の脚光を浴びて登場した官庁であり、政府はこれによって国策の樹立及び実施に遺憾なきを期してゐる」とし、国民の責務とメリットとして「国民は情報局の情報、報道、啓発宣伝の事務を通じて、政府との間に常時密接な連携を持つことになる。また情報局が報道、啓発宣伝の事務について、民間のあらゆる組織に協力を求め、これを指導監督する間において、情報局が将来の日本文化の発展の上に分担すべき任務は極めて大であることも見逃せない所である[60]」と周知している。情報局が、自ら民間組織を指導・監督して文化の発展を担う施策推進を主導することを明確に打ち出している。

情報局は、当初は「文学、美術、音楽其の他の文芸一般」と位置付けて、文芸担当である第五部第三課を音楽に関する政策の担当部署とした。情報局事務分掌規程で、

一、文学、音楽、美術其ノ他芸術一般ニ依ル啓発宣伝ノ実施及指導ニ関スル事項
二、蓄音器レコードノ指導ニ関スル事項
三、国民娯楽ノ指導ニ関スル事項
四、他部課ノ主管ニ属セザル国民文化ノ指導及普及ニ関スル事項
五、他部課ノ主管ニ属セザル各種文化団体ニ関スル事項

と規定していたことは、行政が文化政策を主体的に推進する体制が構築された点で画期的といえる。

情報局は、その後、一九四三年四月一日の官制改正で四部構成への変更と審議室の設置によって第四部文芸課（課長・井上史朗）、同年十一月一日の官制改正で三部構成への変更と戦時資料室設置によって第二部文芸課（課長・井上史朗）、四五年四月一日からは第二部芸文課（課長・佐藤嘉四郎）、四五年四月二十七日の「情報局改組ニ関スル件」閣議決定で、陸軍省と海軍省、外務省、大東亜省の報道事務と大本営報道部の移管によって、五月二十一日からは第二部第三課（課長・寺本広作）と変更されているが、情報局が、音楽、映画、演劇、演芸、文学、美術などの文化領域に関する政策を担い続けたことに変わりはない。そして、情報局が推進する政策を実務的に担う業界が組織化されて、新体制運動とも連携するなかで文化領域でも組織の再編一元化が促進された。

音楽界は、当初、演奏家や作曲家と評論家が別々に組織化を進めようとしていたが、情報局の強力な主導で両者を一元化し、一九四一年十一月に社団法人日本音楽文化協会（音文）が発会する。音文は、文部省と情報局の共同所轄の法人であり、情報局が音文の監督官庁になっていた。このため次章で触れるように、音楽文化に関わる政策は情報局から音文に対して協議、指導という形で発信され実施されていくことになるのだった。(61)

5　娯楽の受け止め方

「事変下」の娯楽

日中戦争期になると、事変下の思想や娯楽の統制強化が当然のこととして認識されるようになった。その状況は、盧溝橋事件直後から内務省による業界との懇談として顕在化した。

一九三七年八月二十八日には、内務大臣公邸で馬場内務大臣以下、安倍警保局長と保安、警務、図書、防犯の各課長が同席して映画やレコード業界と懇談して、「思想並に風俗上について明確な指導方針を説示」したほか、興行時間の短縮などを要請した[62]。この懇談は、「時局の重大化から国民の精神的総動員が益々必要となって来たので大衆の思想に非常な関連を持ってゐる映画並にレコードの製作に当たっては単に興味本位ではなく大衆に非常時を認識させると同時に協力してもらひたいと映画並にレコード製作の方向転換を懇請する[63]」ことが目的だった。この協議の状況は、松竹の城戸四郎が「別に我々の方からまとまった意見を申し上げる機会もありませんでしたが、内務省側の御意見は大半我々が平生考へてゐたことゝおなじ」であることや、P．C．L．映画製作所の森岩雄が「なか〳〵難しい問題ばかりでオイソレと決められないことが多いやうでした[64]」とコメントした。内閣の意向が懇談という体裁をとりながらも、上からの強制でありその意向を業界に周知徹底する場であったことが見て取れる。

このように、日中全面戦争化を契機とする娯楽統制の実情については、次のような「読売新聞」の記事にも端的に表れている。

いはゆる日本精神的見地にたって大衆娯楽の全面的統制に乗出した内務省警保局では、まづ映画、レコードを槍玉にあげたうへ更に進んで芝居、寄席、レヴュー等に手を伸ばし目下統制具体案の研究に着手してゐるが、これと併行して警保局ではカフェー、バー、ダンス・ホール等が国民教化、風紀取締り上甚だおもしろくない点に鑑みて今夏以来事変下の風紀警察全般にわたって慎重協議を重ねてゐたところいよ〳〵取締具体案ができあがったので近日中に内務次官または警保局長通牒によって全国府県に指令実施することになった（略）問題のダンス・ホールに対しては特に慎重を期してその解決を来春に持ち越されることになったが、その取扱ひ方につき強硬意見が行はれてゐる点に見るも必然的にこゝへも時代の嵐が訪れるものと見られている[65]

時局下〝享楽機関はまづ自粛自戒せよ〟との叫びが徹底してか最近ダンス場、麻雀、撞球場などのお客がめ

写真12　市民厚生音楽野外演奏会（日比谷公園野外大音楽堂、1941年10月）（©昭和音楽大学撮影／小原敬司）

っきり減って業者へ経営がなりたゝず廃業するものが続出して来た（略）新設不許可方針で享楽機関の統制に乗出したことにも原因してゐるが、麻雀、撞球場には事情の許す限り新設を許可してゐるにも拘らず新規営業の届出はさになく廃業届ばかりなのは一般がこの非常時局を認識して自戒してゐる結果だと当局は見てゐる[66]

これらの記事は、盧溝橋事件を契機として、娯楽に対する統制がさらに強化され、それを必然のこととみるメディアのスタンスが明らかである。

また、「東京朝日新聞」は、一九三九年七月に「事変下の娯楽街を衝く」と題して権田保之助、清水盛明陸軍報道部長、大坪康夫精動中央連盟常務理事、河上徹太郎、大谷博（松竹常務取締役）、石橋警視庁保安課長、前田偉男（少年審判官）、新居格、渡邊捨雄（内務省警保局事務官）の談話による全九回の連載や、翌月には「健全な娯楽とは何か？」と題した識者のインタビューによる全五回の連載を掲載した。ここでの議論は、勤労者に対する「健全娯楽」の実施を唱道する権田保之助の言説に象徴されるように、戦争遂行目的にそぐわない頽廃的・堕落的、時局認識が欠如した娯楽は排除するのが当然だが、総力戦体制構築に支障しない、またその体制構築に寄与する「健全」な娯楽は大々的に展開すべきだと主張されていた。(67)

厚生運動の展開と娯楽

このように、日中戦争期の娯楽の閉塞状況のなかで、新たな娯楽のあり方として展開したのが、余暇の善用と体位向上を目的に展開された厚生運動だった。音楽では警視庁や大日本産業報国会（以下、産報と略記）が主体になって、音楽家が職場を巡回して歌唱指導をおこなう厚生音楽を展開し、アジア・太平洋戦争期に継続していくことになる。(68)厚生運動で活用された音楽が、みんなで唱和する合唱であり、また職場の文化運動での吹奏楽だった。この合唱や吹奏楽の営みは、アジア・太平洋戦争期から戦後に継続していくことになる。この戦時期特有の文化運動ともいえる厚生運動について、新聞紙上では、一九三八年二月頃から取り上げていた。「読売新聞」は、一九四〇年のオリンピック東京大会を契機として、レクリエーションの推進による「国民体位向上の声が旺な折柄一方における〝国防スポーツ〟の勃興と呼応してわが体育運動界にも新しい分野が拓かれようとしてゐる」と、厚生運動のスタートを報じた。(69)また「朝日新聞」は、一九三八年三月四日付「独逸の厚生運動（上）」、翌日付「独逸の厚生運動（下）」でスポーツ奨励による体位向上の事例を取り上げた。そして厚生評議会幹事会について「我が国に於けるリクリエーション運動は娯楽の改善、士気の振興を目的」として日本厚生協会の設立を推進することになった。(70)

しかし、すべてのメディアが厚生運動推奨一色になっていたわけではなかった。「朝日新聞」は一九三八年十一月二日付の社説で、厚生運動自体の趣旨や目的は大切としながらも、「最低賃金と最長労働時間とが制度化され、それを基底としての厚生運動でなければ僅少の余暇と乏しき資力をもってしてのハイキングやスポーツや旅行は、却って心身の過労を激しくするの逆作用なしともかぎらない。厚生運動は余暇善用だといはれてゐるけれど、現に果たして善用すべき余暇らしき余暇をもってゐるかどうか、といふことからしてが、すでに疑問視されてゐるのである」[71]とその克服すべき課題を指摘していた。このような議論が展開するなかでも、日本厚生協会などが推進する厚生運動は、地方公共団体、警察など広く取り組みが周知されて広がっていった。

この厚生運動の展開の背景には、娯楽の健全化という内閣や経済界などの思惑がみられる。内閣情報部の久富達夫はインタビューで、「緊張の反面にゆとりを存在させねばいかんと考へる。この意味で健全なる娯楽を与へることは国民訓練の一つの要素だ（略）あらゆる文化宣伝にはこの上とも大いに力をいれてゆきたいと思ってゐる。スポーツにも鍛錬と娯楽の両面があるが、娯楽的スポーツといっても一概に排斥すべきでなく国民訓練の建前から両面を活用してゆくのがいゝと思ふ」[72]と見解を述べているように、この時期から「健全娯楽」という観点で娯楽を評価しその方向性を確立させていこうとする姿勢が顕在化していた。

健全娯楽の唱道

精動の展開や厚生運動の広がりに連動して、「健全な娯楽」があるべきだとする風潮が一気に盛り上がる様相を呈していたのが、一九三八年から翌年にかけての娯楽をめぐる状況だった。この風潮が「健全娯楽」という新しい語彙を定着させていくことになる。新聞紙上では、「東京朝日新聞」が一九三九年七月十二日付の精動委員会の「勤労の増進並に体力の向上に関する基本方針」の委員会案の検討に関する記事のなかで、方針の具体的方策の一つに、「鍛錬に関する方策としては、武道の振興、武道教師及び体育教師の国家養成、工場会社に体育指導専任者を配置、農村にふさはしい鍛錬方法の考究並に都会に於ける団体行進、団体体育、健全娯楽の振興等を決定」[73]と報じた。

また「読売新聞」では、一九三九年十二月十二日付の警視庁による興行業界の組織化の記事のタイトルに「健全娯楽提供と企図」[74]と報じていた。

このようにメディアでも「健全娯楽」という呼称の使用を開始したことは、「健全娯楽」という概念が人々に浸透し、受容されつつあった、あるいはすでに浸透していたことの表れであり、以降アジア・太平洋戦争期に至るまで、事あるごとに唱道されていく。

この方向性は、一九四〇年十月二十八日開催の企画院参与会議で策定され、翌二十九日の経済閣僚懇談会で決定した「国民生活明朗化対策」の第一項で「健全娯楽機関の発達助長」が掲げられたことで決定的になった[75]。その影響は、一九四〇年十一月十九日付「読売新聞」の社説でも「健全なる娯楽は明日を備へる国民活力の源泉となる」と位置付けられ、音楽もそのスタンスが問われていた。ここでは流行歌に矛先が向けられ、「レコードにより、ラヂオにより津々浦々の男女老幼の耳に、口に寄り添ふ流行歌謡が民心に与へる影響は映画や演劇の比ではない。然るにかゝる影響力を持つ歌謡が低調な感傷的情緒の一色に覆はれたまゝに放任されてゐることは、真に寒心に堪へないものがある（略）単に流行歌謡に止らず、広く国民音楽の全般に亘し、芸術上、礼法上、教育上の観点から徹底的にその健全化を図ることがまさに今日の急務たるを痛感し特に政府当局の深甚なる考慮を求むるものである[76]」と要望している。

写真13　陸軍落下傘部隊の会（日比谷公会堂、1942年5月）（©昭和音楽大学　撮影／小原敬司）。ミヤタハーモニカバンドと歌唱によるステージ

これら、内閣の施策に連動した娯楽の「健全化」や厚生運動が標榜される状況下の日中戦争期の娯楽認識は、強化される娯楽統制の建前としては同意や評価がなされ

る一方で、その推進や娯楽に関わる業界の反応は様々だった。「東京朝日新聞」が一九四〇年一月二十六日付から五回にわたって連載した座談会「大衆娯楽を語る」では、文部省嘱託の権田保之助、東宝の秦豊吉、ムーランルージュ文芸部の菊岡久利、文筆家の岩田重雄が出席して実情を述べている。(77)その座談では、興行企画や集客など日中全面戦争化による影響はほとんどないこと、観客の嗜好と興行収益確保のバランスに対する苦慮、都市と農山漁村の意識の差、物資節約の影響と興行水準の問題などが指摘されている。これらの議論は、内閣がいかに娯楽の健全化を標榜しても、興行側の企業としての取り組みや興行の内実、人々の意識との乖離などの限界があることを指摘しているといえるだろう。音楽文化の状況をみても、「国民歌」の創作や普及、合唱や吹奏楽、ハーモニカなどの演奏が「健全」な娯楽の一つのあり方を示していた。

さらに、地方娯楽のありようも、この時期特有の指摘がみられた。都市と農村の娯楽や生活刷新について議論した「朝日新聞」の座談会「大政翼賛運動 青年の使命を語る」の連載では、「農村の青年の娯楽とか趣味とかいふものは何かといへば、今ではおよそ不健全なものです」「農村の者に堅実なさうして良い娯楽を与へることを真剣に考へていただきたい(78)」という百瀬嘉郎(長野県東筑摩郡馬立村)の見解を示している。この意識が、その後の翼賛会の地方文化運動へと継続していくことになるが、農山漁村の娯楽が「不健全」と認識されていることは、満洲事変期から通底する意識と捉えることができる。また、内閣や産報などが「映画の農山漁村への配給には巡回班を作って積極的に活動するのはもちろん、農村対策として盆踊りや鎮守祭の復活を提唱して注目されてゐる。この盆踊りなどは事変以来国民の緊張を緩めるものとして多くは中止されてゐたが、民衆がうち揃って手をつなぎ、足拍子面白く踊る郷土の歌ひ、また土地の古い惇操の滲みこんでゐる鎮守のお祭りなどは民衆の娯楽として、誇りとして寧ろ奨励しようとなったものである(79)」という動きは、それまでの娯楽政策の限界や人々の不満の高まりを反映した意識と解釈できる。これらの地方娯楽のあり方は、第1章で分析した朝日新聞社の『地方娯楽調査資料』でも指摘していたものであり、娯楽のありようを考察するうえで、この地方の動向も重要なポイントと捉えなければいけないだろう。

これらの認識は、精動から新体制運動に継続する娯楽認識や、大政翼賛会の娯楽をはじめとする文化に対するスタンスを端的に表している。それは、「読売新聞」の「新体制下健全な娯楽とは？」という記事からもうかがえる。

新体制下の国民生活を明朗闊達にするため、健全な娯楽が各方面から要望されドイツの娯楽運動などもさかんに紹介されてゐます。しかし形式だけをとりいれても、それが生活化されぬ以上、娯楽はかつて民衆化されたためしはありません。何が一体、新体制下にふさはしい健全な娯楽か？と開き直る人が案外身近に経験してゐる生活感情から「健全な娯楽性」を喪失してゐないとはいへますまい(80)

この記事の趣旨説明からは、健全娯楽という概念ばかりが先行して内容の理解が置き去りにされ、効果的な実践が遅れている状況が読み取れる。この問題提起を受けて記事では、素人演劇について稲田静志、布施辰治、丹下梅子、吹奏楽団について関正雄、ハイキングについて宮本守雄と牛島義友、無料図書館について石島菊枝が、チームワークの形成、教育的価値の重視、精神の高揚、芸術性の追求などの観点からコメントしている。また浴風園横浜分院の竹内芳衛は「健全、不健全の問題」として「政府でいふ国民娯楽の問題は、要するに健全なる娯楽といふことになるのでせうが、健全といふことに一応の考慮が必要です。一般に音楽でも西洋的なものが健全で、日本的なものが不健全であるかのように考へられてゐます。ピアノならよろしくて三味線なら不健全だといふやうなものがそれです。娯楽といふものは、いくら定義のうへで健全でも、遊んで十分に満足のできるものでない限り意味がありません」と述べたうえで、「現下の娯楽問題は国民全部の健全な活動を欲する意味で重要性をもちます。娯楽そのものゝ外見をもって健全、不健全を決めるのは考へものです」と総括した。

「読売新聞」は、健全娯楽に関する記事を継続して掲載している。一九四〇年十一月十九日付から十二月十日付まで十二回にわたる「娯楽の健全路を拓く」と題した連載では、様々なジャンルの識者が「健全」な娯楽のあり

写真14　日比谷公会堂での産業報国簧琴音楽聯盟結成記念（1941年6月）（©昭和音楽大学　撮影／小原敬司）。職場の文化運動の実践例では、このようなハーモニカ団体の連盟組織も発足している

ようを提起した。この連載では、古瀬傳蔵（農山漁村文化協会）が紙芝居の活用、渥美清太郎（邦楽評論）が三味線音楽、松谷元三（日本文化協会常務理事）が古典芸能にみる猟奇性の排除、大谷竹次郎（松竹社長）が歌舞伎の新作奨励、黒田清（国際文化振興会常務理事）が国民音楽創造と音楽指導者の派遣の必要性、津渡肇（警視庁保安課興行係長）が興行での倫理性の重視、新関良三（文部省演劇映画音楽改善委員会演劇部）が娯楽の担い手の意識高揚、澁澤秀雄（東京宝塚会長）が取り締まり方針の客観性、村岡花子（日本放送協会業務局教養部講座課嘱託）が子ども向けの娯楽のあり方、松本學（日本文化中央連盟理事）が紀元二千六百年奉祝芸能祭の成果と地方文化の掘り下げ、飯塚友一郎が演劇の国家統制の必要性、伊藤亀雄（内務省警保局）が映画の制作方針などについて、それぞれの立場から提言している。

いずれも国策遂行と国民統合のためにどのような娯楽があるべきかという視点の議論だが、「筋だけを考へてかういふ芸をお蔵にするのは勿体ない話だと思ふし、河内山や直侍なぞは人口に膾炙してゐるものだから悪の賛美は、頽廃美への憧憬にのみ拍車をかけるものとも思はれない。直侍の終わりには原作通り捕物をつけたので、勧善懲悪の趣旨は徹底すると思ふ」という大谷の意識、「健全明朗は娯楽のつもりでも、観客が悦んで見てくれなければ成り立たない」という澁澤の意識などは、健全性ばかりが優先されその内実が伴わない矛盾や限界を指摘しているものであり、「健全娯楽」をめぐる議論の課題を提示しているものといえる。(81)

これらの新聞記事にも明白なとおり、健全か不健全かの判断は、従前から継続する娯楽のありように直結していた。盆踊りや祭礼に代表される郷土娯楽や、遊楽をイメージする邦楽への蔑視ともいえる意識が、そのまま娯楽のありようを規定する結果になったのである。また、都市対農山漁村という比較のなかで明らかになった格差や享受機会の均等化という意識は地方翼賛文化運動に直結することになり、地方文化運動や挺身活動の展開になって具体化していく。(82)

このように、日中戦争期の娯楽政策は、満洲事変期から継続するカフェーやバー、ダンスホールなど都市歓楽街での飲食や接客サービス業の取り締まり強化、精動から新体制運動に直結する生活刷新や厚生運動に連動した健全娯楽の推奨として展開した。特に、音楽文化の関係では、一九三八年の日本厚生協会の発足と、職場の余暇善用と体位向上を主眼とした厚生運動で厚生音楽が唱道され、四一年になると産報や大政翼賛会、警視庁が主導して、演奏家の職場巡回による歌唱指導や、工場やオフィスの従業員による演奏団体結成と演奏活動などの取り組みがおこなわれ、これはアジア・太平洋戦争期にまで継続する。また、農山漁村文化協会は、東宝と連携して地方での巡回映画に取り組むなど、娯楽をめぐる動向が注視されていた。これらの動向に連動して、「健全娯楽」が娯楽の本質だという議論が展開していたことは本節でみてきたとおりである。

内閣のインテリジェンスや啓発宣伝を担う目的で設置された内閣情報委員会は、内外の情勢を見極めながら、内閣情報部から情報局へと機能が強化された。その内閣情報部は、単に情報宣伝の企画立案・実施だけでなく、精動という国民運動推進の事務局として各省の連絡調整や企画立案も担いながら、国民統合の役割を担っていたのである。

また精動も、本章で詳述したとおり、単なる国民統合の精神運動という抽象的な運動ではなく、個別具体的な施策が提示・実施され、人々の日常生活や娯楽などを細部にわたって規制・統制しながら、総力戦体制のなかに人々を組み込むための国民統合の手段として推進されていた。精動から新体制運動へと継続する施策や、厚生運動など、国民統合や戦争遂行のための輿論形成や意識高揚・教化動員を目的とした娯楽政策は、娯楽そのものの位置付けにも波及し、「健全娯楽」の推進が標榜され、この姿勢はアジア・太平洋戦争期に継続していくことになる。

注

(1) 本章での、内閣情報委員会から情報局に至る経緯と活動実績については、『戦前の情報機構要覧――情報委員会から情報局まで』(出版社不明、一九六四年)による。

(2)「国民教化宣伝方策」は、「国民精神総動員ノ普及徹底ニ関スル件内閣書記官長ヨリ通牒」(JACAR「アジア歴史資料センター」Ref.A06050785900、枢密院文書・宮内省往復・稟議・雑書・昭和十二年)に参考資料として添付されている。

(3)「国民精神総動員実施要綱」では、まず趣旨を「挙国一致堅忍不抜ノ精神ヲ以テ現下ノ時局ニ対処スルト共ニ今後持続スベキ時勢ヲ克服シテ益々皇運ヲ扶翼シ奉ル為官民一体トナリテ一大国民運動ヲ起サントス」とし、「運動ノ目標」を「「挙国一致」「尽忠報国」ノ精神ヲ鞏ウシ事態ガ如何ニ展開シ如何ニ長期ニ亘ルモ「堅忍持久」総ユル困難ヲ打開シテ所期ノ目的ヲ貫徹スベキ国民ノ決意ヲ固メ之ガ為必要ナル国民ノ実践ノ徹底ヲ期スルモノトス」とした。さらに実施方法では、「(四) 市町村ニ於テハ綜合的ニ且部落又ハ町内毎ニ実施計画ヲ樹立シテ其ノ実行ニ務メ各家庭ニ至ル迄滲透スル様努ムルコト(五) 諸会社、銀行、工場、商店等ニ於テハ夫々実施計画ヲ樹立シ且実行スル様協力ヲ求ムルコト（六）各種言論機関ニ対シテハ其ノ協力ヲ求ムルコト（七）ラジオノ利用ヲ図ルコト（八）文芸、音楽、演芸、映画等関係者ノ協力ヲ求ムルコト」と具体的に地域や企業、文化領域にもスローガンの実践を強制していた。「国民精神総動員実施要綱」（ＪＡＣＡＲ〔アジア歴史資料センター〕Ref.A05020313800、「国民精神総動員ニ関スル件」、種村氏警察参考資料第百三十二集）

（4）前掲『戦前の情報機構要覧』

（5）「情報部新設反対」「読売新聞」一九三七年四月二十八日付

（6）「情報部の新設見合せ」「読売新聞」一九三七年六月十五日付

（7）精動は、「日中戦争期に実施された、国民の戦意を昂揚し、戦争動員を推進するための官製国民運動」（吉田裕／森武麿／伊香俊哉／高岡裕之編『アジア・太平洋戦争辞典』吉川弘文館、二〇一五年、二一九ページ）と定義されている。この精動については、いくつかの先行研究がある。『翼賛国民運動史』（翼賛運動史刊行会、一九五四年）では、「国内体制刷新の手段として、国民組織の再編を企図しながら、結局はまず国民精神の総力を一定方向に結集し、精神運動の統一を通じて、政治組織、国民組織の刷新に移ろうとする迂回策」と位置付けた。また長浜功は、社会教育の観点から考察するなかで「精神の包囲体制」と位置付けた。また歴史学では、ファシズム体制構築を精動から解明する成果があった。木坂順一郎は、精動が「日本主義精神による精神教化運動と国策協力運動を二本柱として全国的に展開され」たものであり、産報運動とともに「内務官僚と警察が指導する官製国民運動として展開され」「警察取締り的性格と人民の自発性喚起との矛盾が露呈されており、しかもつねに前者が後者を圧倒する形で運動が展開してきた」と位置付けたうえで、国民再組織化の観点から考察して大政翼賛会への継続性を整理した（木坂順一郎「大政翼賛会の成立」、朝尾直弘ほか編『近代7』〔「岩波講座　日本歴史」第二十巻〕所収、岩波書店、一九七六年）。須崎慎一は、精動や翼賛体制の構築を「国民の自発性をある程度ひきだしつつ、強制的画一化をおこない、資本の利益を最大限に擁護した」国民統合であり、精動の「経済戦」への国民総動員に着目して分析した（須崎慎一「翼賛体制論」、鹿野政直／由井正臣編『近代日本の統合と抵抗4――1931年から1945年まで』所収、日本評論社、一九八二年）。この人々の生活目線での捉え方は、北河賢三が、「国民精神総動員運動は、政府の指示のもとに官僚組織や地域有力者を動員して物資の欠乏に耐えられる生活態度を国民に身につけさせ、国策協力運動に参加させようとするものであった」として、部落会・町内会、隣組などの実践網整備と、女性動員の促進の観点から考察した（北河賢三『国民総動員の時代』〔岩波ブックレット、「シリーズ昭和史」no.6〕、岩波書店、一九八九年）。さらに荒川章二は「国民精神総動員と大政翼賛運動」（『近代日本の軌跡5 太平洋戦争』所収、吉川弘文館、一九九五年）で、沖縄県を題材に「民衆支配の側面から、日本のファシズム国家化」を再考している。また大串潤児は、精動から新体制運動への継続と、戦時期から戦後の主体性を支える「集団」としての社会関係を明らかにしている（大串潤児『「銃後」の民衆経験――地域における翼賛運動』〔戦争の経験を問う〕、岩波書店、二〇一六年）。これら先行研究は精動の様々な側面を明らかにしているが、内閣情報部が果たした役割や娯楽政策の観点については未解明といえる。

（8）前掲「国民教化宣伝方策」

（9）前掲「国民精神総動員実施要綱」

（10）「国民精神総動員実施要領」では、「第一準備」として各省は「各種指導資料ヲ成シ、情報委員会ニ送附スルコト」と「各省ノ宣伝事項等ヲ総括的ニ編纂し、国民各戸ニ配布スルパンフレットヲ作成」することにし、実施の時期を指示していた。

（11）「国民精神総動員強調週間実施方ニ関スル件」、前掲「国民精神総動員ニ関スル件」所収

（12）「海ゆかば」の発表の経緯やラジオ放送での活用については、竹山昭子『太平洋戦争下 その時ラジオは』（朝日新聞出版、二〇一三年）、戸ノ下達也「「国民歌」としての《海ゆかば》」（キングレコード『海ゆかばのすべて』ライナーノーツ所収、二〇〇五年）などを参照。

（13）精動中央連盟独自の施策としては、一九三七年十二月の「南京陥落に際して堅忍持久を申し合わせるの会」開催、一九三八年二月の「家庭報国三綱領」発表、「一戸一品運動」に連動した「買溜め防止運動」、経済戦強調に連動した服装の統制、などが挙げられる。

（14）京極鋭五／橋本國彦／山口常光／杉山長谷雄／大宅壮一／鹽入龜輔／吉本明光／吉田信／堀内敬三／野村光一／青砥道雄／唐端勝「愛国行進曲座談会」「月刊楽譜」一九三八年二月号、月刊楽譜発行所、二ページ

（15）内閣情報部「事変二周年と精動の新段階――運動の回顧と今後の目標」、内閣情報部編「週報」第百四十二号・一九三九年七月五日号、内閣情報部

(16)「内政会議廿七より具体的討議を開始」(「東京朝日新聞」一九三八年七月二十五日付)ではじめて精動中央連盟改組検討が指摘され、「国民精神総動員計画は内政会議で決す」(前掲「東京朝日新聞」一九三八年七月三十日付)で報じられたように、内政会議で協議決定されることになった。
(17)「〝国民再編成〟軌道へ」「東京朝日新聞」一九三八年十二月一日付
(18)「国民組織再編成に政府又も足踏」「東京朝日新聞」一九三八年十二月二十六日付、「総動員体制の強化も一に民心安定が主眼」「東京朝日新聞」一九三九年一月十三日付
(19)「中央連盟を改組 新らしく再出発」「東京朝日新聞」一九三九年二月一日付
(20)「自主的の改組拡充 政府に意見提出」「国民精神総動員」一九三九年二月一日号、国民精神総動員中央連盟、二ページ
(21)「精動の新展開とその基本方針 解説」「国民精神総動員」一九三九年五月一日号、国民精神総動員中央連盟、五ページ
(22)前掲「中央連盟を改組 新しく再出発」、「中央連盟から意見書具申」「東京朝日新聞」一九三九年二月二日付、「中央連盟改組」「東京朝日新聞」一九三九年二月四日付。そして一九三九年二月五日には「国民精神運動は内閣中心に継続」として、平沼首相は二月四日の精動中央連盟との協議で、精動中央連盟と連携するため、内閣に一部局を設けて精動を継続することを言明した。
(23)前掲「事変二周年と精動の新段階」
(24)荒木貞夫「実効を挙ぐるの道」(「国民精神総動員新展開に際して」)、内閣情報部編「週報」第百三十一号・一九三九年四月十九日号、内閣情報部
(25)「精動強化とその人選」「東京朝日新聞」一九三九年二月十五日付
(26)社説「精動改組の方向」は「朝日新聞」一九三九年二月二日付、鉄箒「精動の更生」は「朝日新聞」一九三九年二月十二日付の紙面。
(27)もっともこの人事にしても、「七十九歳の有馬会長に配するに喜寿の筑紫理事長、政府機関の方も総裁は七十三の平沼首相に委員長は六十三の荒木文相で、このところ老人総動員連盟の形だがハリキリ老人ばかりだ」と揶揄されて

いる（「形式に囚はれぬ」「東京朝日新聞」一九三九年三月二日付）。

(28)「興亜の大業貫徹は我等同胞の責務」「東京朝日新聞」一九三九年四月十三日付、前掲「週報」第百三十一号・一九三九年四月十九日号

(29) 前掲「事変二周年と精動の新段階」八ページ

(30) 同記事一一ページ

(31) 前掲「週報」第百三十一号・一九三九年四月十九日号、前掲「週報」第百四十二号・一九三九年七月五日号

(32)「精動の国民化を計れ」、前掲「東京朝日新聞」一九三九年四月十三日付、鉄箒「インテリ精動」「東京朝日新聞」一九三九年四月十六日付など。

(33)「週間運動の連発廃め〝心〟から〝物〟へ重点」「読売新聞」一九三九年六月七日付

(34) 内閣情報部「事変二周年と精動の新段階――運動の回顧と今後の目標」、前掲「週報」第百四十二号・一九三九年七月五日号

(35) 同記事一〇ページ

(36) ここで扱われたテーマは、「読売新聞」「生活よ廻れ右」では、国民生活の日、花嫁衣裳、ネオン、男子学生の長髪、結婚披露宴、「東京朝日新聞」「進め精動」では、荒木委員長インタビュー、婦人団体、殷賑産業労働者、貯蓄奨励、敬神奉納、愛国婦人会、金の献納、廃品資源再生、母性報国、行政官庁批判、都市有閑階級批判、闇取り引き告発、空閑地活用、学生風教刷新、美服批判、初等教育活性化、地方農村の状況紹介、産業界の報国運動、インテリ批判、厚生運動奨励であった。

(37)「読売新聞」一九三九年六月十一日付

(38) 同紙

(39)「読売新聞」一九三九年六月二十日付

(40)「読売新聞」一九三九年六月二十一日付

(41)「東京朝日新聞」一九三九年六月十四日付

(42)「東京朝日新聞」一九三九年六月二十五日付

(43)「坊主刈りの檄」「読売新聞」一九三九年六月二十三日付
(44)「お中元廃止の問題」、前掲「東京朝日新聞」一九三九年六月十四日付
(45)「精動全委員が強調 麻雀も廃止せよ パーマネント廃止最後の断」、前掲「東京朝日新聞」一九三九年六月二十五日付。なお戦時期の女性のパーマネントやモンペについては、飯田未希『非国民な女たち――戦時下のパーマとモンペ』(〔中公選書〕、中央公論新社、二〇二〇年)で、ジェンダーの意識やファッションの観点も含めて考察されている。
(46)「婦人にも罪あり」「東京朝日新聞」一九三九年九月七日付
(47)「歓楽色抹殺の一日」「読売新聞」一九三九年六月三十日付
(48)「享楽のない帝都」「朝日新聞」一九三九年六月二十七日付
(49)「精動の頁 勤労増進・体力向上方策の趣旨はどこにあるのか」、内閣情報部編「週報」第百四十七号・一九三九年八月九日号、内閣情報部、四一ページ
(50)「「滅私」を強化せよ」「東京朝日新聞」一九三九年八月九日付
(51)「一日は〝興亜奉公日〟」「東京朝日新聞」一九三九年八月十一日付
(52)「何事ぞ?この数字消費節約の声を裏切る」「読売新聞」一九三九年七月六日付
(53)「都会人の自粛こそ生活刷新の狙いどこ」「読売新聞」一九三九年七月十三日付
(54)「迎える〝興亜記念日〟に灯を消す歓楽街」「読売新聞」一九三九年六月四日付、「〝電髪〟の自粛の波」、前掲「読売新聞」一九三九年六月二十三日付
(55)前掲『戦前の情報機構要覧』一〇六ページ
(56)「情報部拡充と企図」「東京朝日新聞」一九四〇年五月五日付
(57)もっとも、近衛はこの考えを正式に表明することはなく、一九四〇年七月二十四日付の「読売新聞」のインタビューでも、内閣情報部の拡充強化についての質問に「現在の制度で支障があるかどうか、もう少したって見ぬとはっきりしたことは分からぬ」と回答している。
(58)「内閣情報部を局に昇格」「読売新聞」一九四〇年八月十日付、「内閣情報部に拡充」「東京朝日新聞」一九四〇年八

月十三日付

(59)「二三日中に調印 情報部に転身する帝劇」「読売新聞」一九四〇年九月十一日付。なお情報局の庁舎は、前掲『戦前の情報機構要覧』によれば、その後第一相互生命ビル地下を経て、一九四二年に参謀本部跡に移転、さらに四三年には内務省ビル四・五階に移転し敗戦を迎えた。

(60)「情報局の設置」、情報局編「週報」第二百十八号・一九四〇年十二月十一日号、情報局、四〇ページ

(61)情報局については前掲『戦前の情報機構要覧』、日本音楽文化協会の設立過程とその特徴については前掲の拙著『音楽を動員せよ』を参照。

(62)「府県令を改正して長時間興行を制限」「読売新聞」一九三七年九月二日付

(63)「映画・レコードに大和総動員 内務省愈々乗出す」「読売新聞」一九三七年八月二十四日付

(64)前掲「府県令を改正して長時間興行を制限」

(65)「風紀警察の猛進軍 いよ〳〵ネオン街攻落 事変下の娯楽統制」「読売新聞」一九三七年十二月十四日付

(66)「時局に滅ぶ享楽機関 麻雀店、忽ち半数」「読売新聞」一九三八年四月八日付

(67)「東京朝日新聞」の連載「事変下の娯楽を衝く」は談話をまとめたもので、その骨子がタイトルになっていた。全九回は、権田保之助「健全な娯楽こそ長期戦下の急務」(一九三九年七月六日付)、清水盛明「適切なる慰安は長期戦の力を培ふ」(一九三九年七月七日付)、大坪康夫「よい反省の機会 〝享楽なき日〟の試み」(一九三九年七月八日付)、河上徹太郎「国策の線に沿っていぢけず精進せよ」(一九三九年七月九日付)、大谷博「内容を見てから批判して欲しい」(一九三九年七月十一日付)、石橋「時局を認識して業者も協力せよ」(一九三九年七月十二日付)、前田偉男「好況から享楽へ 少年工に多い犯罪」(一九三九年七月十三日付)、新居格「要は熱情と気魄 形式の問題ではない」(一九三九年七月十五日付)、渡邊捨雄「カットは減ったがまだ緊張が足らぬ」(一九三九年七月十六日付)という構成だった。

(68)厚生音楽の展開や厚生運動に関する言説、音楽文化の表象などについては、戸ノ下達也/洋楽文化史研究会編『展開する厚生音楽——戦争・職場・レクリエーション』(「厚生音楽資料全集——戦時期の音楽文化」別巻)、金沢文圃閣、二〇二一年)で多角的に考察しているので参照してほしい。また「厚生音楽資料全集——戦時期の音楽文化」全

七巻＋別巻一（金沢文圃閣、二〇二〇―二一年）では、『厚生音楽全集』全五巻（新興音楽出版社編、新興音楽出版社、一九四二―四四年）をはじめ、レコード会社のパンフレットなどの関連史料の復刻を所収している。

(69)「政府も積極的援助 盛上る「厚生運動」」「読売新聞」一九三八年二月十六日付

(70)「娯楽の改善と士気の振興 我が厚生運動の目的」「東京朝日新聞」一九三八年三月二十七日付

(71)「社説 休養の意義と厚生運動」「東京朝日新聞」一九三八年十一月二日付

(72)「娯楽も訓練の要素」「読売新聞」一九四〇年九月十二日付

(73)「嫁入り前の娘さんも勤労に参加せよ」「東京朝日新聞」一九三九年七月十二日付

(74)「凡ゆる興行物 一ッ傘に纏める」「読売新聞」一九三九年十二月十二日付

(75)「国民生活明朗化」「読売新聞」一九四〇年十月二十九日付

(76)「社説 国民士気昂揚と音楽」「読売新聞」一九四〇年十一月十九日付

(77)「大衆娯楽を語る」は、「東京朝日新聞」一九四〇年一月二十六日付・二十七日付・二十八日付・三十日付、二月二日付の紙面で掲載された。

(78)「大政翼賛運動 青年の使命を語る（5）青年に歌を与へよ」「朝日新聞」一九四〇年十月二十一日付。一九四〇年九月一日から、題字が「朝日新聞」に統一されている。

(79)「新しき国民生活（7）創建せよ、国民娯楽〝明るい慰安〟を村に工場に」「東京朝日新聞」一九四〇年七月十三日付

(80)「新体制下健全な娯楽とは？」「読売新聞」一九四〇年十一月四日付

(81)「娯楽の健全路を拓く（4）大谷竹次郎「〝河地山〟も結構」」「読売新聞」一九四〇年十一月二十二日付、「娯楽の健全路を拓く（8）澁澤秀雄「取締りの限界」」「読売新聞」一九四〇年十二月三日付

(82)翼賛文化運動については、赤澤史朗「太平洋戦争下の社会」（藤原彰／今井清一編集『太平洋戦争』〔「十五年戦争史」第三巻〕所収、青木書店、一九八九年）、同『戦中・戦後文化論――転換期日本の文化統合』（法律文化社、二〇二〇年）などを参照。

第5章　アジア・太平洋戦争期の内閣の文化政策

日中戦争期に顕著になった総力戦体制構築のための内閣の娯楽政策は、アジア・太平洋戦争期になると大きく転換していく。日米開戦からミッドウェー海戦敗北までの戦略的攻勢期から、マリアナ沖海戦までの戦略的守勢期を経て、敗戦までの絶望的抗戦期へと情勢が推移していく過程で、その時々の状況を反映しながらも、基本的なスタンスは後述するとおり日米開戦直後に提示された情報局の方針が貫徹していた。

アジア・太平洋戦争期の音楽に関わる娯楽政策は、情報局がその主たる役割を担っていた。日中戦争期の内務省・警察行政の風紀・思想統制が「取り締まり」だったのに対し、情報局は、その官制や分科規程にあるとおり国民を「指導」していくことを意識して所轄の国民運動団体と協調しながら施策を推進した。本章で検証する音楽作品演奏の企画・運営への指導、ジャズに代表されるアメリカ・イギリスの音楽作品の排斥などがその例だが、このスタンスは娯楽政策に反映されていた。

従来、アジア・太平洋戦争期の文化を取り巻く状況については、一九四一年十二月十九日の言論出版集会結社等臨時取締法、四二年七月の情報局による主要新聞の統合、四三年二月の出版事業令や用紙統制に関わる出版への統制、横浜事件やゾルゲ事件、小磯國昭内閣による言論暢達政策など、言論や思想の統制強化に関わる出来事が指摘されている。確かに、悪化する戦局や国内状況を反映した政府の姿勢を反映して、連合国と枢軸国という対立軸が文化領域でも強調されるとともに、頽廃や厭戦に対する執拗ともいえる監視・排除がなされていたことは事実だが、こと娯楽政策の展開を考えてみると、多様な側面がある。

音楽文化についても健全娯楽が唱導され、それにふさわしい音楽が推奨・強制されていった。情報局だけでなく大政翼賛会が主導する国民運動と連携した国民皆唱運動、音楽挺身隊による歌唱指導などは、健全娯楽としての音楽を活用しながら、人々の意識高揚や教化動員を進めていくための実践といえる。しかし本土空襲や食糧事情の悪化、学生・児童の勤労動員や学徒動員といった切羽詰まった状況のなかで、行き着く先が一九四四年二月の決戦非常措置要綱であり、同要綱に付随して発表された「高級享楽停止に関する具体策要綱」による劇場閉鎖と移動演劇・移動音楽の強制だった。また過度の取り締まりを戒めた内務省であっても、特別高等警察による不穏言動への監視は継続し、特に「替歌」が不穏歌謡として徹底して監視されていた。

これら文化政策にみられるのは、指導事項の拡大解釈や自主規制といった現在にも通じる忖度の実情だった。以下、アジア・太平洋戦争期の娯楽政策の具体的事例を検証し、歴史の事実を再考するとともに、政府権力による日常への侵食と破壊を捉え直してみたい。

1　情報局の娯楽政策

戦略的攻勢期の状況

①情報局の基本方針

日米開戦を契機として、内閣は、思想や言論への取り締まりの意思を鮮明にする一方で、情報局主導で国民統合のための娯楽政策を重視する姿勢を打ち出す。その嚆矢が、一九四一年十二月十三日に情報局が発表した「戦時下国民娯楽ニ関スル緊急措置ニ関スル件」[1]である。情報局は、同日に内務省警察部長事務打合会でこの緊急措置の周知をおこなう一方で、同時に「一般芸能界の代表者を招き戦時下芸能の方向についてその実施方針を指示」している。音楽界は日本音楽文化協会（音文）がこの懇談会に出席していた。内閣の音楽文化に関する施策は、新体制運動に連動し、音楽界も再編一元化がなされ、四一年十一月に音文が発足していた。情報局が企画・立案し、情報局の所管団体である音文が職務を遂行する仕組みだった。「戦時下国民娯楽ニ関スル緊急措置ニ関スル件」は、「音楽、映画、演劇、演芸等ノ国民文化乃至国民娯楽ニ対シテモ出来得ル限リ之ヲ抑圧スルガ如キ方途ヲ避ケ進ンデ積極的指導ヲ加ヘ、銃後国民ニ対シ皇国ノ理想ヲ宣揚シ、民心ノ躍動ニ寄与スルニ足ル雄大ニシテ健全、明朗ニシテ清醇ナル娯楽ヲ与ヘルト共ニ、其ノ効果ヲ活用シ以テ之等国民娯楽ヲシテ啓発宣伝上十分ノ効果ヲ発揮セシメントス」[2]ということを「要旨」として掲げていた。その具体化の施策では、特に「興行ノ方式ニ関シ」実施を要する事項として、「徒ニ萎縮的又ハ時局便乗的傾向ニ陥ラザル様之ヲ誘導」するとともに、すでに発表された作品の再演推奨などの作品創作・発表に関する事項、興行時間と内容の再検証による享受機会の拡大、娯楽施設の分散、「農山漁村、鉱山、工場等ニ於ケル産業戦士ニ対シテハ、移動演劇、映画、音楽隊等ヲ活発ニ活動セシムルコト」という移動文化運動の推奨、休憩時間の有効化、ニュース告知の充実、創作活動の活性化、娯楽内容の指導・運営に関する協議会設置の八項目を提示した。この緊急措置は、音楽、映画、演劇、演芸などの文化領域が娯楽の担い手であることを明示したうえで、時局迎合でない作品創作・再演の奨励、ハードとソフト両面での地域や職域での娯楽の偏在是正、娯楽の啓発宣伝機能の重視など、日米開戦直後の社会状況を踏まえた国民教化や啓発を意識した娯楽政策を明確に打ち出したことに特徴がある。[3]

この情報局の動きは、早速新聞でも取り上げられた。「朝日新聞」は「娯楽は萎縮を避け、みんなが享受出来るやうに、また長期警戒管制に処しては娯楽施設を地域的に利用せしめ娯楽街集中主義を排すること」[4]とその内容を報じていた。また「読売新聞」は社説で「情報局が娯楽決戦体制について決定した方針は、這般の歴史的経過を十分に生かした賢明の措置と評すべきものである」と評価し、「現下の娯楽政策において生活乃至勤労と娯楽との統一は須くその根本原理あるべきものだが、これは明治以来の禁欲的生活感の批判に依って裏付けられると共に、他面具体的施設を通じて実現せられることが肝要である[5]」と問題を提起していた。情報局の娯楽政策は、メディアでも前向きに認識されていた。

この情報局のスタンスが立法の場で公に議論されたのは、第七十八回帝国議会（一九四一年十二月十六日―十七日）だった。この議会は、「言論、出版、集会、結社等臨時取締法」に関する集中審議がおこなわれたものだったが、その特別委員会のなかで娯楽政策の基本方針を言明している。「言論、出版、集会、結社等臨時取締法」は同月十九日に公布され、「すべての「政事」に関する結社と集会を届出制から許可制に切りかえ、出版物の取り締まりを強化し、流言飛語や人心惑乱なども厳罰に処することをさだめていた[6]」法律だった。この言論・思想・風俗を取り締まる法律の審議で、娯楽政策について質疑をおこなっていたことは、内閣や立法が、娯楽もまた言論・思想・風俗の統制と表裏一体と認識していたことを物語るものといえる。

まず一九四一年十二月十七日の貴族院言論、出版、集会、結社等臨時取締法案特別委員会（第一回）で、下村宏議員（勅選）の新聞、出版、映画などの統制指導に関する質問の回答で、奥村喜和男情報局次長は、「戦時ニハ違シキ、雄渾ナル而モ健全ナル娯楽ヲ積極的ニ奨励シナケレバナラナイト云フ総理初メ各大臣ノ御意向ニ基キマシテ、之〔映画：引用者注〕ヲ如何ノ積極的ニ且ツ健全明朗ニスルカト云フコトニ苦心ヲシテ居ルノデアリマス[7]」と答弁した。また同委員会では、出版、放送、思想の全般にわたり自由な風潮を危惧するので統制を明文化した法案を施行してほしいという井田磐楠（男爵）の要望に対し、東条英機内閣総理大臣は、「国体観念ニ立脚シテ精神ノ昂揚ヲ図ッテ行キタイ」と述べ、さらに放送について、「娯楽等モ私ハ国民ハヤルベシ、歌舞伎モ見ルベシ、落語モ聴イテ、大イニ笑フベシ、併シナガラ緊張スベキ時ハシッカリ緊張シテ貰フ、ソコノ緩急ト云フモノハ放送ニ於テモ矢張リ或程度考ヘテ行キタイ[8]」と戦時下の適切な娯楽のありようを提示していた。

この東条内閣総理大臣の答弁はメディアでも取り上げられていた。「後刻、谷情報局総裁と記者団との会見の際、同総裁は首相の親心を強調すると同時に、旧帝劇を明け渡す情報局の移転も、そうした首相の趣旨の反映に

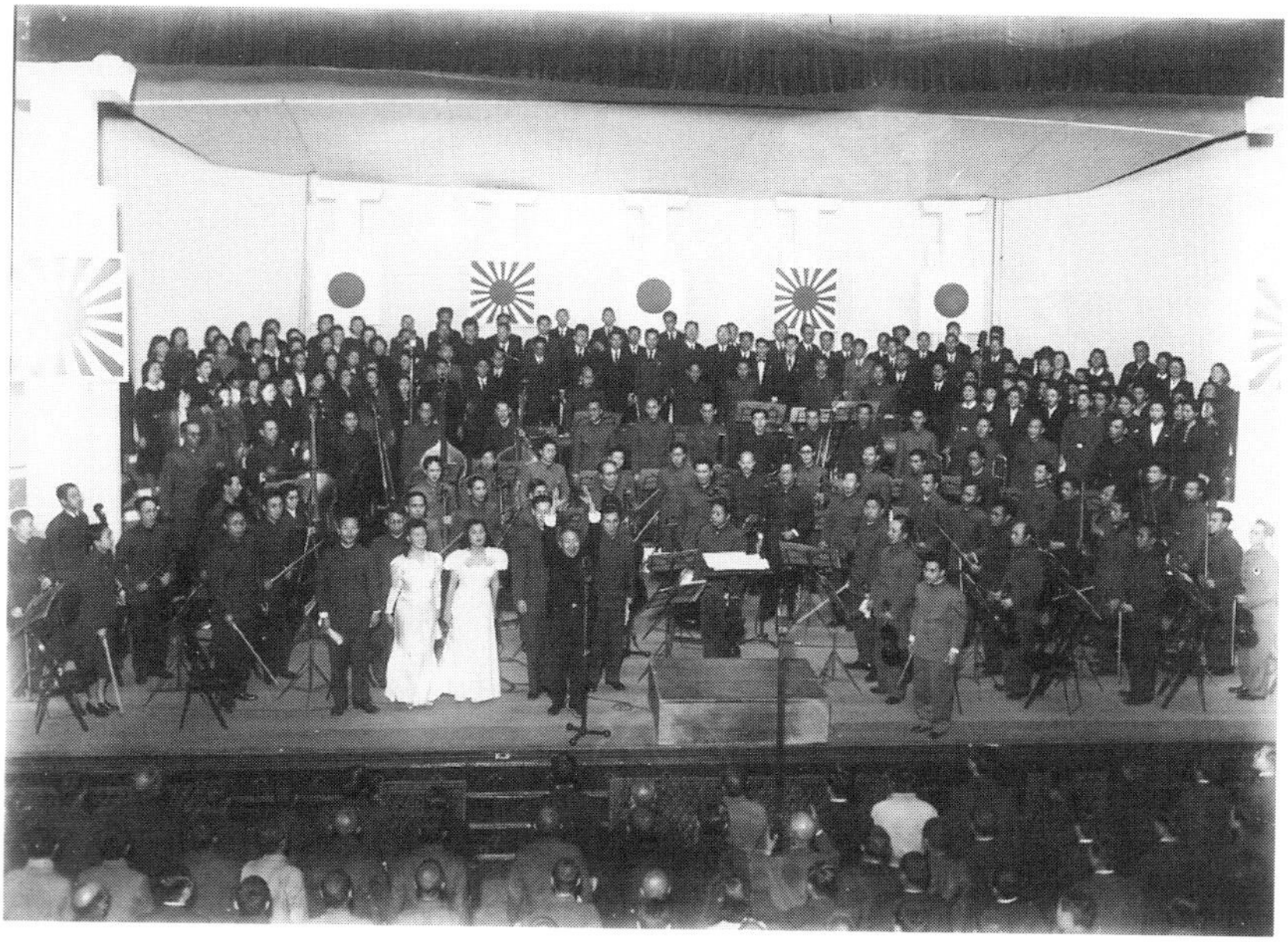

写真15　日本音楽文化協会大東亜戦一周年記念大音楽会（日比谷公会堂、1942年12月5日）（©昭和音楽大学　撮影／小原敬司）

ほかならぬ旨をつけ加えた[9]」と暢達政策として報じられた。また情報局第五部第二課長の不破祐俊は新聞でのコメントで「戦時下の娯楽は萎縮してはいけない。ホールの演芸物の自粛取りやめなぞは全く考もので、私達としては寧ろ奨励、発展につとめたいと考えているくらいだ[10]」と強調していた。もっとも情報局は、真珠湾攻撃による輿論の沸騰という熱狂的な国民感情にも危惧を示していた。情報局次長の奥村喜和男は次のようにコメントしている。

> 大東亜戦争は、東亜新秩序建設の完遂まで続くのでその前途はまだ長いのであり、今までの勝利は序の口に過ぎず国民は勝って兜の緒を締め戦勝に酔うことなく厳粛な喜びを国策への協力と実践とによって示し、さらに戦局の勝利に向って邁進せねばならぬ。その意味で政府は香港陥落等の場合でも提灯行列、旗行列など戦争の前途を安易視するが如き行事は一切行なわざるよう希望する[11]

この見解は、国民感情の異様な高揚を、政府が冷静に分析していたことの表れと捉えられる。戦勝に傾倒し熱狂する人々の意識は、内閣が危機感を示すほどの勢いだったことが理解できるだろう。いったん一つの方向に輿論が傾くと、その意識や雰囲気に同調され雪崩を打って傾倒していった末に敗戦を迎えたという現実は、今日を生きる私たちにも大きな示唆を与えている。

②音楽界の対応

情報局が所轄する業界団体は、十二月十三日に情報局との懇談をおこない「戦時下国民娯楽ニ関スル緊急措置ニ関スル件」に対応することになった。音楽界では、前述のとおり音文が、具体的方針と施策を発表する。その内容は、演奏会開催による作曲・演奏の多方面への普及と大東亜音楽建設のための指導研究、歌唱指導の充実、邦人作品の演奏推奨、扇情的・頽廃的楽曲の排除などの事項だった。[12] これら音文が提示した注意事項は、例えば日本交響楽団（現・ＮＨＫ交響楽団）の定期演奏会で邦人作品の演奏を第二百三十八回定期公演（一九四二年九月）から開始するなど、音楽界の取り組みとして実践されている。

情報局による音楽界への指導は、一九四三年七月の「演奏企画指導要綱」に継続する。[13] この要綱では、それまで健全娯楽として不問だったクラシック音楽についても、演奏曲目に関する事項として、「内容に於て時局下に不適当と認められるもの（例えば、陰惨虚無、淫蕩、厭世的なるもの、或ひは反戦的でなくとも徒に平和を賛美するもの等の如き）は避けること」「曲名が不健全なものは避けること（例ドン・ファン）」といったように、一歩踏み込んだ規制を盛り込んだこと、出演者に日本人起用を推奨したこと、広告宣伝に外国語を避け国策標語掲載を推奨するなど、より積極的な規制がなされていたことが特徴といえる。この要綱を受け、警視庁は四三年九月から演奏企画の事前審査を開始する。このような音楽をめぐる動向の背景には、娯楽・慰安を国民統合の手段として重視し、さらに都市や農山漁村の勤労者への啓発宣伝を移動文化運動によって強化しようとする情報局の方針が明らかである。また楽器の原材料確保を目的として四三年三月に楽器配給協議会が設立された。

戦略的守勢期以降の変遷

情報局の娯楽の積極的指導というスタンスが内閣の基本方針として徹底されていたことがより鮮明になったのが、第八十一回帝国議会（一九四二年十二月二十六日—四三年三月二十五日）の議論だった。第八十一回帝国議会は、翼賛政治会の強化をもくろむ動向や、戦局の悪化に対応した法案、賛否が分かれてきた東京都政案や市町村制改正案などの法案審議が予定され、当初から波乱が想定される議会だった。(14) このような国内統制の強化拡充をもくろむ内閣の狙いを秘めた議会では、文化政策や対外宣伝、言論政策などの質疑が複数の委員会でおこなわれていたが、そこでは情報局の娯楽政策の基本方針が、奥村情報局次長の答弁から明確に示されていた。

最初に文化政策の質疑がおこなわれたのは、学校や青少年の教育に関する質疑だった。同年二月三日の衆議院公立学校職員年功加俸国庫補助法中改正法律案外一件委員会（第三回）では、中村梅吉議員（翼賛政治会）が、青少年や教員の「国民指導ノ徹底ヲ期スル必要ガアル」と質問した。これに対し、奥村情報局次長は「従来政府ハ内務省ニ於テ警察権ニ依ッテ公安ニ害アルモノ、風俗ニ害アルモノハ取締ルト云フコトデゴザイマシタノガ、積極的ニ政府ノ意図、国策ノ遂行ニ協力スルヤウナ指導ハ支那事変前マデハ御案内ノヤウニ殆ドナカッタノデアリマス。ソレガサウ云フヤウナコトデハイケナイ、積極的デナケレバナラヌト云フヤウナ、御意見ノヤウナ方途ニ基キマシテ情報局モ出来タ訳デアリマス」(15) と述べて、移動演劇、映画や演劇の推奨事業、日本文学報国会との連繫など推奨事の取り組みを例示した。

続いて同月十日開催の衆議院予算委員第三分科（大蔵省、陸軍省及海軍省所管）会（第二回）では、羽田武嗣郎議員（翼賛政治会）が「文化政策ニ関スル最高ノ指導方針ヲ此ノ際承ッテ置キタイ」と質問したのに対し、奥村情報局次長は次のように答弁した。

映画ノ如キモ亦演劇ノ如キモ、娯楽ノ如キモ、最高ノ指導方針ハ戦争完遂ニ集中スルト云フコトニ置ヒテオリマス。併シナガラ娯楽ニハ娯楽ノ要請ガゴザイマスシ、又映画、演劇ニハ各々持分ガゴザイマスシ、一色ニ所謂国策映画、国策演劇ニ致シマスト、必ズシモ娯楽ニモナラヌシ、民心ニ投ズル所以デモゴザイマセヌノデ、各々文化ノ内容、状態ニ応ジマシテ、適当ナ潤ヒヲ持チ、所謂健全娯楽、健全文化ノ見地カラ指導致シ居リマス（略）要スルニ戦争完遂ニ集中スル、而シテ其ノ文化内容ノ特性ニ応ジテ適当ニ潤ヒヲ持タセ、又余裕ヲ持タセルト云フ方針デイタシテ居リマス(16)

さらに同月十五日には、複数の委員会で同様の質疑が展開していた。まず衆議院決算委員会（第三回）で、今井新造議員（翼賛政治会）が「健全ナル映画演劇ノ強化ニ努メナケレバナラナイ（略）国体魂ヲ吹込ムヤウナ計画ガアルカドウカ」と質したのに対し奥村情報局次長は、情報局による娯楽の積極的指導という姿勢を明言している。

健全娯楽的見地カラ、明日ノヨリ強イ活動ノ源泉トシテ慰安ノ必要ナコトハ重々承知致シテ居ルノデアリマシテ、寧ロ今コソサウシタ積極的ナ意味ヲ娯楽ニ認メテ之ヲ指導シ、又国民ニ与ヘナケレバナラヌト思ヒマス。所ガ今御述ベニナリマシタヤウニ、従来ノ映画、演劇ニタイスル政府ノ態度ハ何処マデモ取締ト云フ観点ガ強カツタノデアリマシテ、ソレヲ世話スルトカ、ソレヲ積極的ニ伸バスト云フ点ニ於テハ確カニ怠リガアッタト思フ、併シ情報局ハサウシタ従来ノヤリ方デナク、之ヲ助長シ積極的ニ伸バスト云フ役所デゴザイマス(17)

続いて質問に立った山崎常吉議員（翼賛政治会）の「政府ハ之ニ相当ノ費額ヲ援助シ、健全ナル映画演劇ノ強化ニ努メナケレバナラナイト云フコトヲ痛感スル」という質問に対し、奥村情報局次長は次のように答弁した。

御述ベニナリマシタヤウナ観点カラ映画、演劇ヲ取扱ッテ居リ、今後モ取扱ヒタイト思ヒマス（略）尚又今マデノ映画、演劇ガ、都会集中的デアッタ、或ハ又非常ニ高クテ金持シカ見ラレナカッタト云フ二ツノ欠点ガアッタ。ソコデ今日ハ農村ニ、或ハ地方ノ工場ニ、又一般ノ大衆ニ健全娯楽ヲ与ヘタイト云フ見地カラ、サウシタ都会集中、或ハ富裕者ノ独占デアッタ映画、演劇ヲ開放致シマシテ、庶民大衆ノモノニシタイ、而シテ全国津々浦々マデ及ブヤウニト云フ仕組ミカラ、情報局デハ色々斡旋シ、考ヘタ結果、今度ノ予算ニモ提出シタノデアリマスガ、移動演劇ト云フモノヲ組織致シマシテ、有名ナ役者等ヲ奉仕的ニ、十日或ハ一週間政府ニ提供シテ貰ヒマシテ、其ノ人達ヲシテ政府ノ計画シタ場所デ芝居ヲシテ貰フ、或ハ日立鉱山ニ行クトカ、筑豊炭田ニ行クトカ、ソコデ政府ノ斡旋ノ下ニ芝居ヲヤル[18]

また吉田敬太郎議員（翼賛政治会）が、小倉市を視察した際の希望意見として工場労働者の勤務時間に対応した映画館の営業時間対応を要望したのに対し、奥村情報局次長は「戦力増強ニ血ミドロニナッテ働イテ居ル人々ニヨル逞マシイ活動力ヲ与ヘルノハ何ト言ッテモ慰安娯楽デアルノデアリマス[19]」として移動映画への抱負を述べていた。

さらに同月十五日開催の衆議院戦時行政特例法案外二件委員会（第十回）でも濱田尚友議員（翼賛政治会）が、「戦時下ニ於ケル言論取締及ビ国民士気作興ヲ目標トスル一般輿論指導ノ問題」についての質問をおこなった。このなかで濱田議員がおこなった「戦時意識ト云フモノヲ昂揚スル為ニ、何カ今後ハ変ッタ具体的ナ方策」を考えているのかという質問に対し、奥村情報局次長が、新聞、ラジオ放送の活用を述べたあと、映画、移動演劇など「常ニ健全娯楽ノ立場カラ国策遂行ノ一翼デアルト云フコトヲ忘レズ、色々研究シ、考ヘマシテ[20]」と具体的取り組みを開始もしくは検討していると答弁した。

このように、二月十五日の衆議院の委員会では、複数の議員が総力戦体制の基盤強化と治安維持による民心掌握という観点から、内閣の娯楽政策や言論政策について質していることは、戦略的守勢期という状況を踏まえて、立法がより一層の国民統合と治安維持を急務と認識していたことが理解できる。そしてこの認識は、娯楽だけでなく、一九四三年三月二日開催の同議会戦時刑事特別法中改正法律案委員会（第十回）での「消極的取締ノミデハ不十分デアル、積極的ナ輿論善導ノ方面ニ尽力シナカレバナラヌ」という奥村情報局次長の答弁にみられるように、広く輿論喚起にも示されていた。(21) また奥村の「朝日新聞」紙上の談話でも、内閣の姿勢が積極的に発信されている。

従来警察権によって公安に害あるもの、風俗に毒あるものは取締るということであるが、積極的に政府の意図する国策の遂行に協力するような指導は支那事変前までは殆どなかった。それが消極的に害がないというようなことではいけない。積極的でなければならぬという方途に基づいて情報局もできた（略）積極的指導についてであるが（略）従来のようにただ風俗上面白くないということでは不十分で、余り露骨でないように、自然に愛国心が起るように、また犠牲心が起るような方向に指導している(22)

さらに、農山漁村や工場、鉱山など勤労者への啓発宣伝についても「低俗ナル音楽ヲ排シ健全ナル音楽ヲ広ク国民一般ニ普及シ戦意ノ昂揚、戦力ノ増強ニ資スル」と位置付けていて、奥村も「産業戦士なり農村の人々、あるいはまた教職にある方々に本当の意味の慰安を与へるといふことも必要(23)」と周知していた。

ちなみに第八十一回帝国議会では、谷正之情報局総裁が言論指導方針を闡明したり、南方の占領政策での文化の活用についての音楽の活用などを議論している。(24) 内閣としても、立法と意識を共有して、総力戦体制を維持するために文化領域を国民統合や啓発宣伝のツールとして重視していることを前面に打ち出していたのである。

一九四三年四月の情報局官制改正では人事異動も発令され、次長の奥村が第一部長兼第二部長（事務取扱）に昇格している。(25) この新聞・放送・出版を所管する第二部と第一部の兼任は一時的なものだったが、情報局がインテリジェンス機能とともに、国内向けの国民の啓発宣伝としての思想やメディアの統制を一元化しようというもくろみがあったことによる動きと捉えられる。もっとも、娯楽政策に対する情報局のスタンスが不変だったことは、決戦非常措置要綱を発表するタイミングの第八十四回帝国議会（一九四三年十二月二十六日―四四年三月二十四日）の答弁資料でも明らかだった。[26]この答弁資料では、「政府ハ国民生活ト娯楽トノ関係ニ就テ如何ナル考ヘヲ持ッテ居ラレルヤ」という問いに対する回答で娯楽政策について、次のように明言していた。

民心ヲ柔ラゲル役目ヲ持ツ娯楽ヲ国民ニ与ヘルコトハ極メテ必要デアルト考ヘマス（略）映画、演劇、音楽等ノ所謂芸能文化ハ、一方ニ於テハ強力ナル啓発宣伝ノ手段トシテ利用スルコトガ出来ルト共ニ一方ニ於テハ之ヲ鑑賞シ、或ハ演劇、演芸、音楽ノ場合ノ如ク自ラ演ジルモノニ慰楽ヲ与ヘルコトガ出来ルノデアリマシテ、コノ宣伝性ト娯楽性ヲ併セ持ツトイフ点カラ情報局ニ於テハ大ニ之ヲ利用シテ益々国策ノ滲透ト国民士気ノ昂揚ヲ図ルト共ニ、国民生活ニ潤ヒト明ルサトヲ与ヘ以テ戦力増強ニ資スル様努メテ居ルノデアリマス。従ツテコレニ対シテハ徒ニ消極的取締ヲ為スガ如キ方策ヲ避ケ民間ノ創意ヲ尊重スルト共ニ積極的ニ指導誘液《(ママ)》シ、芸能各部門ニ於テ夫々雄大ニシテ健全、明朗ニシテ清醇ナル真ニ価値アルモノヲ育成創造セシメル方針[27]

また、同答弁資料の「農、山、漁村、工場、鉱山等ニ対スル音楽政策如何」という問いに対する回答では、「移動音楽隊ヲ派遣シ低俗ナル音楽ヲ排シ健全ナル音楽ヲ広ク国民一般ニ普及シ戦意ノ昂揚、戦力ノ増強ニ資スル事ハ頗ル有効適切ナ方策ト考ヘラレマス」と位置付け、一九四三年度上期の実績として、第二回国民皆唱運動、軍人援護強化週間で「其ノ他各方面ノ利用団体ト協力シ、農村、工場等全国各地ニ実施シ多大ノ成果ヲ納メテ居リマスガ、今後更ニ本事業ヲ益々拡張シ所期ノ目的達成ニ努メ[28]」と総括していた。

このように、情報局の娯楽政策のスタンスは発足から変わることなく継続し、その方向性が、第3節で言及する決戦非常措置要綱に継続していくが、音楽以外にも、演劇、映画、浪曲など、広く文化領域全般で展開した。

情報局は、業界各領域を統率すべく傘下の管轄団体の再編や整備を主導し、前述の音文をはじめ、日本移動演劇連盟、浪曲向上会などを管轄団体として発足させて情報局の施策の実行部隊として機能させ、これらの管轄団体を通じて具体的な施策を実施した。例えば、演劇では、一九四一年度から開始された国民演劇脚本募集による「国民演劇選奨」、四三年五月の国民演劇選奨要綱発表による演出の適正化指導、日本移動演劇連盟と農山漁村文化協会との協業による移動演劇[29]、映画では、国民映画選奨、四二年九月の南方映画工作要領、四三年八月の日本移動映写連盟設立、また浪曲は、向上会による「愛国浪曲」発表などの施策を推進したほか、演劇、映画、音楽の作品創作やイベントの後援をおこなっている。

2　内務省の姿勢

内務省の娯楽政策

①内務省の認識

情報局の娯楽に対する「積極的指導」というスタンスは、内閣の認識にも根本的な変革を及ぼした。その典型は、それまで取り締まりを第一としていた内務省警保局だった。警保局は、一九四二年八月二十一日に「長期持久戦ニ対応スル治安維持対策要領」を警察部長事務打合会で周知した[30]。そこでは、まず「趣旨」を「政府ノ施策スベキ具体ノ措置ソノモノハ時局ノ進展ニ伴ヒ且ハ客観情勢ノ推移ニ応ジテ自ラ変更転換セラレザルベカラザルハ又当然ノコトナリ」としたうえで、日米開戦から半年を経過した時点の情勢を加味し「今ヤ国民ノ内ヨリ燃ヘ出ヅル積極的ナル自覚ト反省トニ俟ツニ非ズンバ到底所詮ノ段階ニ於ケルガ如キ団結ノ維持ハ困難ナルベシト思量セラル」ため「積極面ニ於テハ斯ノ如キ国民ノ自覚ト反省トヲ喚起スル方向ニ於テ構想工夫セラルルヲ要ス」「消極面ニ於テハ国民ノ内心ニ不平不満ノ念ヲ懐カシメ或ハ反感ヲ生ジセシムルガ如キコトナカラシムルノ配意ヲ要ス」と明記した。ここには、治安や秩序維持のための民心把握とそのための柔軟な施策推進を図る内務省のスタンスが明確に表れている。さらに「方針」では、「長期持久戦ニ対応スル警察ノ運営ニ付テハ国民生活ヲシテ明朗闊達ナラシメ以テ戦時下国民ヲシテ喜ンデ困苦欠乏ニ堪フルト共ニ国策上必要トスル事項ニ付テハ進ンデ協力スルノ用意アル弾力性ヲ与フルガ如ク配慮スルト共ニ苟モ国民ノ団結ヲ萎シ銃後治安ヲ妨害スルモノニ対シテハ断乎之ヲ排除スルヲ以テ其ノ根本方針トス」(31)という認識を掲げていた。警察行政の円滑な運用と国民の協力を得るためにとられた方策は、娯楽政策にも鮮明だった。娯楽については、「瑣末事案ニ対スル警察取締ノ緩和ニ関スル事項」の「保安警察ニ関スル事項」として、次のように再検討が加えられていた。

風俗、営業、交通等保安警察ニ関スル事項ハ、戦時下国民生活ニ密接ナル関連ヲ有スルモノナルガ、此等ノ分野ハ本質的ニハ一般行政ノ運営ヲ俟ツテ初メテ其ノ適正ヲ期シ得ルモノナリ。殊ニ長期戦下銃後生活ハ高度ノ統制下ニ在リテ一般ハ明朗性ヲ欠キ易ク□モスレバ萎縮セントスル処ナシトセザル時ニ於テ日常生活ノ瑣末ナル部面ニ迄警察的取締ヲ加フルトキハ却ツテ民心ヲ刺激シ徒ニ被圧迫感ヲ濃化スルノ処アリ。仍テ此ノ際保安警察分野ニ於ケル警察執行ノ行過ナキヨウ再検討シ必要ナル是正ヲ加フベキ要アリ。例ヘバ、
(1)国民娯楽部面ニ対スル神経質ナル干渉
(2)業者ニタイスル執拗過酷ナル取締
(3)軽微ナル警察犯ノ摘発
等ハ之ヲ避クルヲ要ス(32)

このように、保安警察は、それまでの取り締まり一辺倒の姿勢を転換し、状況に応じて柔軟な対応を喚起し従前の方針を緩和する方策を示した。そしてこの方向性は、その後も踏襲された。一九四三年七月十九日の地方長官会議では、安藤紀三郎内務大臣が警察の使命として「戦争遂行ノ基底タル戦力ノ増強、国民生活ノ確保ノ為ニ

講ゼラルル各般ノ非常施策ニ協力シテ其ノ障害ヲ排除シ揺ギナキ治安ノ確保ヲ期スル」としながら「今日時局ノ緊迫ニ伴フ各般ノ統制ハ稍モスレバ国民ヲシテ消極受動ノ心情ニ墜セシムル処ナキヲ保シ難キ状況[33]」と治安維持と統制のバランスの難しさを指摘していた。さらに、同月二十二日には、警保局検閲課でも出版物や出版事業、演劇・演芸取り締まりについての重点事項を「警保局観閲課関係資料」で示しているが、その「演劇、演芸等ノ取締ニ就テ」では、その趣旨を次のように説明している。

国民精神ヲ昂揚シ雄渾ニシテ健全、明朗ニシテ清醇、真ニ国民生活ノ糧トシ慰安トスルニ足ル演劇、演芸等ノ育成発達ヲ期スルコトガ緊要[34]

そのうえで、指導取り締まりの第一に、「演劇演芸ニ対シテハソレガ全体トシテ如何ナル影響ヲ及ボスカ大局的見地ニ立ツテ検討ヲ加ヘ決戦国民生活ニ相応シイモノトスル様注意シ徒ラニ瑣末ナ事項ニ対シテ神経的ナ干渉ヲシテ芸能関係者ニ無用ノ圧迫感ヲ与ヘ其ノ創意ヲ減殺セヌコト[35]」を掲げた。具体的な指導取り締まりの留意点について、脚本検閲の思想的側面を重視する取り締まりの徹底、演出や描写が陰鬱嫌悪感情や厭戦、反戦的感情を誘発しないこと、軽佻華美やアメリカ・イギリス的生活感情を憧憬し敵愾心高揚に支障するものの取り締まり、低調卑俗や生硬な時局便乗への指導、素質低劣や思想的前歴者による移動演劇団の指導取り締まりの五点を掲げていた。

ここで明らかなように、内務省警保局では、音楽、演劇、映画などの演劇・演芸領域では一貫してその影響力を意識しながら、それを活用するために抑圧的指導に慎重であるよう注意喚起を継続していた。それは「雄大にして健全」「明朗にして清醇」という情報局の娯楽政策の重点項目をそのまま踏襲し、健全娯楽の育成として指導する方向性を明確に堅持していたのだった。

特別高等警察による監視

もっとも、こと娯楽政策では積極的指導のスタンスだったものの、治安維持の観点では厳しい監視や取り締まりが継続していた。内務省警保局が担った国内の治安維持施策は、内閣の意向を受けた内務省警保局が、各道府県警察部（東京府は警視庁）に対して指示を出し、各道府県警察部の特別高等警察課が状況に応じて各地の警察署の協力を得て施策を実施し、適宜その状況を内務省警保局に報告していた。この治安維持は、満洲事変期から一貫して重視されていた事項だが、一九四一年四月二十一日の警察部長事務打合会では、「㊙指示事項」として「時局下治安ノ確保ニ関スル件」を挙げている。そこでは、「現下内外ノ情勢ハ極メテ複雑ニシテ深刻ナルモノアリ各位ハ深ク事態ノ推移ト国民思想ノ動向トニ留意シ一層部下ヲ督励シテ時局下治安ノ完遂ヲ期セラレタシ(36)」と監視体制の徹底を指示しているが、この方向性はアジア・太平洋戦争期に継続する。四二年三月四日の地方長官会議では、内務次官説明の一つとして「治安確保ニ関スル件」を取り上げ、次のように訓示した。

> 人心ノ不安、之ガ間隙ニ乗ズル左翼分子ノ策動等国民思想ノ上ニ於テモ治安上幾多憂慮スベキ問題ノ発生ヲ予想セネバナリマセヌ固（ママ）ヨリ之等不逞の策動ニ対シテハ徹底的取締ヲ加ヘルハ固ヨリ当然ノコトデアリマスガ更ニ世態ノ推移ト民心ノ動向トヲ深ク察知シ警察権ノ執行ニ付テハ格別細心ナル注意ヲ払ヒ以テ健全ナル国民生活ノ維持ニ格段ノ努力ヲ致サレ度イ(37)

また同日の地方長官会議の「指示事項」と同月十三日の警察部長会議での「指示事項」では、「時局頗ル重大ニシテ内外ノ情勢愈々複雑ナラントス各位ハツネニ世態ノ推移ト人心ノ動向トニ留意スルト共ニ克ク国家ノ大局ヲ洞察シテ緩急宜シキヲ図リ以テ戦時下治安確保ニ万遺憾ナキヲ期セラレタシ(38)」と治安確保の徹底を示達している。このアジア・太平洋戦争期の内務省の治安維持の方針は、前述の一九四三年七月二十六日の安藤内務大臣の警察部長会議訓示でも、「各位ハ常ニ国民生活ノ実相ト国民思想ノ動向ニ周到ナル注意ヲ払ヒ苟モ不逞矯激ナル策動ヲ敢テシ或ハ国論ノ統一ヲ破リ戦争施行ヲ阻害スルガ如キ言論報道ヲ為シ或ハ国民ノ戦意弛緩、生産減退等ヲ企図シテ敵性ノ情報、宣伝、謀略ヲ行フ者等ガアリマシタナラバ機ヲ失セズ断固タル取締ヲ加ヘ以テ国家総力ノ結集発揮ニ些ノ支障ナキヲ期セラレ度イ(39)」と述べているように、治安維持がすべてに優先されるという意識が、引き続き堅持されていたことがわかる。

このように、国内の治安維持のために、国策に反する思想や言動の徹底した取り締まりが最優先すべき課題であるという一方で、民心の安定のために娯楽を積極的に指導するという二つの施策が同時進行し、それらを使い分けて国民の思想統制をしようというのが内務省の基本的なスタンスだった。このスタンスが明確に表れているのが、前述した一九四三年七月二十二日付の「警保局検閲関係資料」の「演劇、演芸等ノ取締ニ就テ」だろう。この示達では、冒頭で、前述の趣旨と指導方針を述べていたのである。

演劇、演劇等ハ国民ノ生活ト感情ニ深キ根ヲ下シ国民思想ノ動向ニモ至大ノ影響力ガアルモノデアッテ戦時下特ニ之ガ取締ノ徹底ヲ期シナクテハナラヌ。現在戦局ハ極メテ凄愴苛烈ナ決戦段階ニ在リ銃後国民生活モ亦漸次逼迫ノ度ヲ増シツツアル従ッテ演劇、演芸等ノ指導取締ニ関シテハコノ情勢ニ即応シテ苟モ国民ノ団結ヲ紊シ銃後治安ニ障害ヲ与ヘ若ハ徒ラニ軽佻浮薄ニシテ国民精神ヲ弛緩セシムル惧アルモノハ断乎之ヲ排撃スル(40)

ここで、国民の思想統制のための取り締まりの必要が大前提であり、国民の団結や銃後の治安維持に支障するもの、軽佻浮薄で国民精神を弛緩させるものは排除することを明確に指示していることは、娯楽政策があくまでも治安維持のためにおこなわれていたことを物語っている。

①不穏言動の監視

この内務省のスタンスは、不穏言動に対する徹底した監視にも顕在化している。アジア・太平洋戦争期でも、特別高等警察の監視は継続していた。「特高月報」には、不穏歌謡への監視の状況が克明に記録されているので、以下、その事例をいくつか確認しておきたい。

長崎　不穏歌謡

佐世保黒髭町佐世保海軍々需部官舎　狩野公一　一八

本名は客年十二月二十三日佐世保海軍々需部運搬手として徴用を受け稼働中の処本年一月二十四日午後六時三十分頃稼働先たる軍需部より肩書黒髭町の宿舎への帰途佐世保市福石町二〇二番地先道路上を左の如き歌詞の歌を放歌しつゝ通行中を発見す

行く先や佐世保の軍需部に
行かなきゃならない二年間
出て行く其の身のあはれさよ
可愛い彼女が泣くだらう
可愛い彼女と泣き別れ

措置・本名は軍事たる関係上佐世保憲兵分隊へ移牒す(41)

長崎（ママ）　不穏歌謡

小倉市汐井崎開二四　事務員　臼井敏雄　二五

四月二日長崎発列車にて帰途中左の如き反軍俗歌を記載しある手帳を所持せるを発見す

一、御国の為めとは云ひながら　多くの人に見送られ　出て行く我が身の哀れさよ

可愛い好ちゃんと泣き別れ
二、行き先遠き久留米市　然も戦車の一聯隊　嫌な二年兵にいぢめられ
涙で送る日の長さ
措置・厳戒処分(42)

埼玉　反戦童謡
埼玉県北葛飾軍幸手町大字幸手一二〇五　戸主嘉治五男　幸手国民学校初等科六年野口猛　当十四年
四月一日自宅附近道路に於て友人数名と遊戯中左の如き反戦時童謡高唱し居りたるもの
金鵄挙がって十五せん　栄ある光三十せん
遥かに仰ぐ鵬翼は　三十五銭になりました
噫一億は皆困る
措置・幸手国民学校長に対し童謡禁止方に関し注意を与へ出所等捜査中(43)

警視庁　不穏歌詞
近時東京市南千住方面工場従業員に小原節にて先の如き歌詞流行し居るの聞込みありたり
今の社会で幅きくものは　星に錨に桜に闇よ
どうせ俺等は捨小船
措置・出所究明中(44)

このように「特高月報」では、日中戦争期から継続して、内務省が「不穏」「不敬」と判断した言動や歌謡を徹底して監視し取り締まりをおこなっていたことが記録されていて、これは敗戦に至るまで継続した。その状況

は、内務省警保局保安課がまとめている「最近に於ける不敬、反戦反軍、其他不穏言動の状況」（一九四五年）や「思想旬報」にも表れていた。これら不穏言動の監視は、輿論の動向、人々の生活感情や状況をつぶさに見据え、内閣の施策に対する国民の意識を注視する目的があった。例えば、一九四五年八月の「最近に於ける不敬、反戦反軍、其他不穏言動の状況」には、「一．趨勢」として次のようにまとめている。

反戦反軍言動の発生件数は昨年度〔一九四四年度：引用者注〕に至り前年度に対比して一躍約四倍に昇って居る。

不敬言動は件数に於いて略々保ち合の状態にあるが、其他不穏言動の件数が之亦増加を示して居る。尤もこれは主として東條内閣末期に於ける政治不信、内閣呪詛の言動突出による増加であり、極最近に至っては国民の士気低下と無気力とを反映して寧ろその減少化傾向すらが窺はれるのである。

次に、如上最近に於ける各種不穏に亘る言動に付いてこれを質的に検討して観るに、先ずその動機に於いては従来の如き一部性格異状者《（ママ）》、不穏思想保持者等の悪戯及び思想的動機に出でたるものに加へて最近に於いては大衆一般の戦局悪化に伴ふ厭戦感と戦時生活の逼迫から自然発生せる苦痛の中に根湧を持つ具体的生活的動機のものが著しく増加して居る。従ってその内容に於いても極めて切実なものが多く、而かも何れも反戦反軍乃至厭敗戦的思想感情が斯種言動を一貫して居るといふ点にその特徴を窺ふことが出来るのである(45)

このようなアジア・太平洋戦争末期の世相は、「不穏歌謡」とくくられた「替歌」の歌詞にも顕著に表れていた。戦時期に人々が抱いた不満や諦めの表象は、すでに日中戦争期から「替歌」の流行になって顕在化していたが、「替歌」を「不穏歌謡」として徹底して監視していたのが、内務省が管轄する特別高等警察だった。特高は、「不穏歌謡」がいつ、どこで、どのような歌詞で歌われていたのかを克明に記録し、組織内で共有していた。人々のホンネを語る「うた」が、政府の意向にそぐわない「不穏」なものとして日常のなかで監視されていた事実は、現在を生きる私たちにも多くの示唆を与えているが、以下にその報告をみておく。

戦局の不振並びに生活の窮屈化等に伴ひ昨春頃より軍事並に生活分子の窮迫化等を主題とす反軍的乃至厭戦的歌謡乃至は不敬内容のもの漸次流布せらるゝに至り、而も其の流布範囲に於いても当初は主として青壮年工場労務者方面に口吟まれつゝありたるが其の後漸次一般青壮年方面に伝播し、最近に至りては国民学校児童等の間に無意識的に之等不穏歌謡を口吟む者を生ずるに至り、時局下民心の動向の一面を現はすものとして治安上注意を要するところなり[46]

「思想旬報」一九四四年四月三十日号の冒頭では「第一・不穏歌謡の流布状況（其の一）」として、「軍隊小唄」「可愛いスーちゃん」のほか、「昨日生れた豚の子が 蜂に刺されて名誉の戦死…」（「湖畔の宿」の替歌）など五種類の歌詞を列挙していた[47]。また、絶望的抗戦期にあたる前述の一九四五年八月の「最近に於ける不敬、反戦反軍、其他不穏言動の状況」では、次のような概説のあとに「落下傘部隊には娘はやれぬ やれぬ娘が行きたがる ダンチョネ…」（「ダンチョネ節」の替え歌）が「多治見市付近の青少年に流行」など、三種類の歌詞を流行している地域とともに列挙していた。

特に注意すべきは厭戦的自棄的歌詞歌謡の広汎なる流行である。而もその中には軍隊内部に発生流布し、更に民間に流行せりと認められるものが相当存することである。斯る現象は自暴的自棄的厭戦気運が漸次軍民大衆の□に潜在波及し居るに非ざるやを疑はしざるに足る憂ふべき傾向を示唆するものであり、明らかに比島並沖縄の失陥及敵の本土連□並インフレの悪化等による国民心理の不安動揺を逐反映せる軍紀―道義の弛緩頽廃惹いては生存自体に対する否定的厭世観の発生浸透を示向するものと認められる。反戦反軍的言動の悪質化傾向と共に所謂末期的症状の進行として思想対策上極めて□□すべき事象と思料されるのである[48]

これら不穏言動の分析からは、内務省と警察が全国規模で人々の言動や意識を監視し、収集した情報を仔細に分析し、人々の意識のありようを透徹していたことが見て取れる。内閣は、総力戦体制の現状を認識するため、当時の社会状況をつぶさに把握すると同時に、冷静に民心を捉え、そのための対策を講じていた。内閣が的確に民意を把握し、そのために人々の言動を常時監視し記録していた事実を浮き彫りにしている。現在のように、携帯できる録音機材がない状況で詳細な歌詞を聞き取って記録していた事実は、保安警察の国民監視のありようを如実に物語るものであり、国家権力の民心掌握とそのための情報宣伝戦略の恐ろしさを感じられるものといえる。

このように内務省は、日中戦争期までの娯楽を徹底して取り締まるという姿勢を転換し、健全娯楽を積極的に指導するという情報局の施策に追従する一方で、内閣が国策批判や厭戦、頽廃的と判断した娯楽については厳しく監視や統制をおこなった。娯楽政策の二面性が内務省のスタンスだったといえるが、取り締まりや規制を強化するのではなく、あくまでも民心の安定と不安解消のために国策に見合った娯楽を積極的に活用し、指導していくことを第一義とし、その裏面で治安維持のために不穏歌謡などの監視を継続していたのである。

3　敵性音楽の排除

ジャズに代表されるポピュラー音楽は、頽廃的娯楽という烙印を押され、レコード検閲やダンスホール取り締まりといった内務省・警察行政の施策とも連動して、常に排斥や糾弾の対象だった。[49]

例えば、ダンスホールの閉鎖が確定した一九四〇年八月には、「内務省図書課では頽廃的な娯楽を駆逐するためレコード音楽の再検討を行った結果、ジャズ音楽に鉄槌を下すことになり、近く業者を内務省に招致懇談的に諒解を求めることになった」と報じていることからも、ジャズが常に敵視された存在だったことが読み取れる。[50]

もっとも、四一年五月と六月の『朝日新聞』の投稿欄である「読者眼」では、「軽音楽は最大の娯楽である」「軽音楽とか喧しい音楽を放送されるが、われわれには何処がいいのか判らぬ」「ラジオの音楽を増すことは必要」「ジャズ的軽音楽趣味に染った人間が増えたら日本前途は心配だ[51]」といった賛否両論がみられるように、敵性文化であっても人々に受容されている側面が表れていると考えられる。

その後、日米開戦を受けて再び反米英が唱導され、一九四一年十二月三十日には、情報局がアメリカやイギリスの作品の演奏禁止を明示したという報道もみられた[52]。また、映画館などでのアトラクションも批判の対象になっていて、音文でもその批判に対応した軽音楽に対する取り組みをおこなっていた。しかし、「既に情報局では米英音楽作品の演奏を禁止しているのであるが、その趣旨は中中に徹底せず、極端な例を挙げれば、先日或る役所の主催する催し物の会場で、前大戦当時流行した米国軍歌のレコードが演奏されてゐるのを耳にしたこともあった[53]」といったように、これらの施策は浸透しなかった。このため情報局と内務省は、一九四三年一月十三日に「米英音楽作品蓄音機レコード一覧表」を発表することになる。これは、「演奏不適当と認めらるる『米英音楽作品蓄音機レコード一覧表』を作製し、広く之を全国関係の向に配布し、其の真摯なる協力を得て、現下最喫緊事たる米英音楽の一掃に資し、以て一層国民士気の昂揚、健全娯楽の発展を促さんとする[54]」という目的を提示したうえで、「本一覧表は、差当り米英系楽曲のみ掲載したが、右以外のものでも時現下の局に鑑み、我国に於て演奏することを不適当と認められるものは、レコード製造業者、音楽家、興行者は固より、一般国民の自粛自戒に依って、自ら整理せらるることを期待する[55]」と注釈をしていた。

レコード業界や音楽界は、この一覧表の徹底した運用を主張していて、次のような主張が音楽雑誌で叫ばれている。

公平に見ると、イギリスやアメリカの言葉にも、多少のいいところはあるに相違ない。それが当たり前である。しかし、だからといって、それが日本に許せるものではない。仮令どんな長所があるにしても、どんな

弁解の理由があるにしても、敵国音楽は断乎排撃しなければならない(56)

米国は自分の高級な音楽を持ってゐない。特有のジャズは最も好ましからぬものである（略）我々は永久且つ完全に米国音楽と縁を切ってよいのである(57)

これらの反応は、まさに前述の注釈に忠実に動いたことになるが、これについては、内閣の広報誌だった「週報」でも、次のように解説していた。

今回の措置の対象は、差当りカフェー、バー、飲食店等で、これらの場所での演奏を、内務省が地方警察部を通じて取締ることになってゐますが、情報局、文部、内務両省が指導、監督に当ってゐる社団法人日本蓄音機レコード文化協会では、今回の措置に全面的に協力し、右の一覧表に該当するレコードを、蓄音機レコードの販売店から引上げ、また一覧表を販売店に配布し、備え付けさせて、一般の方方の参考に供すると共に、進んで該当レコードを供出されようとする方に斡旋の労をとることになってゐます。供出を受けた該当レコードは、昨今不足し勝ちなレコード資材の再生に用いられます。供出は献納の形で無償で行ひ、各蓄音機レコード会社が払ふ代価を、陸海軍へ国防献金することになっています(58)

そのうえで、ジャズについて、次のように断定している。

米国系音楽の代表とみられるジャズやこれに類する軽音楽の大部分は、卑俗低調で、頽廃的、煽情的、喧噪的なものであって、文化的にも少しの価値もないものでありますから、この機会にこれを一掃することは極めて適切であり、また絶対に必要なことであります。ジャズと、これに類する軽音楽が、こゝ十数年間に驚

写真16　楽団南十字星（日本劇場、1943年9月）（©昭和音楽大学　撮影／小原敬司）。1944年4月に音文は「軽音楽団楽器編成替要項」を発表して楽団審査をおこなった。楽団南十字星も審査を受けた楽団である

くべき勢ひで各方面に多大の悪影響を与へたことは、これまでのたびたび論ぜられて来たのでありますが、これらが聴けなくなっても、大衆音楽がなくなる心配はありません。むしろ浄化されるものと見るべきであります[59]

この一覧は、店内演奏を禁止するレコードの会社名とレコード番号、曲名を列挙して配布したものであり、例えば警視庁は、管内の演芸場、娯楽場、接客業者、レコード販売店などへの献納を依頼し、二月「五日までの中間報告によれば、すでに十万枚に達し、二月末の締切りまでには相当数に上る見込みで、第二段は家庭で所有する音盤に移るはずである[60]」と報じられていた。

このように「米英音楽作品蓄音機レコード一覧」は、あくまでカフェー、バー、飲食店、レコード販売店などの店舗で一覧に記載されたレコード演奏を禁止することだけを明示したものだった。しかし実際には、「朝日新聞」で「こ

れら一覧表の曲は、レコード演奏ばかりでなく、実際の演奏も停止される」と報じていたように、店内でのレコード演奏禁止にとどまらず、アメリカやイギリスの作品を演奏する行為すべてを禁止することが真の眼目だった(61)。一覧表には、実演の禁止までは明記していなかったが、受け手の側は、店舗でのレコード演奏にとどまらず、ジャズをはじめとするアメリカ・イギリスの音楽作品の演奏行為そのものを自主規制することになった(62)。そして、一覧発表を契機として一九四〇年七月に興行取締に対応するため発足した演奏家協会による、演奏会開催時の歌詞とメロディーの審査や独自の「軽音楽」創作発表がみられたが、「演奏家協会の主催する軽音楽会は一向に面白くないと云うような風説まで生むに至った(63)」のである。まさに自主規制と忖度、拡大解釈による統制が機能した典型的な事例と捉えられる。この自主規制や忖度が人々の娯楽を規制し、制約し、国策協力や啓発宣伝に寄与する結果になったことを歴史の事実から学ぶ重要性をも喚起している事象である。

このように、一九三〇年代から一貫して内務省はジャズを頽廃軽薄なものとして排撃や取り締まりの対象としていた。さらに日米開戦を契機に、情報局が四一年十二月にアメリカ・イギリスの音楽作品の禁止を注意喚起していたものの、その後も国民の意識に敵性文化への憧れが存在していたことなどからもわかるように、内務省や情報局の敵性文化の排斥というスタンスと民意には、微妙なズレがあった。娯楽政策で民意を引き寄せようとするスタンスを示しながらも、従前から取り締まり対象としていた事項については、過剰なまでの指導や強制をおこなっていたのである。それは、三九年の映画法公布に伴い、映画関係者の登録制度が開始された際には、芸名の扱いで外人崇拝悪風を助長する恐れがあるなどの理由で改名を強制したが、さらに日米開戦を契機に外来語表記の排斥が再燃し、英字やカタカナ表記を改名する演奏団体が相次いだ事象でも同様だった(64)。もっとも、敵性語については、日米開戦以降も四三年頃まで学術用語や商標、スポーツなど様々な業界で断続的に問題視されていて、ジャズに代表されるアメリカ・イギリスの音楽作品同様、すべてがある段階で一斉に排斥や禁止をされたわけではなかった。政府の思惑とは別に、人々の意識や娯楽への関わりは脈々と生き続けていたのである。しかしこれら外来語の排除と日本語への言い換えについては、何ら法令や示達によるものではなく、それぞれの領域が敵性語排除の世相を意識して自発的に対応したものだったことも、米英楽曲の演奏禁止へと発展した事象と同様の構造だったと認識できる。これらは、内閣の思惑を先回りして意識し実施する同調意識や圧力の事例として捉えておくべきだろう。

日米開戦を契機として、内閣は娯楽政策の目的を「雄大ニシテ健全、明朗ニシテ清醇ナル娯楽ヲ与ヘル」ことを積極的に指導すると明確に位置付け、総力戦体制の完遂と国民統合のための施策を展開した。この内閣のスタンスは敗戦まで一貫していたが、何より情報局の方針を受けて、それまで娯楽の徹底した取り締まりを推進していた内務省も方針を大転換し、不穏言動や不穏思想を監視する一方で、娯楽の積極的指導というスタンスを取ったのである。

このスタンスは、総力戦体制を遂行するのにふさわしい文化・芸術として、人々の情操の涵養と活力の源泉となる「健全な」娯楽を積極的に支援し育成していくという、アジア・太平洋戦争期特有の文化振興施策といえる。そうしてもたらされた娯楽が、本当にすべての人々に活力と潤いをもたらす文化・芸術だったのかは疑問であり、人々の受け止め方も様々だったと推測されるが、戦時期の娯楽が、総力戦遂行という国家目標のもとに重視され活用された事実は、今日の社会や国際情勢を考えるうえでも示唆に富むものではないだろうか。

注

（1）「戦時下国民娯楽ニ関スル緊急措置ニ関スル件　情報局（十六・一二・一三）」（JACAR〔アジア歴史資料センター〕Ref.A05020239300、「指示事項（昭和十六年十二月十三日警察部長事務打合会」、種村氏警察参考資料第七十八集）

（2）同資料

（3）内閣の取り組みは、「戦時として萎むな銃後の娯楽」（「読売新聞」一九四一年十二月十三日付）などで報道されている。「戦時下国民娯楽ニ関スル緊急措置ニ関スル件」は、「指示事項　昭和十六年十二月十三日警察部長事務打合会」（前掲「第七十七議会参考資料」所収）を参照。

（4）「戦時娯楽に新指針」「朝日新聞」一九四一年十二月十三日付

（5）「社説 娯楽決戦体制」「読売新聞」一九四一年十二月十六日付

（6）木坂順一郎『太平洋戦争』（「昭和の歴史」第七巻）、小学館、一九八二年、七五ページ

（7）「第七十八回帝国議会貴族院言論、出版、集会、結社等臨時取締法案特別委員会議事速記録第一号」一九四一年十二月十七日

（8）同資料

（9）「健全娯楽はよろし」「東京朝日新聞」一九四一年十二月十八日付

（10）「日曜芸能・戦時下娯楽の萎縮は慎しめ」「読売新聞」一九四一年十二月十四日付

（11）「お祭騒ぎはまだまだ」「読売新聞」一九四一年十二月二十一日付

（12）「大東亜戦争完遂に楽壇総出陣の構へ」「音楽文化新聞」第一号・一九四一年十二月二十日号、音楽之友社、六ページ

（13）「純音楽演奏活動にも決戦態勢」「音楽文化新聞」第五十七号・一九四三年八月二十日号、音楽之友社、四ページ

（14）古川隆久『戦時議会』（「日本歴史叢書」、吉川弘文館、二〇〇一年）一九一―二〇四ページを参照。古川はこの議会を「議会主流派は第八一議会の紛糾を通して結果的に政治定影響力を拡大することに成功し、しかもそれは戦時体制の継続や強化の結果、行政の国民生活に干渉する範囲の拡大にともなう弊害に一定の歯止めをかける効果も持ったのである。そして戦局が好転しない以上、一旦表面化した衆議院の反東条の動きがやむことはなかった」（同書二〇四ページ）と位置付けている。

（15）「第八十一回帝国議会衆議院公立学校職員年功加俸国庫補助法中改正法律案外一件委員会議録（速記）第三回」一九四三年二月三日。この委員会の質疑は文教政策の観点からのものだが、奥村次長の答弁は、情報局の娯楽政策のスタンスを具体的事例を示しながら詳述したものであり、内閣のスタンスを端的に説明したものと位置付けられる。

（16）「第八十一回帝国議会衆議院予算委員第三分科会（大蔵省、陸軍省及海軍省所管）会議録（速記）第二回」一九四

三年二月十日
(17)「第八十一回帝国議会衆議院決算委員会議録（速記）第三回」一九四三年二月十五日
(18)同資料
(19)同資料
(20)「第八十一回帝国議会衆議院戦時行政特例法案外二件委員会議録（速記）第十回」一九四三年二月十五日
(21)「第八十一回帝国議会衆議院戦時刑事特別法中改正法律案委員会議録（速記）第十回」一九四三年三月二日
(22)「娯楽の面からも愛国心を昂揚」「朝日新聞」一九四三年二月四日付
(23)同記事
(24)「日本音楽を送って建設」「朝日新聞」一九四三年二月二十日付
(25)奥村喜和男は、東京帝国大学卒業後、逓信省に入省し、同盟通信社や満洲電信電話会社の設立に関わり、一九三五年に内閣調査室設立と同時に調査官になり、電力国家管理案を作成、三七年に企画院に異動し、四一年十月に情報局次長に異動し四三年四月に退官した。統制経済の推進役として、革新官僚の代表的存在と位置付けられている。なお、前掲『戦前の情報機構要覧』二五四ページによれば、奥村は、四三年四月一日に、情報局第一部長（事務取扱）兼第二部長（事務取扱）に昇格するが、同月二十二日に退官している。奥村の後任は内務省出身の村田五郎だが、第一部長と第二部長の兼任は、同年五月一日の一カ月間で解消されている。
(26)「昭和十九年一月　第八十四帝国議会情報局関係答弁資料」（有山輝雄／西山武典編『情報局関係資料』第二巻〔近代日本メディア史資料集成第二期〕所収、柏書房、二〇〇〇年）。この答弁資料には、輿論指導として四問、対外対敵宣伝として八問、新聞・通信として十問、出版物として三問、芸能関係として十七問を設定し、それぞれに対する回答を記している。
(27)同資料
(28)同資料
(29)「演劇推奨要綱決まる」「朝日新聞」一九四三年五月十八日付
(30)「長期持久戦ニ対応スル治安維持対策要領（昭和十七年八月二十一日警察部長事務打合会席上配布）」（ＪＡＣＡＲ

〔アジア歴史資料センター〕Ref:A06030075800、「警察部長会議書類・昭和十七年臨時」、警察部長会議書類・昭和十七年臨時）

（31）同資料

（32）同資料

（33）「安藤内務大臣訓示要旨（昭和十八年七月十九日於地方長官会議）」（JACAR〔アジア歴史資料センター〕Ref:A06030075300、「地方長官、警察部長会議書類・昭和十八年臨時」、地方長官、警察部長会議書類・昭和十八年臨時）

（34）「警保局検閲課関係資料 昭和十八年七月二十二日」（JACAR〔アジア歴史資料センター〕Ref: A05020281100、警保局関係資料）

（35）同資料

（36）「指示事項 昭和十六年四月二十一日於警察部長事務打合会」（JACAR〔アジア歴史資料センター〕Ref:A06030076000、地方長官・警察部長会議書類昭和十六年）

（37）「地方長官会議関係」（JACAR〔アジア歴史資料センター〕、Ref:A06030076000、「地方長官、警察部長会議書類・昭和十七年」、地方長官、警察部長会議書類・昭和十七年）。この簿冊には、地方長官会議と警察部長会議の資料が一括されていて、内務大臣訓示と指示事項も所収している。

（38）同資料

（39）「安藤内務大臣訓示要旨（昭和十八年七月二十六日於警察部長事務打合会）」（JACAR〔アジア歴史資料センター〕Ref:A05020280700、「警察部長事務打合会安藤内務大臣訓示要旨」）

（40）前掲「警保局検閲課関係資料」

（41）内務省警保局保安課「特高月報」一九四二年二月号、内務省警保局保安課

（42）内務省警保局保安課「特高月報」一九四二年四月号、内務省警保局保安課

（43）内務省警保局保安課「特高月報」一九四三年四月号、内務省警保局保安課

（44）同誌

（45）内務省警保局保安課第一係「最近に於ける不敬、反戦反軍、其他不穏言動の状況 昭和二十年八月」、荻野富士夫

編・解題『特高関係重要資料』〔「特高警察関係資料集成」第二十巻〕所収、不二出版、一九九三年
(46)「思想旬報」一九四四年四月三十日号、内務省警保局保安課
(47)「第一・不穏歌謡の流布状況（其の二）」、同誌
(48)内務省警保局保安課「最近に於ける不敬、反戦反軍、其他不穏言動の状況」内務省警保局保安課、一九四五年、前掲『特高関係重要資料』所収
(49)近代日本でのジャズの受容と普及については、青木学『近代日本のジャズセンセーション』（青弓社、二〇二〇年）が、ほかの文化状況を視野に入れた多角的な考察をおこなっている。本章も同書の考察を参照している。
(50)「ジャズも追放」「読売新聞」一九四〇年八月三日付
(51)「読書眼」「朝日新聞」一九四一年五月二十四日付、六月一日付
(52)「音盤から米英駆逐」「読売新聞」一九四一年十二月三十一日付
(53)「編輯後記」「レコード文化」一九四三年二月号、レコード文化社、六六ページ
(54)「はしがき」（情報局・内務省「米英音楽作品蓄音機レコード一覧表〔昭和十八年一月〕」）、同誌六七ページ
(55)同記事
(56)門馬直衛「米・英音楽の正体」、前掲「レコード文化」一九四三年二月号
(57)堀内敬三「米国の社会と音楽」、同誌
(58)「米英音楽の追放」、情報局編「週報」第三百二十八号・一九四三年一月二十七日号、情報局、一六ページ
(59)同誌一七―一八ページ
(60)「敵性音盤の献納良好」「読売報知」一九四三年二月六日付
(61)「米英音楽に追放令」「朝日新聞」一九四三年一月十四日付
(62)同記事
(63)「軽音楽と純音楽の交流を図る第二回新作曲発表会」「音楽文化新聞」第四十七号・一九四三年五月一日号、音楽之友社、一ページ
(64)「芸能界の決戦姿態 仮名名前排撃」「読売新聞」一九四二年二月八日付

第6章　戦略的守勢から敗戦に至る文化政策

一九四二年六月のミッドウェー海戦敗北から十二月のガダルカナル島撤退、四三年四月の連合艦隊司令長官・山本五十六の戦死を経て、五月のアッツ島守備隊玉砕と「大東亜政略大綱」の御前会議決定、九月の「今後執るべき戦争指導大綱」の御前会議決定まで続く状況は、悪化する戦局や深刻化する国内情勢の窮状を明らかにしていた。四二年五月の日本文学報国会の発足、九月の「改造」（改造社）の発売禁止、十一月の「愛国百人一首」の選定、十二月の大日本言論報国会の発足、四三年にはタバコの値上げや動物園の動物薬殺、一月の中野正剛「戦時宰相論」（「朝日新聞」一九四三年一月一日付）や三月の谷崎潤一郎「細雪」（「中央公論」一九四三年一月号・三月号、中央公論社）連載の中止など出版物への統制、五月の日本美術報国会の発足など、文化をめぐる日常にも様々な影響が生じていた。

また、情報局や内務省が娯楽政策を文化統制と監視の両面から担っていたが、立法もまた内閣が意図する政治運営を実践する体制に組み込まれていくことになる。その典型が、東条内閣が目指した「国防国家体制」確立の一環と位置付けられる一九四二年四月の第二十一回総選挙、いわゆる翼賛選挙であり、同年五月の翼賛政治会の発足だろう。[1]内閣の意向に沿うような候補者の推薦・選挙活動によって議員を選出する翼賛選挙は、結果として推薦議員三百八十一人、非推薦議員八十五人が当選した。また翼賛政治会は、支配層内部の対立を解消し政治勢力を一元化する目的で進められた翼賛政治体制の確立の象徴であり、四二年五月に、挙国的政治力の結集による戦争完遂、翼賛議会の確立、大政翼賛会との緊密な連繋などを綱領とした翼賛政治会が発足し、衆議院四百五十八人、貴族院三百二十六人の議員が加盟することになった。もっとも翼賛政治会は、内部で様々な動きや対立、軋轢があり、まさに寄り合い所帯だったことは、後述する立法の議論でも垣間見ることができる。[2] このような政治状況と東条内閣の議会運営とそのほころび、小磯内閣の議会寄りの施政などのありようを通して、内閣や立法が、戦争遂行という国策のなかでどのように娯楽政策を認識し実践しようとしたのか、社会情勢とともに検証することは、歴史を見据える一助になるのではないか。

特に、一九四四年二月に閣議決定のうえ発表された決戦非常措置要綱は、娯楽をはじめとする人々の日常生活を制約し統制するものであり、銃後の社会のあり方を大きく規定する施策だった。しかし従来の研究では詳細な検証がなされていない。現在の日常生活とも関わる側面が非常に大きいこの事象について、本章では、決戦非常措置要綱とその影響に焦点を当てて詳述したい。

1　決戦非常措置要綱発表に至る経緯

逼迫化する国内情勢に呼応して、内閣は一九四三年九月二十二日に「決戦段階における国策の基本を明示し、国政運営の大綱を規定」し「内外の現時局に鑑み、雄渾活発なる作戦に即応し、左記方策を断行して一層国内態勢の強化を図り、以て聖戦目的を完遂」するため「現情勢下ニ於ケル国政運営要綱（国内態勢強化）」を閣議決定した。

この要綱は、直接娯楽に関する政策を打ち出したものではなかったが、①行政運営の決戦化（中央官庁業務の地方庁への移管と地方行政協議会の強化、予算の単純化、官庁業務の簡素化、行政機構簡素化、作業庁の施設と人員削減、重要生産の軍・官発注の統一、業務時間の絶対的励行）、②国民動員の徹底（一般徴集猶予停止、徴集徴用範囲拡大、女子動員強化、勤労配置の適正化、高齢者活用）、③国内防衛体制強化（防空体制強化、官庁施設整理と地方分散、民間企業整備と家屋店舗整理）、④重要産業強化、⑤海・陸輸送の一元的強化、⑥租税・国民貯蓄の強化、⑦価格・配給制度の簡素化、⑧外郭団体の整理と業務刷新、⑨統制機構の整理と業務刷新というように、行政機関のあり方や国民の日常生活の抜本的改革を促すものだった。その目的は「軍需生産の急速増強、特に航空戦力の躍進的拡充」「国内防衛態勢の徹底的強化」であり、内閣総理大臣・東条英機自ら、その目的を国民に喚起している。

国政運営上に思い切った刷新を敢行し、今後ますます統帥と国務の関係を緊密化して、雄渾活発なる戦争指導の遂行を期し、機敏潑剌たる対外施策を行なふと共に、作戦に即応して、国内諸般の態勢を徹底的に強化し、以て専らの戦力の急速にして、しかも画期的なる増強を図らんことを決意するに至ったのであります。

しかしてこの際、政府が断行せんとする国内態勢強化の目標と致しますところは、官民を挙げて常に悠久なる国体観念に徹し、今次聖戦の本義に鑑み、いよいよ必勝の信念を以て、不屈不撓、尽忠報国の誠を致さんとする強靭なる精神力結集の下に、国力を挙げて軍需生産の急速増強、特に航空戦力の躍進的拡充を図り、日満を通ずる食糧の絶対的自給態勢を確立し、また国内防衛態勢の徹底強化を図る点にある（略）特にこの際、これを取り上ぐる所以のものは、現下内外の情勢に対処し、特に時《（ママ）》、一刻の遷延をも許さざる時の重要性に鑑み、所要の施策の急速にして徹底せる実行を期せんとするにある[3]

この要綱で掲げられた九つの施策は、順次具体的取り組みとして着手され、十月の在学徴集延期臨時特例公布、軍需会社法公布、十一月の省庁再編による軍需省・運輸通信省・農商務省設置、十二月の都市疎開実施要綱の閣議決定、一九四四年一月の戦時官吏服務令・文官懲戒戦時特例公布と緊急国民勤労動員方策要綱の閣議決定、軍需会社第一次指定などが実施された。これらの施策がさらに、四四年二月の決戦非常措置要綱に継承されることになるのだった。

2　決戦非常措置要綱の発表

決戦非常措置要綱の内容

一九四四年二月二十九日に閣議決定された決戦非常措置要綱は、前述の「国民態勢強化方策」とともに従来はあまり言及されていないが、政府が国民の日常を広範囲に統制し介入する画期になったもので、娯楽政策の決定的な指針を示したものでもあった。

決戦非常措置要綱は、「決戦ノ現段階ニ即応シ、国民即戦士ノ覚悟ニ徹シ、国ヲ挙ゲテ精進刻苦、ソノ総力ヲ直接戦力増強ノ一点ニ集中シ、当面ノ各緊要施策ノ急速徹底ヲ図ル」目的で発表されたもので、

一．学徒動員体制の徹底
二．国民勤労体制の刷新
三．防空体制の強化
四．簡素生活徹底の覚悟と食糧配給の改善整備
五．空地利用の徹底
六．製造禁止品目の拡大と規格統一の徹底
七．高級享楽の停止
八．重点輸送の強化

九．海運力の刷新強化
十．平時的または長期計画的事務の停止
十一．中央監督事務の地方委任
十二．裁判検察の迅速化
十三．保有物資の積極的活用
十四．信賞必罰の徹底と査察の強化
十五．官庁休日を縮減し常時執務の態勢を確立

の十五項目を掲げていた。

このうち音楽などの芸術・芸能領域を含む娯楽政策に直結したのは「高級享楽の停止」で、内務省が中心になり、高級料理店、待合、高級興行歓楽場の閉鎖について具体策を検討したうえ、一九四四年二月二十五日の内閣参事官および内務、大蔵、農商、厚生各省関係官会議決定を経て、同月二十九日に「高級享楽停止ニ関スル具体策要綱」が閣議諒解され発表された[4]。

「高級享楽停止ニ関スル具体策要綱」では、高級料理店・飲食店、待合、芸妓置屋、カフェー・バー、興行歓楽場、密集地区の映画館・劇場などの再配置、営業休止期間の設定、休業者に対する処置、転廃業者への経済的支援、休業・転廃業者の租税措置、休業・廃業した従業者の措置、従業者の時局産業への就業対応、休業・転廃業した施設の転用、中高級・下級区別の判断などの十四項目が規定された。ここでは、飲食・接客業の休業・転廃業や興行場の閉鎖、従業者の時局産業への転業を推奨し、経済的支援として国民更生金庫や生活援護金の活用、公租公課の減免などの措置をうたっていたが、そもそも、何が「高級」に該当するかは「中高級、下級ノ具体的区別ハ地方長官ニ於テ之ヲ為ス」と判断基準が明確にされていなかった。この点については、「問題になるのは高級、下級の区別である。高級は休業し下級は助長せられるのだが如何なる判定を受けるかは業者にとっては重

大問題である（略）要は具体的措置を応じる地方長官がよく閣議決定の趣旨をのみこんで、情実に左右されず適正公平を期することである」(5)と、問題点が指摘されていた。

もっとも、規制策は具体的に規定されていて、音楽界に関わる事項としては同要綱第五項「大都市ニ於ケル高級興行歓楽場ヲ一時閉鎖スルト共ニ高額料金（概ネ税共五円以上）ノ興行ヲ抑止ス　興行内容ヲ国民志気昂揚戦力増強ニ資セシムル如ク刷新スルト共ニ移動演劇、移動音楽等ハ之ヲ推奨ス」を明記し、以降の音楽界はこの規定が絶対となって運用されることになる。

ちなみに、同日には「高級享楽停止（接客業）ニ関スル具体策要綱ノ実施上留意スベキ事項」で接客業への対応方針を示達したほか、「非常措置要綱中興行ニ関スル事項実施要領」で「戦時下ノ尚一部ニ残存スル有閑享楽ノ雰囲気ヲ抹消シ決戦生活ノ実ヲ上ゲントスルト共ニ興行ヲシテ□□□ニ戦力増強ニ資セシメントスルニ出タルモノナルコト」と狙いを述べ、「高級トシテ処置スベキ」興行場として、東京都の歌舞伎座、東京劇場、新橋演舞場、有楽座、東京宝塚劇場、帝国劇場、明治座、国際劇場、日本劇場、名古屋市の御園座、京都市の南座、大阪市の歌舞伎座、北野劇場、中座、角座、兵庫県の松竹劇場を列挙している。もっとも、ここでは角座と中座はカッコ書きされている。

しかし実際には、三月五日に前述の劇場のほかに大阪市の大阪劇場と梅田映画劇場、宝塚市の宝塚大劇場を加えた十九の劇場が一時閉鎖された。「高級享楽停止（接客業）ニ関スル具体策要綱ノ実施上留意スベキ事項」で高級劇場として記載されたもの以外にどのような理由で三つの劇場が追加されたのか事情は不明だが、結果としてこれらの劇場が一時閉鎖の憂き目にあったのである。

また三月二十七日の「高級享楽ノ停止ニ関スル件」では、転廃業の措置のほか、興行内容や形態の刷新も重点課題になっていた。これは、後述するように、同月二十日の次官会議で決定した「決戦非常措置ニ基ク興行刷新実施要綱」を具体的に指示したものだった。しかし、これらの対応については、政府も断行一辺倒だったわけではなく、細心の注意を払わなければいけないことは十分認識していた。レコード検閲が流行歌を温存し浄化することを重点課題にしていたように、高級享楽停止に伴う課題についても、取り締まりではなく指導を重視していた。

決戦非常措置要綱と付帯する高級享楽停止は一年間の措置だったが、一九四五年一月二十六日に「高級享楽停止ニ関スル措置要綱」を閣議諒解し、「当分ノ間之ヲ継続スルコト」を決定し、連動して転廃業者への生活援護共助金補助の措置も継続されている。

内閣の認識

①唐沢俊樹資料にみる内務省の認識

このように、決戦非常措置要綱を閣議決定し、「高級享楽停止ニ関スル具体策要綱」を閣議諒解とした内閣は、これら要綱をどのような意図で決定したのだろうか。高級享楽停止は、劇場閉鎖や接客を伴う飲食業の営業停止という民間の文化芸術や経済活動の停止を強制するものであり、それは同時に人々の娯楽の一場面を抹殺する統制でもあった。このような娯楽統制を推進した内閣の意識を探ることは、現在のコロナ禍や国際情勢の日常に課せられた制約や文化・芸術の停滞を考えるうえでも、示唆に富むものと思える。

しかし従来は資料的制約もあり、決戦非常措置要綱と関連する要綱の政府側の考え方の詳細は解明されていなかった。このため本章では、当時内務次官だった唐沢俊樹の旧蔵資料(以下、唐沢資料と表記)から、決戦非常措置要綱の狙いや決定の背景などの詳細を探ってみたい。(6) 唐沢資料には、第八十四回帝国議会の想定問答と推察される答弁資料が三点のほか、「高級享楽停止ニ伴フ建物等ノ措置ニ関スル件」「高級享楽停止ニ関スル具体策要綱」「決戦非常措置ニ基ク興行刷新実施要綱」「決戦非常措置ニ基キ閉鎖セル高級劇場ノ転活用ニ関スル件」(いずれも紐綴じ順)などの要綱類や通牒案などを所収している。本節では、本旨に関わる重要な情報が記載されている議会答弁資料を中心に検証したい。

議会の想定問答である答弁資料は、内閣が個々の課題に対し、どのような認識をもっていたのか、また何が問題になると意識していたのかを知る大きな手掛かりになる。特に高級享楽停止については、その意図や狙いが不透明な部分もあるが、唐沢資料はこれまで未解明だった部分をひもとく重要なものなので、ここで細かく検証しておきたい。

唐沢資料には、三種類の答弁資料がある。まず、大日本国政府用箋タイプ印刷の「高級享楽ノ停止ニ関スル議会資料（案）」（以下、答弁資料①と略記）から、詳細をみておきたい。答弁資料①は、主に接客を伴う飲食業に関しての想定問答であり、以下の問いが設定されている。

・高級享楽停止ノ概要如何
・政府ハ如何ナル根拠ニ基キ営業ノ休止ヲ命ジタルモノナルヤ。之ガ法理上ノ所見ヲ承リ度シ
・今回ノ措置ニ於テハ一年間休業セシムルト云フ方針ノ趣ナルガ一年後ニ於ケル措置ヲ如何ニスルヤ
・高級享楽停止ノ措置ニ付テハ趣旨トシテハ異存ナキモ、地方ニ依リテハ可成リ行過ギヲ云為サレ居ル向アリ、例ヘバ差シテ高級ト認メラレザルモノ或ハカフェー、バーノ類迄モ休業セシメ又飲食料金等ニ付テモ実情ヲ無視セル価格抑制ヲ為シタル為実際問題トシテ一般ノ食生活ニモ深刻ナル影響ヲ与ヘ従テ国民全般ニ相当重圧感ヲ与ヘテ居ル模様ナルガ之等ニ対スル政府ノ所見如何
・今回ノ措置ニ依リ芸妓、女給等接客婦ガ各方面ニ分散スル結果ト成リ社会風教上ニ於テハ却テ各種ノ弊害ヲ醸ス危険アルモノト想像セラルルガ之ニ対スル取締ノ方針如何
・今回ノ措置ニ依リ社交機関ハ閉鎖セラルルノ結果ト為リ社会生活ノ現実面ニ少カラザル不便ヲ招来シツツアリト認メラルルガ之ニ対シ政府ハ何等ノ措置ヲ講セラルルヤ意向承リタシ
・都下ニ於ケル倶楽部食堂ノ休業ニ付不均衡ナル取扱ヲ為シタル事実アリト認メラルルガ当局ハ如何ナル方針ノ下ニ之ヲ実施シタルヤ
・休業料理店中飲食店トシテ復活ヲ認メタル場合如何

・休業待合中下級ノモノニ付テハ別途措置スルトノ事ナルガ具体的ニハ如何ナル方策ヲ採ラルルヤ
・休転廃業者並ニ之ガ従業者ニ対スル経済的援護措置如何
・休転廃業ノ有スル建物及其ノ他ノ物的施設ノ活用ニ付如何ナル具体策ヲ有スルヤ
・休転廃業ニ伴フ余剰労務ノ活用ニ付如何ナル具体策ヲ有スルヤ
・今回ノ休転廃業ニ伴ヒ相当量ノ余剰物資ガ出ルコトト思ハレルガ、之ヲ家庭、職域ノ方面ニ増配スル様考慮シテハ如何
・芸妓ヲ時局ニ必要ナル方面ニ動員スル為ニハ先ズ之ガ前借金問題ヲ解決スル要アリト思料セラル、ガ之ニ対シ政府ハ何等カノ対策ヲ有スルヤ

これら想定された「問」は、いずれも高級享楽停止に伴って発生する切実な問題であり、内閣がこれらの問題に直面することを意識していたことが見て取れる。では、これらの「問」に対して内閣はどのような「答」を用意していたのか、以下に見ていきたい。答弁資料①の「問・高級享楽停止ノ概要如何」の「答」では、高級享楽停止の趣旨を次のように整理する。

簡素強力ナル戦時国民生活ノ建設ニ寄与スルコトヲ考慮スル一面国民ノ食生活並ニ性ノ問題等ニ付実情ヲ充分顧慮スルコトトシ大体東京都其ノ他ノ大都市ニ中心ヲ置キ其ノ業態ガ高級享楽的ナモノト認メラルルモノトシテ待合、料理店、カフェー、バー、ヲ一時休業セシメ、又一部之ニ準ジテ取扱フノヲ相当トスル様ナ高級飲食店ニ付イテ休業セシムルコトト致シ又之等ノ休業ニ伴ッテ措置シナケレバナラナイ芸妓、女給等ニ付テモ当然休業セシムル結果ト成ッタ次第デアル。大都市以外ノ地方ニ於テモ之等大都市ニ準ジ其ノ必要度ヲ勘案致シマシテ実情ニ即シタ適切ナル措置ヲトルコトトシ、三月五日ヨリ全国一斉ニ休業ヲ実施シタノデアル

ここで明らかなように、答弁資料①は、決戦非常措置要綱第五項の高級享楽停止の一つの目的が、国民の食生活や性の管理と統制だった。しかし、飲食業の一時休業が国民生活に深刻な影響を与えていたことに内閣としても危機感をもっていたことは、前記に続いて以下のように整理されていることからも見て取れる。

然シ乍ラ斯種業態ノ実情ハ極メテ複雑デアッテ一率機械的ニ之ヲ取扱フコトハ却ッテ社会生活ノ実情ニ沿ハザル結果ヲモ招来スル虞モアルノデ休業者中ヨリ必要ニ応ジ適当ナル者ヲ選ンデ国民ノ食生活並ニ性ノ問題ニ寄与スル形ニ於テ之ガ復活ヲ認ムルコトトシ遺憾ナキヲ期シタ次第デアル

このように、内閣は、休業の強制という施策が国民意識と乖離していることを理解していた。そしてこの問いには参考として、内務省警保局警務課「高級享楽停止ニ伴フ接客業者現在数及休業者数調」を添付している。この一覧では、料理店、カフェー・バー、普通飲食店、待合貸席、芸妓置屋（「酌人宿屋ヲ含ム」）五類の一九四四年二月現在の現在数と休業を命じた数、芸妓の休業を命じた数が示されている。

続く「如何ナル根拠ニ基キ営業ノ休止ヲ命ジタルモノナルヤ」の問いに対する答えは、「全ク理論デハナクシテ曠古ノ戦ニ勝チ抜ク為ノ文字通リノ非常措置」とし、法令に依拠しない緊急措置として閣議決定したものであることを示しているほか、「例ヘバ差シテ高級ト認メラレザルモノ或ハカフェー、バーノ類迄モ（略）実情ヲ無視セル価格抑制ヲ為シタル為実際問題トシテ一般ノ食生活ニモ深刻ナル影響ヲ与ヘ従テ国民全般ニ相当重圧感ヲ与ヘテ居ル模様ナルガ之等ニ対スル政府ノ所見如何」の設問に対しては「不利不便ト認メラルル点ガ相当アルコトト思料セラルル（略）社会生活ノ現実面ヲ無視スルガ如キコトハコノ際極力慎マナケレバナラヌコトデアリマスノデ不当ニ国民ニ重圧感ヲ与ヘ戦意高揚ヲ阻害シテ居ル様ナ面アリトセバ実状ニ副フ様ニ善処致シタイ」と回答が用意されていた。これは内閣が要綱の問題点や限界、矛盾を認識し、さらに国民の反応を予想していたことが見て取れる。

この答弁資料は、接客を伴う飲食業の高級享楽停止に関する想定問答であり、その大半が業者や従業員対応のスタンスを問うものだった。

次につづられているのは、手書きガリ版刷りの「高級享楽停止非常措置ニ関スル答弁資料」（以下、答弁資料②と略記）である。

・今回ノ享楽非常措置ニ依リ東京ニ於テ休業セシメタル業者数如何
・東京ニ於ケル密集興行歓楽街トシテ整理シタル興行場ハ如何ナル範囲ナルヤ
・料理店待合等ノ一斉休業ニ因リ各種会合ノ場所ガ得ラレズ生産増強ニ関係スル社会的機能ニ支障ヲ来シツヽアリ之ガ対策如何
・集会所トハ如何ナルモノナリヤ
・休業セシメタル待合中下級ノモノニ対スル特別措置如何
・料理価格ノ各地方区々ニシテ統一ナシ、東京ニ於ケル料理価格昼食一円以下、夕食二円以下ハ特ニ行過ギノ感アリ当面ノ所信如何
・休業セシメタル料理屋飲食店中高級享楽的ナラザルモノヲ復活セシムル意志アリヤ
・特殊飲食店トシテ休業セシムルガ如キノ中ニハ従来接客婦等ヲ使用セズ全然享楽的ト認メ難キモノアルガ之等ニ対スル措置如何
・倶楽部ニ対スル今後ノ措置如何
・日本倶楽部、工業倶楽部、学士会館等ガ休業セシメラレ如水会館、軍人会館、華族会館等ガ従来通リ存続ヲ認メラレタルハ不公平ナリ之ニ対スル所信如何
・旅館ノ止宿人ノ食事ハ如何

・休業セシメタル業者ニ対スル救済如何
・休業中此ノ際廃業スル者ニ対スル救済ハ如何
・離職シタル従業者ニ対スル救済如何
・芸妓ノ前借関係ハ如何ニ措置スルヤ
・休業セシメタル各業者ノ従業者数如何

写真17　日本劇場
（出典：東京宝塚劇場『東宝十年史』東京宝塚劇場、1943年、口絵）

これらの問いは高級享楽停止に伴う接客・飲食業の影響と対策を想定したものになっていて、内閣が接客・飲食業に与える影響がいかに大きいのかを認識し、その対応策に苦慮していたことがうかがえる。

さらに唐沢資料には、大日本帝国政府用箋タイプ印刷で表紙がない答弁資料が十二枚存在する。この答弁資料（以下、答弁資料③と略記）は、「高級享楽停止ニ関スル具体策要綱」の第五項に特化した想定問答であることが特徴である。

一、高級劇場ヲ閉鎖セル理由
二、日本劇場、国際劇場ノ如キモ高級劇場ナリヤ
三、劇場閉鎖ハ国民士気ヲ委靡セシメザルヤ
四、閉鎖セル高級劇場ノ今後ノ具体的利用方法如何
五、閉鎖期間ハ如何
六、密集地区ノ興行場整理　㈠密集地区トハ如何　㈡整

理標準如何

七、興行場ノ廃休止ニ伴フ救済策如何

八、歌舞伎、文楽ハ之ヲ廃止スルヤ

九、劇映画ノ長サ二〇〇〇米ニテ内容低下ヲ来スコトナキヤ

十、文化映画ノ強制上映ヲ廃止セル理由如何

十一、興行時間ノ延長ハ如何ナル程度ニ認ムルヤ

十二、密集地区興行場ノ整理ノ外ニ適正配置ヲ行フ意図ナリヤ

これらの問いからもわかるように、劇場閉鎖の基準と考え方、閉鎖後の利用方法、閉鎖期間、密集地区の興行場整理と救済策や再配置、歌舞伎・文楽・映画の扱いなど、未解明だった内閣の認識が鮮明になる資料である。

劇場閉鎖の理由は、「豪華又ハ華美、軽挑《（ママ）》ト認メラルル一部高度ノ享楽的雰囲気ヲ排除スルノデアリマシテ必ズシモ高級芸能ヲ否定スルノデハナク要ハ良質芸能ヲ広ク戦力増強ニ動員スルコトヲ目的トスルノデアリマス従ッテ国民大衆カラ娯楽ヲ取リ除ク目的ハ毛頭ナク真ニ必要トスル方面ニ対シテハ健全娯楽ノ普及ヲ図リ一億総蹶起ノ決意ヲ期シテヰル次第デアリマス」としていた。また、なぜこの十九劇場を閉鎖したのかは次の日本劇場、国際劇場を例示した問いの回答に示されていて、その基準が明らかになっている。

一般社会通念上豪華又ハ華美ニ過ギ国民大衆ノ決戦生活ニ直接関係ガナイト認メラレル日本劇場、国際劇場ヲモ指定シタノデアリマス。之等ハ共ニ指定席ヲ有シ且演劇モ亦上演スルノミナラズ、映画興行場トシテハ規模ノ上カラ見テモ目立ッテ特殊ナル存在デアリマシテ之等ヲ高級劇場トシタ次第デアリマス。尚之等ハ帝都ノ密集地区ニ存在シ防空上、交通上ノ危害予防カラシテモ休止スル必要ヲ認メタノデアリマス

この劇場閉鎖が人々の意識に影響を及ぼす危惧は内閣も抱いていた。問三はそのことを、次のように述べている。

今回閉鎖シタノハ少数ノ高級劇場で之等ハ従来一般社会カラ特殊ノ享楽的存在ト見ラレテ居タノデアリマシテ却ッテ一般ニハ決戦体勢整備ヲ促進シ国民士気ノ昂揚ニ役立ッタモノト考ヘラレルノデアリマス而シテ政府ハ良質芸能ガ士気昂揚戦力培養ニ必要ナリト認メテ居ルノデ今回発表ノ要綱ニ示スガ如ク積極的ニ之ガ普及ヲ図ルノ措置ヲ採ッタ

密集地区の定義については、問六(一)で「興行場其ノ他娯楽機関ガ多数集リ特定ノ歓楽街ヲ作リ防空上、交通上モ考慮ヲ要スル程ノ地区ヲ指ス」とし、整理の基準は同(二)で「防空上ノ見地ヲ主トシ密集ノ程度及興行場ノ構造設備等ヲ考慮シテ各地区ノ実情ニ応ジ定メマシタ」と説明している。さらに問七の救済策については、建物補償、営業補償、従業者の雇用に善処することや移動演劇・移動音楽へのシフトを促進することを想定して回答が用意されていた。

答(一)密集地区ニ於テ除去スル興行場ノ建物等ニ対シマシテハ防空法第五条ノ六ノ規定ヲ適用シ補償ヲ致ス所存デアリマス其ノ他ノ閉鎖シタル興行場ニ付テハ使用者ニ於テ之ガ使用料ヲ支払ハシメ場合ニヨッテハ政府ニ於テ借上等ノ措置ヲ講ジ所有者ノ迷惑ニナラナイ様ニ致ス所存デアリマス

(二)営業補償ニ付テハ当該興行場ノ興行収入一ヶ年分ノ約一割ヲ標準トシテ其ノ地区ニ残存シタ業者並ニ大日本興行協会ヨリ共助資金ヲ拠出セシメルコトトシテ居リマス尚閉鎖セル興行場ノ興行者ニ対シテハ成ルベク新ナル興行場閉鎖ヲ優先的ニ認ムル様致シタイト存ジマス

㈢興行場ニ所属スル技芸者、従業員ニ付キマシテハ転業斡旋並ニ生活援護費支給ノ方途ヲ講ジマス

㈣閉鎖シタ高級劇場ニ所属スル大劇団ノ処置ニ付キマシテハ戦時下活発ナ活動ヲナシ得ル様ナ小規模、合理的組織ニ再編成スルト共ニ俳優ノ生活其ノ他ノ刷新ヲ図リ劇団ノ活路ヲ図ルト共ニ演劇、演芸ノ普遍化ニ役立タセタイト存ジマス

②民間事業者の統制

このように、答弁資料からは、決戦非常措置要綱の閣議決定そのものが法令によらない措置だったこと、大都市圏に偏在する接客を伴う飲食業や劇場の営業規制が国策遂行上も必然だったこと、接客を伴う飲食業の営業休止とその対応、劇場閉鎖に伴う対応、飲酒業や劇場の建物補償、営業者や従業者の補償や転職斡旋、建物密集地の課題解決など、内閣自身が高級享楽停止に伴う影響が甚大であることを認識し、課題が山積していたことが浮き彫りになっている。唐沢資料の最大の特徴は、高級享楽停止に関して、内閣が娯楽や文化・芸術の課題をどのように捉えていたかが鮮明なことである。

接客を伴う飲食業では、総力戦体制のさらなる強化で歓楽街での遊興や「性」の課題が支障になっていたことを指摘しているし、文化・芸術では健全娯楽を積極的に指導するという内閣の基本方針を貫徹している。文化・芸術の問題は答弁資料③に集約されていて、十九の劇場が「豪華」「華美」「軽挑《(ママ)》」な「享楽的雰囲気」であることを理由に閉鎖したことを明らかにしているが、これらの劇場は、宝塚歌劇団公演や歌舞伎公演の本拠地や、レビューや映画・演劇など多目的かつ収容人員が多い大規模施設という特徴があった。それはレビューやショー、歌舞伎など演目そのものが享楽的だと判断していることの証しといえる。

その歌舞伎や文楽については想定問答も用意されていて、「廃止スル意思ハアリマセン」と断言しながらも、

「豪華ニ過ギルモノ、頽廃的又ハ陰惨ナルモノハ此際抑止致シマス」と作品の内容による統制を明言していた。また映画では、使用フィルムの上限設定や興行時間の制限（二時間）に伴う文化映画の強制上映廃止などの措置が講じられている。また「決戦非常措置ニ基ク興行刷新実施要綱」には唐沢と思われる手書きメモが残されていて、「レビュー、ショー、少女歌劇、ジャズ調音楽等ハ禁止ノ見込」と明記されている。ここから健全娯楽の積極的指導を標榜する情報局や内務省が「不健全」な娯楽をどのように認識していたのかがはっきりと読み取れる。それは「高級芸能ヲ否定スルノデハナク良質芸能ヲ広ク戦力増強ニ動員スル」ことが目的であり、「娯楽ヲ取リ除ク目的ハ毛頭ナク真ニ必要トスル方面ニ対シテハ健全娯楽ノ普及ヲ図リ」と明言していることからも明らかである。では、この議会資料は、実際に帝国議会でどのように活用されたのか、次節でみておきたい。

立法の議論

第八十四回帝国議会では、決戦非常措置要綱の発表前後に、娯楽や啓発宣伝に関する事項をはじめとして、決戦非常措置要綱の国民への影響について質疑がおこなわれていた。特に娯楽政策の観点では、この時期の立法の見識が明らかになる質疑がみられた。

一九四四年二月一日の衆議院決算委員会（第三回）では、敵性文化の排除の観点からの議論がなされた。池田正之輔議員（翼賛政治会）が、「内務省ハ思想取締上カラ米英的思想ノ排撃ヲ政府ノ方針トシテ居ラレルヤウデアリマスガ、「アメリカ」ノ「マーカス・ショウ」ヲ真似タ「レビュー」ト称スルモノガ日本ニハアル。外ノモノハ前カラ「カフェー」ノ看板マデ変ヘサシテ居ルンデスケレドモ、アノ妙ナモノヲ未ダ以テ内務省ハ其ノ儘残シテ居ルヤウデスガ、之ヲ禁止スル御意思ハアリマセヌカ(7)」と質問した。これに対し、町村金五警保局長は、「レビュー」興行デアリマシタモノヲ大分内味ヲ改善ヲ加ヘマシテ、只今御指摘ニナリマシタ或ハ米英的色彩ノ非常ニ濃厚ナモノデアルトカ、或ハ非常ニ非時局的デアルト云フヤウナモノハ警視庁ノ取締並ニ業者ノ自発的ノ考ヘニ依リマシテ余程改善ヲサレテ来テ居ル(8)」と答弁し、「直チニ禁止スルノ必要ハナイ」と断言した。しかし池田議員は、「此ノ見物人ト云フ奴ハ、其ノ辺ノ良家ダカ或ハ不良家ダカ知ラヌケレドモ、子女デス、是等ガ雲集シテギャー〳〵騒ギ廻ッテ居ル、是ガ彼等ノ日頃ノ風俗ノ上ニ影響ヲ及ボシ、随ッテ当然思想ノ上ニ影響ヲ来スノデアリマス（略）東宝、宝塚ノ「レビュー」斯ウ云フモノハ禁止シナケレバナラヌ、所ガ如何ナガラ小林某ガ商工大臣ダッタ為ニ是ハ出来ナカッタト云ッタヤウナコトガ巷間ニ伝ハッテ居ル」[9]として「是ハ大英断ヲ以テ断固禁止ナサルカ、サモナクバ思ヒ切ッテ改造サレルカ、何レカノ方法ヲ執ッテ戴キタイ」と質問したほか、ブロマイドの禁止、徴用のがれの技芸者之証取得などを質した。これに対し町村警保局長は、考慮したい、注意を促したいとだけ述べて、具体的な答弁をおこなわなかった。

また二月二日の衆議院決算委員会（第四回）では、田中伊三次議員（翼賛政治会）が「民心ノ飛躍的ナ隆々タル作興ニ資スル為ノ言論指導ノ方策如何」と質問したのに対し、村田五郎情報局次長は「国民ノ士気ヲ愈々振起シ、国民ヲシテ堅忍不抜、必要ノ信念ヲ以テ、挙ゲテ戦力増強ニ邁進セシムル」ために、情報の積極的開示、鉱山・工場・農村の生産従事者へのはたらきかけとともに「映画演劇等モ、職場ニモット多ク送リ込ム必要ガアル」[10]と答弁した。

これら帝国議会の質疑からは、池田をはじめとする議員の小林一三に対する半ば憎悪に近い嫌悪感が鮮明だが、いずれにしても立法が娯楽をいまだ思想・風俗の善良化や反欧米の観点、さらに戦力増強という狭い枠組みでしか意識していないことの半面、内務省は瑣末な取り締まりを避け積極的に指導するというスタンスを崩さなかったことが見て取れる。

しかし、決戦非常措置要綱が発表された後の帝国議会の質疑では、娯楽に対する立法のスタンスが微妙に変化していた。

例えば、三月二十二日開催の衆議院決算委員第二文科会（内務省及文部省）（第一回）では、池田正之輔議員が、内務省や防空総本部に対して突っ込んだ質問を展開した。[11]日本倶楽部や工業倶楽部の休業の一方でなぜ華族会館が営業を継続しているのか、また「一般ノ民衆ノ受ケル感ジカラ申シマスト、何カ非常ニ暗イ感ヲ致スノデアリマス（略）即チ民衆ノ集会ヲ極度ニ阻止セントスル一ツノ政治的意図ガソコニアルノデハナイカ」と質したのに対し、内務省の町村金五警保局長は、「左様ナ事実ハ全クナイノデアリマス」と答弁した、さらに池田議員は、「休業トナッテ、ソレ等ノ建築物オヨビ設備ヲ利用シテ軍需会社ト称スル方面等ニ於テ会社ノ重役、所謂首脳部、高級社員ガ之ヲ悪用シテ居ル、サウ云フ傾向ガ見エルノデアリマス」と質したのに対し、町村警保局長は「警察ノ承認ヲ受ケテ然ル後デナケレバ処置スルコトガ出来ナイト云フコトヲ一応指示シテ居ル」ので「只今御指摘ニナリマスルヤウナ方面ニ流レテ、サウシテ左様ナ方法ニ依ッテ使用サレテ居ルト云フコトハ、現在マデノ所ハ少クトモナイ」と答弁した。

しかし池田議員は町村警保局長の答弁に納得せず、再度「大体所謂高級娯楽街ノ停止ニ依ッテ、国民ハ非常ニ何トナク暗イ感ジヲ起シテ居ル」として一律に停止するのではなく、産業戦士などには享受できる環境を整えて「国民ニ明ルイ感ジヲ持タス（略）一面ニ於テハサウ云フ高級娯楽場ヲ全面的ニ停止シ、又一方所謂興行方面ニ於テモ相当制約ヲ行ッテ居ル今日ニ於テハ、何トカ工夫ヲ凝シテソコニ抜ケ道ト云フカ明ルイ面ヲ作ッテ戴カナケレバナラヌ」と要望した。これに対し町村警保局長は、決戦非常措置要綱を「戦力ノ増強デアリ、国民士気ノ昂揚ト云フコトガ狙ヒデアル」と位置付けたうえで、「娯楽ノ方面ナドニ於キマシテモ、高級ナ劇場等ニ付キマシテハ若干休業ヲ行ハセルト云フ措置ヲ講ジタノデアリマスケレドモ、一面大衆的ナ健全ナ娯楽ノ普及ヲ図ルト云フコトニ付テハ、政府トシテモ相当積極的ナ考ヘヲ以テ、目下大体ノ成案ヲ得、業者トモ協議ヲ致シテ居ル[12]」として、映画館の移設や上映回数の増加、劇団の小規模化を図り、「出来ル限リ地方ノ都市ハ勿論、更ニ進ンデ農村漁村等ニモ是等ノモノガ進ンデ参ルト云フコトニ致シマシテ、全国ニ亘ッテ是等ノ興行ヲ国民意識ノ作興方面ニ最モ活用ヲ致シテ参ルト云フコトニ付キマシテハ業者ノ積極的ナ奮起ヲ促シマスコトハ勿論、政府ト致シマシテモ之ニ出来ル限リノ助成ヲ致シテ参リタイ（略）遊郭ガ減ジタト云フヤウナ事実カラ致シマシテ、何トカ之ニ代ルベキ施設ガ必要デアル[13]」と答弁した。さらに、池田議員は歓楽街の建物疎開の問題についても上田誠一防空総本部総務局長との質疑をおこなっている。

これらの質疑からは、人々の意識や要綱の悪用という世情、移動演劇や移動音楽が強制であることや都市と地方の娯楽の平準化、最優先課題としての都市防空、民心安定のための性接客業への配慮などをめぐる、内閣と立法の意識が明確に示されている。もっとも、町村警保局長の決戦非常措置要綱に関わる答弁は、前述の唐沢資料が明らかにしているとおり、内務省の想定問答に基づいたものだった。内閣の娯楽政策は、人々や立法がいかに疑念を提示し改善を要請しようとも、対応する意思はなく、閣議決定や閣議諒解ありきのスタンスだった。

3　決戦非常措置要綱がもたらしたもの

対応の推移

帝国議会の質疑は、決戦非常措置要綱の影響をそのまま反映したものだった。実際に、決戦非常措置要綱と「高級享楽停止ニ関スル具体策要綱」で「高級」と判断された料理飲食店や待合、芸妓置場は、営業休止を強制された。このため業界団体でも業種転換や異業種への転職支援などの対応をおこなうことになったほか、内閣も転廃接客業者の生活援護共助金補助の予算措置を講じている。もっとも政府は、高級享楽停止について「週報」でその意図を次のとおり解説していて、自らの政策について正当化・責任転嫁をしている。

この高級享楽停止の措置は、多数の関係者にはまことに同情に値ひすることですが、享楽面に関係のある人、物、金をあげて戦争に必要な方面に戦力化し、一億国民が悉く決戦配置に就こうとする今日としては当然の措置であって、これによって不便を感ずるような人々が仮にありとすれば、思ひを前線将兵の上に馳せて、この戦局を認識し、深き反省をなすべき(14)

これは高級歓楽興行場の対応も同様だった。内閣の戦時下の芸能に対する認識は、「勝ち抜く牢乎たる決意と完勝に対する確乎たる信念に基づいて、忍苦耐乏、逞しく敢闘する国民生活の実相を正しく描き出すとともに、常に国民の向ふべき建設的な方途を示すことによって、これを観たり聴いたりする人々に、苛烈な戦局下、「み民われ」の国民的感激、共感、奮起を喚び起すようなものでなければなりません」[15]という位置付けであり、そのための娯楽対策として次のように述べ、暗に管轄外だった保安警察の対応や国民を批判しながら、高級興行歓楽場の閉鎖と移動芸能活動へのシフトを正当化する。

移動演劇、映画、音楽等の諸施設は、官民各方面の絶大な協力の下に、次第に整備、拡充されて順調に発展して来ました。しかしその他の点に関しては、遺憾な点がなかったとは言へません。これにはいろ〳〵な原因があり、一概に興行者、技芸者、或ひはこれを受ける側の人々の努力が足りなかったからだとばかりいへないのですが、この論議は別として、この差し迫った時局下、限られた大都市に芸能娯楽施設が集中され、高額な料金で特定の人々だけの享楽として芸能が提供されてゐる現状が到底許されないことは、文化政策の立場からも、空襲等による災害防止の見地からも明らかであります[16]

そして高級享楽停止について、「諸方策は、非常時局に処しての方途であると同時に、大東亜共栄圏確立のために戦ってゐる皇国芸能文化体制樹立の大道に通ずるものである」「真に生産力の増強に挺身してゐる人々に、廉い料金で、短時間内に正しい内容のすぐれた芸能を提供できたときの戦力増強の成果が、どんなに大きなものであるかを想像していただきたい」としている。このために「娯楽施設の適正な配置を図り、高額料金の興行を閉鎖し、同時にまた移動芸能の活動を積極的に展開させるとともに、これと並行して、その内容の根本的刷新を図ることが今日最も必要なこと」[17]と総括していた。

さらに興行のあり方については、劇場閉鎖と連動して一九四四年三月二十日の次官会議決定「決戦非常措置ニ

基ク興行刷新実施要綱」で詳細を規定した。(18)

まずこの目的は「決戦ノ現段階ニ即応シ一部高度ノ享楽的雰囲気ハ之ヲ排除スルモ、明朗、簡素、快適ニシテ良質ナル芸能ヲ国民各層ニ豊富ニ提供シ以テ戦意昂揚、戦力増強ノ根基培養ニ資スルガ為左ノ措置ヲ構ズ」とその趣意を提示する。そして国民士気高揚に資するために以下について明記していた。

一．興行内容ノ刷新

(一)簡素剛健ニシテ明朗潤達ナルモノナルコト

(二)戦争遂行ノ為ノ国民生活ノ新シキ秩序建設ヲ促進スベキモノナルコト

(三)戦時下国民生活ト遊離セルモノ又ハ華美軽佻若ハ不健全ト認メラレルモノニ非サルコト

二．興行形態ノ刷新

(一)映画興行時間ハ概ネ一時間四十分トス　但シ特別ノ必要アル場合ハ延長ヲ認ム

劇映画ノ長サハ概ネ二〇〇〇米以内トス

文化映画ノ強制上映ノ制度ヲ停止スルト共ニ其ノ長サハ通常二巻以内トシ別ニ長編文化映画ノ製作ヲ考慮ス

演劇、演芸ノ興行時間ハ二時間半以内（休憩時間ヲ含ム）トス　但シ特別ノ必要アル場合ハ延長ヲ認ム

(二)興行回数ハ可及的之ヲ増加ス

(三)興行場ヲ防空上、輸送上ノ見地ノ外慰楽ヲ必要トスル観客ノ分布ニ即応スル様漸次再配置ス

(四)映画封切館ノ増加ヲ図ルト共ニ映画配給ノ適正ヲ期スル為番線及番組ノ編成ハ官庁ノ指示ニ依ラシム

(五)演劇又ハ演芸ノ普遍化ヲ図ル為劇団又ハ演芸団ノ態様ヲ刷新再編成シ戦時下活発ナル活動ニ適スルモノタラシム

(六)演劇又ハ演芸ノ普遍化ヲ図ル為劇団又ハ演芸団ノ全国的需給調整ヲ行フ

需給ノ調整ハ財団法人大日本興行協会ヲ改組シ活発ナル活動ヲ為シ得ル組織タラシメ之ニ当ラシム

劇団又ハ演芸団ノ需給調整ニ関スル事業ニ対シテハ政府ニ於テ之ヲ助成ス

三．移動演劇移動音楽ノ普及

㈠優秀ナル劇団、演芸団、音楽団ヲ更ニ積極的ニ移動公演ニ動員ス

本事業ニ対スル政府ノ助成金ヲ増額ス

移動芸能ノ計画的需給調整ヲ図ル様機関ヲ情報局ニ設置ス

㈡興行ト移動公演トノ調整ヲ図ルト共ニ移動公演ニ出演スル劇団、演芸団、音楽団ノ経費ハ原則トシテ其ノ劇団、演芸団、音楽団又ハ其ノ所属スル興行者ノ負担ト為サザルコトトス

この要綱に基づく措置や対応については、内務省が業種別に施策を整理していた。[19] それによれば、休業店舗の集会所や飲食店、享楽的でない慰安所への転用、飲食価格の統一、建物や施設の疎開（取り壊し）もしくは事務所や宿舎、住宅への転用、興行内容の刷新（日本精神文化の発揚、簡素剛健、決戦国民生活の確立などに資するものとする）、興行形態の刷新（興行時間、興行場再配置、映画配給の適正化、劇団・演芸団の態様の刷新や再編成）、高級興行場の閉鎖とその施設の転活用（十三劇場は社会公会堂、非常用避難施設などに転用）、密集地の興行場の整理（大都市密集地区の興行場整理）、旅客輸送の制限（百キロ以上の旅行は警察署の証明書発給と自粛）などの詳細な事項を規定している。

この要綱が実際にどのように運用されたのかは「読売報知」が詳報していた。[20] その報道では、興行形態の刷新の時間短縮は、「時間制限によって興行回数はでき得る限り増加して（略）短時間ながら多くの人に見せようというのである」と解説された。一時閉鎖の高級興行歓楽場のうち、新橋演舞場、明治座、大阪劇場、梅田映画劇場、南座、御園座は「映画館若しくは新しき演劇演芸場として転活用」になったこと、密集地の興行場は、浅草、新宿、道頓堀、千日前、新世界、新京極、湊川、新開地、大須、伊勢佐木の十カ所の百五十二劇場のうち三十六

劇場を整理除却のうえ防空空き地とすること、映画館については三月二十日に警視庁が業者を集めて要綱を指示し、整理地域として浅草六区一帯、新宿三丁目と角筈一丁目、有楽町、築地、銀座二丁目で三割を整理し、移転希望者への移転先での許可、残存営業者の共助、従業員への生活援護金支給などを列挙して、都内で全十九館を産業地帯に分散配置し、従業員もあわせて再配置される見通しを報じた。[21] 実際に、淀橋二業組合（待合二十二軒、芸妓置屋四十四軒）は産業戦士慰安所へ、帝国ホテルや日本閣などが集会所への転換を警視庁に申請したことを報じている。

高級享楽停止に伴う芸術・芸能領域への影響については、情報局では芸能課長の井上史朗が「読売報知」のコメントで「従来不必要な階級が〝芸能〟を専断してゐたのを生産力、戦力増強の方面に、本当に必要な階級に提供するというのが眼目であるから、この〝決戦〟非常の年の全芸能陣は、移動演劇、演芸、映画、音楽の各奉公隊に拡充強化し編成替へをして貰ふことが望ましく、当局としては、その内容指導の点も強化して新たな出発を指導したい[22]」と述べている。これらの施策の評価では、「読売報知」は「地域的及び人間的の二重の分裂を一掃して、勤労と娯楽との間に正しい統合の関係を作り出そうとするものである」「娯楽を広汎な社会的地盤の上に発達せしめる機会を与へるもの」としながらも「最近の実情では、興行に説教の多過ぎて、名目は娯楽でも何等娯楽の意味をなさぬものが相当あるのである。内容の刷新に当ってはこのような事実に注意して、娯楽をして飽くまでも娯楽の機能を発揮せしめるが如き改善の方法が執られねばならぬ[23]」と状況を冷静に捉える視点もみられた。

高級享楽停止の影響

このように政策の矛盾や限界が指摘されているものの、戦局に連動した国内情勢の悪化は、決戦非常措置要綱に連動した民間事業への有無を言わさぬ営業への統制となって展開した。

内閣は、一九四四年五月に「閣議決定事項ノ実施状況報告ニ関スル件」で各省庁に報告を通牒しているが、内務省警保局警務課は「決戦非常措置要綱　七．高級享楽ノ停止」でその報告をまとめている。それによれば、実施状況は以下のとおりである。

まず接客を伴う飲食業の状況は、三月五日に休業措置を指示した実績は、料理店二万四千六百二十五、高級飲食店五百九十一、カフェー・バー八千九百四十七、待合席貸五千二百四十、芸妓置屋一万五千十二、芸妓四万二百十五となっていた。その後、休業者のうち「飲食店集会所或ハ慰安施設ニ転換営業ノ圣《（ママ）》続ヲ認メタル」ものが発生しているが、五月十八日現在でも、飲食店では廃業が二千八百九十七、休業が六千百七十九、高級料理店は廃業が六十八、休業が四百三、カフェー・バーは廃業が八百五十五、休業が四千九百四十一、待合席貸は廃業が六百三十九、休業が三千百九十四、芸妓置屋は廃業が二千六十五、休業が一万千三百五十六、芸妓は廃業が一万三百三、休業が二万五千八百二と報告されていた。さらに高級享楽停止の効果は、「簡素強力ナル戦時国民生活ノ建設ニ寄与セル一面、施設及其関係者ハ次ノ如ク時局ニ必要ナル方面ニ之ヲ転換活用シツツアリテ戦力ノ増強ニ寄与スルトコロ頗ル大ナルモノアリタルモノト認ム」と総括している。そしてまず「余剰労務ノ活用」として、五月十八日現在で軍需産業に転業した営業者・従業者が、男性で二千二百二十五人、女性で一万六千三百五十五人であること、これ以外にも軍需産業の勤労報国隊や農業従事者が「相当数アリ」と人的な状況を報告していた。

さらに建物利用は、「軍、軍需生産事業其時局ニ必要ナル方面ニ転換活用セルモノ」が二百八十二でありさらに継続斡旋中であること、建物以外の施設・備品の転換斡旋も継続中で具体化していないが、「例ヘバ寝具ヲ工員、寄宿舎用ニアルイハ海軍ノ特殊軍需方面ニ供出スル等措置セラレツツアリ」[24]と報告されていた。

高級享楽停止からほぼ二カ月が経過した時点で、飲食店や芸妓の廃業が半数近くに及んでいる一方で、建物や施設・備品の転活用が想定ほど進展していないこと、休業者への生活援護金支給が未実施であることが報告されているが、いずれにしても短期間で人員の転廃業が促進されていたことがわかる。もっとも、例えば芸妓の場合、休業措置の指示対象者四万二百十五人に対し、休業もしくは廃業が三万六千百二十五人になっていて、四千九十人は「飲食店集会所或ハ慰安施設ニ転換」したのか否か詳細は不明だが、後述するような矛盾が内包されていたことは容易に想像できる。また、接客を伴う飲食業休業の対応方と影響は、地域によって様々だった。「読売報知」は、休業を目前にした横浜、埼玉、千葉、茨城、静岡、愛知、岐阜、大阪、金沢の状況を報じているが、芸妓が関与する営業形態や料亭、カフェー・バーが休業する一方で、料理店から普通料理店や寄宿舎への転換などの方向性が報告されている。(25)

これら高級享楽停止に伴う料理・飲食業や接客業に対する補償は業者にとって死活問題だったが、施策が先行するなかで補償は後追いとなっていて、必ずしも円滑にはおこなわれなかった。もっとも内務省警保局は、すでに一九四四年七月時点で「転廃業者ニ対スル生活援護金ノ国庫補助ノ点ナルガ、本件ハ目下大蔵省ニ予算提出中ナリ」として要求総額が八百三十六万三千六百円と記録されている。(26)そして同年八月二十二日には「昭和十九年度予備金支出要求（決定額）」を確定した。これは一定期間内に転廃業した業者に、当該同業者団体に生活援護の共助金を交付した場合の補助の必要性を理由にしたもので、三万三千二百八十四の休業者に対して六百五万三千四百六十円の補助を想定した予算を要求すると同時に転廃業者共助費補助実施要領も策定していた。(27)

これらの補償の状況について生活援護金国庫補助についてみてみよう。内務省警保局は、一九四四年七月に「昭和十九年度予備金支出要求」のなかで「転廃業者共助金補助」として八百四十一万六千六百円を要求していた。この要求額は料理店、カフェー・バー、普通飲食店、席貸待合、芸妓置屋の従業者数合計五万五千二百八十四人に対して五〇％をカバーする金額として想定されていた。(28)この国庫補助の施策は以降に継続し、四五年九月の「昭和二十年度第二予備金支出要求」では、「転廃接客業者共助金」として二百三十八万三千八百八十円が要求されている。このような予算措置がどのように実施されたのかは次章で言及するが、内閣としても何らかの形で施策に対する補償を講じなければいけないという必要性は認識していたのである。

興行場の閉鎖

高級享楽停止のもう一つの柱である高級歓楽街興行場についても、三月五日に一時閉鎖された十九劇場のその後は劇場によって状況が異なっていた。閉鎖されたまま転用された典型的事例が、東京宝塚劇場、日本劇場、国際劇場、宝塚大劇場だろう。東宝が所有し運営していた劇場については、次のように記録している。

> 戦局の進展にともない、昭和十九年二月二十五日には政府から高級享楽停止に関する具体的《ママ》要綱が発表され、高級娯楽場に対する一年間の開場停止と高額料金に対する抑制が実施されることになり、この決戦非常措置にもとづく政府の興行刷新実施要綱が同年三月一日に発表され、東京では東京宝塚劇場、日本劇場、有楽座、帝国劇場、大阪では北野劇場、梅田映画劇場が閉鎖を命ぜられ、演劇本部の計画は実施不可能になりました。閉鎖劇場のうち、東京宝塚劇場〔東京宝塚劇場：引用者注〕と日本劇場とは陸軍本部経理部に賃貸され、風船爆弾製造工場となり、帝国劇場は都防衛局庁舎となりました[29]

また松竹が所有し運営していた劇場は、次のように記録している。

> 指定された東京の各大劇場は、準備中の三月興行を全部取止め、大阪は、歌舞伎座が十代目仁左衛門五十年忌追善興行を賑やかに開演したが、四日のギリギリで、打止めとなった。中座の家庭劇、角座の新旧合同劇も同様であったが、家庭劇の劇場は、西大阪の松島八千代座を松竹直営として、八千代劇場と改称し、三月十一日から興行を続け、新旧合同劇の方は神戸の八千代座を同じく直営とし、一日三回の大衆興行で開場した。内務省は、つづいて三月二十日、決戦非常措置に基づく、興行刷新実施要綱として演劇、演芸は、一興行につき、従来の四時間以内を、休憩とも二時間半以内とし、入場料は、税とも一人五円（いままでは十円）以下にとどめ、その上入場税として、五円未満を十五割、三円未満十割を課した。内務省の、このような一方的措置は、国民から健全娯楽や伝統芸術を奪いさり、国民の生活力を萎縮させ、またこのような興行場を、料亭、花柳界と同一視することの認識不足がはげしく社会世論の反発をかったので、当局は直ちに、

写真18　宝塚大劇場
（出典：同書口絵）

四月一日から次の六劇場の、興行復活を認めざるを得なかった。

東京＝新橋演舞場、明治座
大阪＝大阪劇場、梅田映画劇場
京都＝南座
名古屋＝御園座

残された他の十三劇場は、公会堂、官公庁舎、または非常用の人員収容所、疎開貨物保管所となり、国際劇場や日本劇場では、風船爆弾の製造所に使われた[30]。

また宝塚大劇場は、二月二十六日から雪組公演（歌劇『桜井の駅』、舞踊劇『勧進帳』、歌劇『翼の決戦』）が始まっていたが、閉鎖したことが記載されている。

三日　非常措置令の発表により、宝塚への歌劇の観客殺到し、宝塚新温泉開場八時半には、すでに場内を溢れて行列は迎宝橋を越え警察署前を過ぎ南口停留所へ至る有様なので、急に正午・五時の二回公演を行った。
四日　本年最後の歌劇を見ようと未明より詰めかけた観客は前日にも増した昂奮と殺気に、客席の整理つかず開幕は廿五分遅れた。本日は廿三回建艦献金公演日として、宝塚大劇場閉鎖の幕を閉じた[31]。

そして閉鎖後は、海軍施設に転用された。

五月三十一日には宝塚大劇場ならびにその周辺施設が海軍に接収され、ここに宝塚海軍航空隊（はじめは分遣隊）が置かれた。当時の関係者によれば、花のみち中央に部隊と外部をへだてる板塀がめぐらされ、大劇場の二階と三階の客席は仕切られて階段教室となり、ここで予科練（海軍飛行予科練習生）の少年たちが講義を受けたという(32)。

高級歓楽街興行場の転用の建前は集会場、公会堂などとしていたが、実際には陸軍や海軍の軍事施設への転用を重視していたのである。

一方で、通常営業を再開した劇場もあった。この動向は「読売報知」が「五日から休業していた全国十九劇場の処置について種々考究してゐたが、つぎの六劇場は主として映画館若しくは新しき演劇演芸場として転活用することとなった。残余の十三劇場は、公会堂、庁舎、非常用待避所などの転活用する筈(33)」と報じた。営業を再開したのは、新橋演舞場、明治座、御園座、南座、大阪劇場、梅田映画劇場の六劇場で、例えば明治座は、公演時間の上限を二時間半に短縮して再開したという。この閉鎖の一部劇場の解除などの方策は、前述の「決戦非常措置ニ基ク興行刷新要綱」の発表によって高級歓楽街興行場の営業についての目安が提示されたことによるところが大きいと推測される。さらにその後「内務省は、空襲が激化した近畿地方の民心を慰撫するため、松竹に勧告して、一旦閉鎖した大阪歌舞伎座、中座、神戸松竹劇場の再開を強行した(34)」と記録されている。

一時閉鎖された十九劇場のうち、歌舞伎座、東京劇場、新橋演舞場、明治座、国際劇場、大阪歌舞伎座、南座、中座、角座、松竹劇場は松竹、有楽座、東京宝塚劇場、日本劇場、帝国劇場、北野劇場、梅田映画劇場は東宝、宝塚大劇場は阪急電鉄が興行者であり、松竹と阪急・東宝グループで十七劇場を占めていた。この一時閉鎖による営業休止は両社とも深刻に捉えていて、独自の対応を実施していた。東宝は、次のように評価している。

写真19　梅田映画劇場
（出典：同書口絵）

五月三十一日には閉鎖劇場の全部または一部の開場の許可を情報局に要望しましたが、実効がないため、演劇経営は消極的なものとならざるをえませんでした。政府の芸能対策を頼むに足らずとする東宝と、同じく政府の施策に不信をいだく松竹とのあいだに、東宝松竹演劇会が設置され、二社による一体的経営によって演劇劇場と演劇劇団との合理的且つ適正な運用をはかることになり、相互扶助、共存共栄の建前で協力し合うことになりある程度その目的は達せられました(35)

東宝の劇場は、すべてが閉鎖になったわけではなく、梅田映画劇場が営業再開しているが、東宝の事業の主軸だった演劇や宝塚歌劇の本拠地はすべて閉鎖されたままであり、両社がいかに事業継続を死守するかの正念場だったことがうかがえる。また、宝塚歌劇団は、大劇場公演は開催できなくなったが、移動文化活動や勤労動員とともに、梅田映画劇場などで舞踊劇によるアトラクション公演を継続していた(36)。制約のなかでも、宝塚歌劇の営みは途切れることなく、戦後に続いたのである。このように主力劇場の営業休止を強制された、興行界の主要な担い手である東宝と松竹の高級享楽停止に対する意識は、社史に述べられているとおり怒りそのものだった。戦後の社史の記載という状況を加味しても、当時の内閣の文化政策への怒りと危機感を直截に記録しているものといえる。

メディアの受け止め

メディアは、決戦非常措置要綱をどのように受け止めたのだろうか。音楽界については次節で詳述するので、それ以外の文化・芸術やメディアの反応を整理しておく。

情報局がいち早く新聞紙上で見解を表明したことは情報局芸能課長の井上史郎のコメントで前述したが、同じ一九四四年三月一日付「読売報知」の紙上では、業界の反応も掲載していた[37]。

この紙面では、大日本俳優協会が「俳優自身の考へ方もかくあるべきを自覚してゐるので、積極的な〝国民のための演芸〟を打ち樹てたい。舞台、衣装があっての芸ではなく丸腰でもやれる芸をみがきたい、それが劇団の気持ちです」、全国芸妓同盟会会長の渡邊平次郎が「いよ〱休業が決定されたので至急幹部会を開いて方針や具体策を講じます（略）今までに多くの芸妓たちが続々と廃業してをります。こゝで問題となるのはすでに廃業した沢山の芸妓たちは一体何処へ落付いたのかはっきり判らないことで親元のところへ帰ったか或は工場方面へ行ったのか明らかではないやうです。こんどこそはその行先を明示して指導して行きたい」、東京料理飲食業組合は「時局の要請といふ事は十分に承知してゐますのですでに覚悟はできてゐました。別に動揺することもないと思ひます。たゞ問題はこん後の対策ですがいまきいたばかりで何ともきまってをりません」とコメントしている。文化・芸術の担い手が移動演劇へのシフトを決意する一方で、風俗や飲食事業者は困惑と対応策の模索を余儀なくされている現実が見て取れる。

また、一九四四年三月一日付の社説で「読売報知」は、「享楽追放にその一端を示した政治の力が、大なる困難を伴ふと共に大なる効果もまた明らかな焦眉の諸問題の解決にも発揮されることを深く切望するものである」としたうえで、「健全大衆娯楽慰安の助長促進は所謂「親心」によって行はるべきではない。愛情は少数者の問題には適当でもあり有力でもあるが、国民大衆の問題にあっては、愛情よりも合理性が、全体を導くべきである。大衆娯楽の問題も戦力増強の合理的方法として解かるべきものである[38]」と結論付けていた。

一方、同日付の「朝日新聞」は、「決戦非常措置要綱中、高級料理店、待合の休業、高級興行歓楽場等の一時閉鎖なる一項を見て、実に胸のはれる思ひをしたのである。禁止的課税にも拘らず金と閑のある一部の人々のみに依然利用の絶えぬ享楽のあることは決して戦時生活の明朗堅実を期する所以ではない[39]」としたうえで、「慰安娯楽機関はどこまでも勤労者の生活に則するものでなければならぬが、享楽に関する廃業者の指導については熟慮を要するとともに、その分散移動について、戦時下の風紀厳正を保持する方策を忘れることがあってはならない。勤労者の利用が手軽になって風紀の弛緩する隙を与へることになっては却って戦力の増強を弱める結果にならう。当局は、これについても明敏なる洞察と処置がなければならぬ[40]」と結論付けていた。

このように、メディアは、決戦非常措置要綱と高級享楽停止を当然と認識して、さらにその徹底した運用を求めていたのである。

音楽界の対応

高級享楽停止で「移動音楽」の取り組みが必須になった音楽界だが、すでに音文音楽挺身隊や音文移動音楽報国隊を結成して挺身活動にも注力していたことにみられるように、移動音楽が絶対であることは十分に理解していた。そのうえで、音楽関係者に「従来のような平時的な独唱会・独奏会はできなくなりますが、戦意昂揚・生産増強に役立つ様な演奏会は積極的に遂行してよいのです。特に工場・鉱山・軍病院・療養所・農山漁村等への巡回演奏は必要です[41]」と周知徹底している。この規制に即応し、作品の発表やリサイタルの自粛が唱導された。実際に以降の演奏会は、健全娯楽として扱われていたオーケストラでは、戦災の影響を受けなかった日本交響楽団が敗戦に至るまで定期演奏会を開催するが、日本・ドイツ交歓や戦闘機・音楽号の献納など時局に連動した演奏会以外は開催が不可能になったほか、音文音楽挺身隊や移動音楽隊による職場や地域の歌唱指導のような挺身活動が主体になっていく。

もっとも音文は「情報局の提案指導のもとに、全音楽家を打って一丸とする「移動音楽報国運動」を全国の農村僻地の隅々までに亘って展開」するため「低俗卑猥な流行歌曲調を駆逐するとともに、一方とかく芸術至上主義の殻に籠り勝ちだった一部の行き方をも一掃、音楽を広く全国民の健全なるたのしみとすると同時に、勤労活力の源泉とする」目的で構想した音文移動音楽隊を一九四三年八月に発足させ、翌九月の軍人援護強化運動から派遣された[42]。これは三人隊、五人隊、吹奏楽隊、合唱隊といくつかの形式で編成された演奏者が、模範演奏と歌唱指導をおこなうことを想定していた。特に、四四年一月以降は毎月派遣していて、大政翼賛会との共同主催で区役所などの公共施設や学校、産報との共同主催で事業所や工場、軍事保護院との共同主催で傷痍軍人療養所などでの歌唱指導による挺身活動をおこなっていた[43]。

写真20　藤倉工業浦和工場での労働者の合唱（1944年、東方社・関口満紀撮影）（公益財団法人政治経済研究所提供）

また演奏家協会音楽挺身隊は、演奏家協会の事業と事務を音文が引き継いで、四三年八月に音文に吸収されたあと、四四年四月からは日本音楽文化協会音楽挺身隊として東京都内の各区で隊長を選出し、大詔奉戴日や被爆地激励慰問などの挺身活動を開始した[44]。

また大政翼賛会は、一九四四年四月から芸能人総決起運動を展開するが、音文はこの運動のための派遣芸能隊を四月に鹿児島、宮崎、大分、熊本、長崎、福岡、五月に新潟、富山、石川、福井、岐阜、静岡、愛知、三重に派遣している[45]。このように、音文は三つの移動音楽活動を同時進行させていたことになる。

写真21　第39回陸軍記念日、決戦必勝駅頭大演奏（1944年3月10日、東方社撮影）（公益財団法人政治経済研究所提供）

　音文音楽挺身隊と音文移動音楽隊の活動が大々的に取り上げられたのが、一九四四年三月十日の第三十九回陸軍記念日の記念行事だった。音文音楽挺身隊は、三月十日に東京駅丸の内駅前広場で駅頭大演奏会を開催し、「大航空の歌」「愛国行進曲」「大アジア獅子吼の歌」「敵は幾万」を演奏した。また音文移動音楽隊は、新潟班が三月八日に工場慰問と新潟市公会堂での演奏、九日に工場慰問を、福岡班が十日に小倉市公会堂、十一日に福岡仏教会館で演奏を、盛岡班が十日に慰問と盛岡市公会堂の演奏をそれぞれ開催した(46)。まさに戦意高揚と啓発宣伝を目的としたイベントで、移動音楽活動が実践された好例といえ、「国民歌」による歌唱指導や演奏による移動音楽活動が全国で展開されていたことがよくわかる。

　決戦非常措置要綱が発表されたタイミングで、当時、二誌に統合されていた音楽雑誌のうち「音楽文化」一九四四年三月号では、「決戦非常措置要綱に答ふ」と題して音楽関係者の見解を集約していた。この記事では、情報局情報官の宮澤縦一をはじめ、作曲家の服部正、長谷川良夫、高木東六、尾高尚忠、片山頴太郎、平井保喜（康三郎）、須藤五郎、渡邊浦人、さらに田邊尚雄、尾崎宏次、江木理一がコメントを寄せているが、「今日演奏活動の重点は演奏会から直接戦力増強に資する移動音楽へと切り更《（ママ）》へられなければならない秋《（ママ）》である。演奏家は移動音楽の決戦下に於ける重大使命を正しく認識し之に挺身奉公する事が望ましい」という宮澤の見解が、各氏のコメントを集約しているような内容だった。音楽界が決戦非常措置要綱の狙いを的確に捉え実施することを唱道していたことが見て取れる。ただ、そのなかにあっても、尾高は六点を課題として挙げたが、「高度の音楽を出来得る限り守り育て、戦勝の後に来るべき文化戦に再び勝つべき重大なる任務を忘れず準備すべし。我々は「勝つ為に」闘って居る事を忘れてはならぬ。輝しき勝利の暁、文化的貧困は次の時代の敗因ともなり得る[47]」と独自の見解を提示していたことは留意すべきだろう。

この音楽界の動向と同じニュアンスは、メディアでも、移動演劇や移動音楽の推進や娯楽への認識として取り上げられていた。

「朝日新聞」は、一九四四年三月十四日付の「決戦時報」のコラムで「決戦下の芸能娯楽は真に娯楽を必要とする人々に対し、工場においても、鉱山においても、あるひは農村、漁村、病院など、いつどこででも見せることの出来る「機動力ある娯楽」でなければならぬ」として、移動映画や移動演劇の重要性のほか「高踏的な音楽会が停止されたからには今後の営業の進むべき道は専ら移動音楽である。音楽隊は移動に便利で設備のいらぬ点、歌唱指導などにより聴衆も一緒に歌へる点、その時だけでなく指導した歌の効果が長くあとに残る点、一緒に合唱することによって皆の気持ちが一致し、生産増強と戦意昂揚に役立つ点等から移動音楽は生産娯楽の王座にある[48]」と位置付けていた。

また「読売報知」は一九四四年三月二十二日付の社説「勤労と娯楽」で、「さきに高級娯楽を抑へた政府は、移動音楽、移動演劇の普及、工場と演芸場との結合などを通じて、勤労大衆に健全な娯楽を提供するといふ方針を具体化することになったが、これは一つの正当な方向であり、また一般に信ぜられてゐる以上に重大な意義を含むものである。久しい間分裂してゐた勤労と娯楽とが、之に依って新しく結合する機会を与へられたからである」「今回の移動演劇の普及などに関して政府が新しく国費による補償の方法を執るに至ったのは、娯楽を広汎な社会的地盤の上に発達せしめる機会を与へるものといへような」「勤労と娯楽とを結合すると同時に、他面興行内容の刷新が行はれ、華美不健康なものが切捨てられるといふが、この内容評価の問題は慎重に取扱はれねばならぬ。寧ろ最近の実情では、興行に説教の多過ぎて、名目は娯楽でも何等娯楽の意味をなさぬものが相当あるのである。内容の刷新に当ってはこのやうな事実に注意して、娯楽をして飽くまでも娯楽の機能を発揮せしめるが如き改善の方法が執られねばならぬ。説教には別にその機会がある筈だからである(49)」と述べていた。

「読売報知」は、一九四四年五月二十一日付の社説「娯楽の活用」でも「不断の空襲下にある前線にも演芸大会が催されるが、これは皇軍の指導者の持つ並々ならぬ人間洞察を窺はせるものにほかならぬ。平時には平時の娯楽が、戦時には戦時の娯楽がある。慰安や娯楽を通じて疲労の回復、空気の調節、犯罪の防止に意を用ゐることは、古来優れた為政者も瞬時も忘れぬ事柄であった」として「娯楽のみによってすべてが解決されるのではない。例えばバス乗越禁止による国民全般の不便、莫大な時間の浪費、また配給食品の目方の著しい不足にも拘らず是正する方途の欠けてゐること、これ等多くの問題の解決と相俟って、娯楽、慰安の本義を完全に生かすことが、国民生活の明朗化に不可欠である。娯楽とは国民を風邪をひきやすい状態からまぬがれさせる効果を持つものである(50)」と結論付けた。

これらメディアは、移動音楽や移動演劇へのシフトという決戦非常措置要綱の狙いを的確に見据えて方向性を導こうとする意図がみえるが、さらにその限界についてもさりげなく指摘していることは注視すべきだろう。

このように、決戦非常措置要綱と付帯する要綱は、閣議決定や閣議諒解された政策が民間企業や事業者、個人の事業活動の自由や権利を剝奪し、転廃業や転用、移転を強制する強権的な政策だった。その政策に従順な者がいる一方で、巧みにごまかし、すり抜ける者もいた。それは、娯楽政策の行き過ぎを、業者も国民も自覚して利用していたことの表れとも考えられる。ただ、こと音楽に限ってみれば、移動音楽へのシフトは明白であり、そのため、自ら進んで参加した音楽家もいれば、自発的という体で参加を余儀なくされた音楽家もいただろう。音楽活動の継続のために、挺身活動に従事せざるをえない状況が、アジア・太平洋戦争末期の現実だったのである。

戦略的守勢期から絶望的抗戦期へと国内外の情勢が変転するなかで、本土空襲、食糧や輸送力の不足、応召や勤労動員など人的資源の根こそぎ動員が深刻化する状況下にあって、銃後の日常を維持すること自体が困難になっていた。内閣や立法は、国内外の情勢がこのような切迫した状況であることを十分認識し、だからこそ人々に健全な娯楽を都市や地方、階層の枠を超えて均等に享受させ、民心の安定と戦力の維持を図ることを至上命題と捉えて施策を企画立案し推進した。その過程では、決戦非常措置要綱のように、人々の日常や事業活動を統制し、就労の場や機会を剝奪する施策を、法令によらず閣議決定によって実施するという、立法の意見や民意を無視したケースがあった。この事実は、なにも大日本帝国憲法体制下の、また戦時期の特異な内閣の政治姿勢ではないことは、後述する第二次安倍内閣の集団的自衛権や、岸田内閣の安全保障関連三文書改定の閣議決定など、現在の日本国の政治のあり方にも直結していることは、あらためて歴史から学ぶ必要がある。

注

(1) 翼賛選挙や翼賛政治会については、前掲、木坂『太平洋戦争』を参照。

(2) 古川隆久は、翼賛政治会について「議会主流派の新体制運動期以来の新党構想と、ひさしを貸して母屋をとられることを防ごうとする政府の警戒心のせめぎあいの中から生れた政治団体」(前掲『戦時議会』一八七ページ)と位置付けている。

(3) 「官民に告ぐ」、情報局編「週報」第三百六十三号・一九四三年九月二十九日号、情報局、二ページ

(4) 「高級享楽停止ニ関スル具体策要綱」(JACAR〔アジア歴史資料センター〕Ref.A05020267300、「高級享楽停止に関する具体策要綱」、種村氏警察参考資料第九十集)。以下の引用は同書による。

（5）「享楽追放その後」「朝日新聞」一九四四年三月二日付
（6）本章で参照した唐沢俊樹旧蔵資料は、日本大学文理学部資料館が所蔵するもので、国内政治、中国占領地や植民地経営、新道関係、娯楽・映画統制、厚生問題、内務省の内部業務などの資料である。唐沢は、一九四三年四月から四四年七月まで、東条内閣の安藤紀三郎内務大臣の下で内務次官を務めていて、その時期に閣議決定した決戦非常措置要綱についても詳細な記録を残していた。なお唐沢資料の概要は、古川隆久／戸ノ下達也「史料紹介 唐沢俊樹関係文書について」（日本大学文理学部人文科学研究所編「研究紀要」第百二号、日本大学文理学部人文科学研究所、二〇二一年）を参照のこと。
（7）「第八十四回帝国議会決算委員会議録（速記）第三回」一九四四年一月二十三日
（8）同資料
（9）同資料
（10）「第八十四回帝国議会決算委員会議録（速記）第四回」一九四四年二月二日
（11）「第八十四回帝国議会衆議院決算委員第二分科（内務省及文部省）会議録（速記）第一回」一九四四年三月二十二日
（12）同資料
（13）同資料
（14）「実施された決戦非常措置」、情報局編「週報」第三百八十五号・一九四四年三月八日号、情報局、一〇ページ
（15）同記事一〇ページ
（16）同記事一一ページ
（17）同記事一一―一二ページ
（18）「決戦非常措置ニ基ク興行刷新実施要綱」、唐沢俊樹旧蔵資料
（19）「興行刷新要綱」については、国策教材研究会編『決戦非常施策の解説』（〔「国策教材」第一輯〕、新紀元社、一九四四年）も参照。この要綱を具体的に解説していた資料が「高級享楽ノ停止ニ関スル件」（JACAR〔アジア歴史資料センター〕Ref:A05020270000、「高級享楽停止に関する善後措置」、種村氏警察参考資料第九十二集）で、ここ

には「十九．三．二七□□協議会□会議ニ於ケル内務大臣説明資料」という手書きのメモが記されていることから、高級享楽停止の実施状況と当面の対応策を内務大臣に説明したものと推察される。

(20)「帝国ホテルは〝集会所〟に」「読売報知」一九四四年四月十日付

(21)「全芸能陣を「戦ふ糧」に」「読売報知」一九四四年三月二十一日付

(22)「行け奉公隊 全芸能陣の編成替」「読売報知」一九四四年三月一日付

(23)「社説 勤労と娯楽」「読売報知」一九四四年三月二十二日付

(24)「閣議決定事項ノ実施状況報告ニ関スル件」（ＪＡＣＡＲ〔アジア歴史資料センター〕Ref:A05032367200、「閣議決定事項の実施状況報告に関する件」、警保局長決裁書類昭和十九年）

(25)「潔ぎよいぞ享楽追放」「読売報知」一九四四年三月三日付

(26)警務課「警務課長事務引継書」（ＪＡＣＡＲ〔アジア歴史資料センター〕Ref:A05020284700、「警務課長事務引継書」、種村氏警察参考資料第百一集）

(27)「昭和十九年度予備金支出要求（決定額）」（ＪＡＣＡＲ〔アジア歴史資料センター〕Ref:A05020278200、「高級享楽の停止に伴う転廃接客業者生活援護共助金補助に要する経費決定額」、種村氏警察参考資料第九十八集）

(28)「高級享楽ノ停止ニ伴フ転廃接客業者生活援護共助金補助ニ要スル経費」（ＪＡＣＡＲ〔アジア歴史資料センター〕Ref:A05020277700、「高級享楽の停止に伴う転廃接客業者生活援護共助金補助に要する経費」、種村氏警察参考資料第九十八集）

(29)東宝三十年史編纂委員会編『東宝三十年史』東宝、一九六三年、一六七ページ

(30)『松竹八十年史』松竹、一九七五年、一二二ページ

(31)『宝塚歌劇四十年史』宝塚歌劇団出版部、一九五四年、一五〇ページ

(32)『宝塚歌劇の70年』宝塚歌劇団、一九八四年、六六ページ

(33)前掲「全芸能陣を「戦ふ糧」に」

(34)前掲『松竹八十年史』一二一ページ

(35)前掲『東宝三十年史』一六八ページ

(36) 拙稿「劇場公演のいとなみ――戦時期から戦後占領期の宝塚歌劇」、津金澤聰廣/田畑きよ子/名取千里編著『タカラヅカという夢――1914―2014』所収、青弓社、二〇一四年

(37) 前掲「行け奉公隊 全芸能陣の編成替」

(38) 「大衆娯楽の促進」、前掲「読売報知」一九四四年三月一日付

(39) 「享楽追放と大衆娯楽」「朝日新聞」一九四四年三月一日付

(40) 同記事

(41) 「戦時音楽問答」「音楽文化」一九四四年四月号、日本音楽雑誌、二四ページ

(42) 「戦う音楽の本義を発揮する音楽報国挺身隊進発」「音楽文化新聞」第五十八号・一九四三年九月一日号、音楽之友社

(43) 音文移動音楽隊の派遣状況は、一九四四年三月に第一号が発行されて以後毎月一回発行されていた日本音楽文化協会編「日本音楽文化協会会報」(日本音楽文化協会)で、いつ、どこに、誰が派遣されていたのかが詳述されていた。なお「日本音楽文化協会会報」は、第一号から第十一号(一九四五年一月)までを金沢文圃閣が『音楽文化新聞――戦時期文化史資料[復刻版]』として二〇一一年十一月に復刻出版している。

(44) 音文音楽挺身隊については、「日本音楽文化協会会報」第一号(日本音楽文化協会、一九四四年三月)で、「全協会員を音楽挺身隊に編入」として詳報された。それによれば「一たん空襲を蒙った際等には当局の指令を待って何時でも随所に出動、都民の士気昂揚、慰安の仕事に参加させることになった」と目的を定義し、従来の音文演奏部会員だけでなく全会員を居住地ごとに会員に編入して編成されることを報じていた。そして「日本音楽文化協会会報」第二号(日本音楽文化協会、一九四四年四月)と第三号(日本音楽文化協会、一九四四年五月)で、一九四四年四月三日に日本青年館で新結成を兼ねた楽壇人挺身総決起大会が防衛総司令部、情報局、警視庁、大政翼賛会を来賓に迎え、東京都の区部を単位として結成して開催されたことを報じている。さらに同第六号(日本音楽文化協会、一九四四年八月)では、区部の編成を中央管区・城東管区(千葉を含む)・城北管区(埼玉を含む)・城南管区(神奈川を含む)に再編したほか、日本交響楽団など十一団体を特別挺身隊として編成し、有事の非常対策を規定した。このように音文音楽挺身隊は、有事の際の士気高揚と慰安を目的とした組織に特化されていて、四四年八月には管区ごとの演習の

あと、合同演習をそれぞれ五日間実施した。

(45)「翼賛会主催芸能隊の編成」「音楽文化協会会報」第三号、音楽之友社、一九四四年五月

(46)「陸軍記念日に音楽挺身隊総動員」（前掲「日本音楽文化協会会報」第一号）、「陸軍記念日移動音楽隊報告」（前掲「日本音楽文化協会会報」第二号）を参照。「陸軍記念日移動音楽隊報告」では、写真のほか、新潟班を牛山充、盛岡班を佐々木すぐる、福岡班を清瀬保二がそれぞれレポートしている。

(47)「音楽文化」一九四四年三月号、日本音楽雑誌、一〇―一三ページ

(48)「決戦時報 進め工場へ農村へ」「朝日新聞」一九四四年三月十四日付

(49) 前掲「社説 勤労と娯楽」

(50)「社説 娯楽の活用」「読売報知」一九四四年五月二十一日付

第7章　敗戦に至る娯楽政策

1　言論暢達政策の展開

東条内閣の政策

情報局が担ったインテリジェンス、国内輿論の啓発宣伝、対外宣伝は、日米開戦前後から敗戦に至るまで継続している。一九四三年四月一日の情報局官制の改正で機構改革をおこない、大本営との連絡や事務強化を目的とした審議室の設置、従来の五部制から四部制への変更など、機能強化と集約化をおこない、対外宣伝機能を図っていた。一方で、娯楽政策は、前述したとおり決戦非常措置要綱発表の時期に開会していた第八十四回帝国議会でも「積極的指導」の姿勢を貫いていた。では、要綱発表後の状況はどのように推移したのだろうか。

一九四三年九月の「国内態勢強化方策」で行政機構と管轄団体の再編がおこなわれたが、それと同時に情報局管轄団体も再編整備され、四四年二月十七日の定例次官会議でその整備状況が報告された[1]。統合後の各団体の連絡調整を図るため、四四年四月十一日に大日本芸能会が設立された。これは、「技芸者の練成、軍鉱山、工場、農山漁村などの慰問激励芸能団の派遣・斡旋などを総合的に推進する」目的で設立された法人だったが、これはまさに業界が移動演劇や移動音楽の円滑な運営を推進するための組織化だった。また第八十四回帝国議会で、東条首相が国民運動を情報局に一元化する方針を示し、情報局と大政翼賛会は連絡調整会議を開催することになった。

内閣としても、国民の戦争協力体制の維持は喫緊の課題であり、そのなかで娯楽政策をどのように維持・継続させていくかが焦点だったのであり、それは決戦非常措置要綱発表以後も不変だった。一九四四年五月一日には「戦時生活ノ明朗化ニ関スル件」が次官会議申し合わせで決定している。(2) そこでは、方針として「戦局ノ緊迫ト諸施策ノ強化ニ対応シ親切協力ノ気運ヲ振起スルト共ニ、国民ニ適当ノ慰安ヲ与ヘ以テ長期戦遂行ニ必要ナル深遠ナル精神ノ涵養ニ資セントス(3)」とし、要領の第二項として、

(一)各庁並各関係機関ハ民衆ト接触面多キ夫々ノ分野ニ於テ親切協力ノ気運醸成ニ資スル如キ具体的措置ヲ講ス

右各措置ノ連絡調整ハ情報局之ニ当ル

(二)芸能、文芸、放送、出版物及新聞等ノ内容ニ於テモ健全明朗ニシテ興味《ママ》アリ生活ニ潤ヲ与フルモノヲ一層加味スルモノトス(4)

と示達した。ここでも、高級享楽の停止に伴って健全娯楽を積極的に指導する情報局のスタンスがより徹底されていることが見て取れる。

もっとも東条内閣は、表面上は内閣、大政翼賛会、翼賛政治会の三位一体の強力体制で戦争指導体制を維持していたが、翼賛政治会の新党構想をめぐるせめぎ合いや、内閣の行政権や統制権限の強化などに対する批判などに代表されるような、「東条おろし」は一九四三年以降から徐々に進行していた。さらに四四年二月の東条の参

写真22　小磯國昭内閣成立（1944年）（毎日新聞社提供）。1列目中央が小磯、3列目右端が緒方

謀総長兼任という事態の一方で、サイパン陥落などの戦局の悪化について、東条内閣の内部からも東条への不満が表面化することになり、四四年七月に総辞職になった。

小磯内閣の政策

こうして東条内閣にかわって小磯国昭内閣が成立した。しかし国務と統帥の矛盾は変わらず、本土決戦態勢の確立を急ぐも、戦争指導体制や内政面ではその弱体ぶりをさらけ出すことになる。政権基盤が弱体だったがゆえに政策も運営の円滑化を優先させる結果になるが、東条内閣の思想・言論弾圧の枠を緩めた、戦意高揚のための言論暢達政策もその一つの表れと捉えられる。この東条内閣から小磯内閣での政策転換については、赤澤史朗が次のように述べている。

> 東条内閣の末期は、『改造』『中央公論』の廃刊に代表されるように、当局による思想・言論弾圧は頂点に達していた。これに対し小磯内閣の成立は、各種の反東条派の台頭によって支えられた面があり、小磯内閣としても、思想・言論統制の枠を一気に緩めることによって、戦意昂揚のエネルギーを調達しようとしたのである(5)

その小磯内閣総理大臣は、情報局総裁に緒方竹虎を起用し、同時に緒方を大政翼賛会副総裁に委嘱して「情報局との間に密接なる紐帯を確立」(6)することになった。

この小磯内閣のスタンスが明示されたのは、一九四四年九月七日の第八十五回帝国議会（一九四四年九月七日—十一日）の衆議院本会議での小磯内閣総理大臣の所信表明演説だった。(7)小磯は、「国政運営ノ基本ヲ大東亜戦争ノ目的完遂ニ帰一セシメ」ることと断言して、まず最高戦争指導会議設置による「統帥ト国務ノ統合」の重要性を喚起する。そのうえで、「戦局ニ即応スル決戦施策」として、「戦意ノ昂揚ト必勝国家態勢ノ確立」「戦力ノ増強」「食糧増産及ビ国民生活ノ安定」「労務ト国民動員ノ問題」「国土防衛ノ強化」「科学技術ノ動員活用」の六点を挙げて説明した。この最初に挙げた「戦意ノ昂揚ト必勝国家態勢ノ確立」の一つの柱が言論政策だった。

政府ハ即チ決戦段階ニ臨ムニ際シ、内外ノ実情ヲ国民ニ周知セシメ、戦争ニ対スル共同ノ責任感ヲ振起セシメテ、憂国ノ至情ヲ頒ツト共ニ、深ク国民ノ忠誠心ニ信頼シテ、其ノ公正ナル言論ニ聴キ、一億明朗、国難ニ赴クノ風アラシメタイ所存デアリマス(8)

この小磯の演説に対し、九月八日の衆議院本会議の質疑では、安藤正純議員（翼賛政治会）が「最近ノ言論政策ハ一体何処ニ目的ガアッタノカ、唯国民ノ耳目ヲ掩ヒ、国民ノ口ヲ封殺シテ、而シテ我ガ事成レリト自己陶酔ニ耽ッテ居ッタバカリデアリマス」として小磯の言論政策の所信を質した。これに対して小磯内閣総理大臣は、「国民ノ言論ヲ暢達シテ行クト云フコトノ緊要デアルト云フ御意見ニ対シマシテハ、固ヨリ御同感」としたうえで、国体信仰を掻き乱すものや軍事・外交上の機密保持に支障するもの、国内分裂を招来するもの以外の言論は、「必要以上ニ亘ル制限ヲ加ヘ、明朗ナル言論ノ暢達ヲ阻碍スルガ如キ結果ニ陥ラザルヤウ十分留意スル積リデゴザイマス」(9)と答弁した。小磯内閣の言論暢達政策が公に宣言されたことになるわけだが、さらに衆議院では議論が継続していた。一九四四年九月九日の第八十五回帝国議会衆議院予算委員会第三回で、喜多壮一郎議員（翼賛政治会）が、「小磯内閣ニ民意暢達、戦意昂揚ト云フコトニ付テ非常ナ期待ヲ掛ケル、併シ其ノ具体的策ニ付テハ言論ノ尊重、輿論ノ昂揚、是レ以外ニハ示サレテ居ラナイ（略）言論ハ断固弾圧スル方ガ宜イト前提的ニ申上ゲテ置ク（略）情報局ノ映画対策ニシテモ、娯楽対策ニシテモ線ガ細イ、「ラジオ」ノ放送ナドニハ、モット一ツ入ルガ宜イ、小唄ダトカ、笛ダトカ、アレハ徳川時代ノ弾圧ニ堪ヘラレナイ町人ガ纔カニソレヲ卑下シテ、自ラ逃避シテヒューットヤッタヤウナモノデ、アレハ今日ノ戦意昂揚ナンカニハ役ニ立タヌ、私ハ断ジテ止メタ方ガ宜イト思フ位デアル[10]」と情報局の認識を問うと同時に、内務大臣に「警察官ノ再錬成ト、官僚ノ再錬成ヲシナケレバ、此ノ輿論昂揚ト言論ノ尊重ト云フコトハデキマセヌヨ」と認識を質した。これに対して緒方情報局総裁は、「政府ニオイテ総テノモノヲ打明ケル、斯ク〳〵ノ事情デアルカラ、ソレヲ呑込ンダ上ニ一ツオ前協力シテ呉レ、ヨシ来タト云フ気持チニマデ行カナケレバ、言論政策ト云フモノハ今日ノ決戦段階ニ於テハ成立ッテ行カナイ[11]」と答弁した。

また大達茂雄内務大臣は、喜多の質問には直接答えず、あくまで「言論ノ取締ニ関スル方針ヲ申上ゲタイ」と前置きして、民意の高揚が重要だが、出版物禁止処分が急激に減少している状況を踏まえ「是ハ、見様ニ依ッテハ民論ガ梗塞セラレ、民意ノ暢達ガ阻害セラレタ結果斯クノ如キ数字ガ現レタノデアラウト思ヒマス。斯様ナ点ニ付キマシテハ、今申上ゲタヤウナ気持デ、積極的ニ民意ヲ昂揚スルト云フ基調トシテ言論ノ取締ヲ行ッテ行キタイ[12]」と答弁した。

このように立法は、翼賛政治会や大日本翼賛壮年団などの新党構想などの政治対立を抱えていたこともあり、言論暢達政策を評価し推進すべきという立場と、断じて容認できず反発する立場の議員とが同居していたが、それでも第八十五回帝国議会では、「言論暢達ニ関スル建議案」が提出されていた。衆議院建議委員会（第二回）では、建議案の趣旨説明で河野密議員（翼賛政治会）が、言論暢達は戦力増強の有力な方策であると質したのに対し、緒方情報局総裁は、「政府ガ先ズ国民ノ忠誠心ニ積極的ナ信頼ヲ払ッテ、ソレカラ民間ニ於キマシテモ自ラ自分ノ言論ニ対シテ責任ヲ持ツ、サウシテ官民一体ニナッテ民意ヲ暢達シ、言論ヲ昂揚シテ此ノ難局ヲオ互ヒニ背負ッテ行ク[13]」と答弁し、東条内閣までの言論政策を大きく転換する内閣のスタンスを明言した。緒方や大達の答弁からは、内閣が国民統合や意識啓発のために言論暢達政策をとらざるをえない状況にあること、また食糧事情や生活が逼迫化している現状を冷静に見据えて、言論取り締まりの緩和による戦争遂行という国策への支持を期待していたことが理解できる。

施策の展開

そして、この「言論暢達」の政府の姿勢については、後述のとおり新聞紙上でも報道されている。[14]新聞の論調は、第八十五回帝国議会について、言論暢達を掲げた小磯内閣のスタンスが反映されて「この議会の議論は久しぶりに活発化してゐる[15]」とし、また内閣の答弁も「言論暢達の信念を重ねて吐露し、血と涙の政治を行ふ旨を明らかにしたが、首相のこの頼もしき信念は一答弁毎に磨きがかけられるやうな気がして心強い[16]」と評価していた。もっとも、政策への評価に対しては慎重な見解も提示されていた。例えば、「読売報知」の社説「言論暢達の意義とその限界」では、次のように指摘している。

> 飽くまで勝利のための総力結集といふ見地より考へられねばならぬといふことである（略）戦時下における言論暢達の限度があることを自他共に深く戒心せねばならぬ（略）この戦勝の絶対条件の充足のために言論暢達が重要なる役割をもつことを認めることにおいても人後に落ちない。しかしながら、言論不暢達が「民心の萎縮沮喪」の唯一の要因に非ず、戦争に勝利するにはなお除去すべき多くの障碍のあることをこの機会に敢て一言せんと欲するのである[17]

新聞に対する一貫した統制のなかで、小磯内閣がおこなおうとした政策転換の本意を見極めようとする見方もなされていたのである。

この小磯内閣の言論暢達政策は、思想や言論などの取り締まりの観点からはその変化が顕著だが、こと娯楽政策に限ってみれば、情報局発足以来、一貫したスタンスが不変であることを確認できるものだった。音楽をはじめとする文化領域は、従前の娯楽を積極的に指導するという政策がそのまま継続していたのであり、むしろさらなる徹底が図られていたといえる。その娯楽政策も、決戦非常措置要綱以降は、空襲の激化と都市機能の弱体化、男性の応召など社会状況の変化もあって、人的・物的資源を特化せざるをえない切羽詰まった状況に追い込まれ、その活路を移動演劇や移動音楽に見いだす結果になった。

その暢達政策が具体化したのが、一九四四年十月六日に閣議決定した「決戦輿論指導方策要綱」だった。[18]この要綱は、「輿論指導ハ国体護持ノ精神ヲ徹底セシメ敵愾心ヲ激成シ以テ闘魂ヲ振起スルコトヲ目的」とするもので、輿論指導の内容として国体信仰の喚起高揚、宣戦大詔趣旨の徹底、決戦的戦局認識の徹底、必勝確信の具体的基礎の明示、敵愾心の激成、敵国内情の苦境の暴露、決戦的戦時生活下の気分の明朗化の七点が明示された。娯楽の観点では、次のように明記されている。

(7) 決戦的戦時生活下ニ於ケル気分ノ明朗化

国民生活ノ低下ニ伴ヒ之ニ堪フルノ心構ヲ強カラシムルト共ニ此ノ間ニ処シ猶明朗ナル気分ヲ保持セシムル如ク国民相互ニ信頼ト友愛トヲ以テ協力シ道義昂揚ノ雰囲気ヲ醸成ス[19]

しかしここではこれらの指導に関していくつかの留意事項を提示し、特に「国民生活ヲ不必要ニ圧迫セザル如クシ指導ヲ要セザルモノハ之ヲ其ノ発意ニ任ズ」としている。しかし備考で「戦争遂行上抑制スベキ言論特ニ国体ニ対スル信仰ヲ動揺セシメ、軍事外交上ノ機密保持ニ支障ヲ生ジ、若クハ国内分裂ヲ招来スルガ如キモノ又ハ厭戦和平的ナルモノニ対シテハ厳重ナル取締ヲ為ス」とされた。特別高等警察などによる不穏言動の監視の一環だった不穏歌謡に対する厳しい取り締まりはその典型だろう。

この要綱の趣旨を徹底することは内閣も急務の課題と認識していたようで、メディアを通じた国民への周知がおこなわれていた。この要綱に対して、メディアでは前向きな評価として報じていた。

例えば「読売報知」は一九四四年十月七日付の記事で、小磯内閣の取り組みを、「現内閣は組閣以来その施策の重点を国民の戦意昂揚と戦力の増強に指向し戦争完遂一本に邁進し特に国民の戦意昂揚のためには輿論の明朗化を期し言論の暢達に努め、去る第八十五臨時議会の如きはこゝ数年来かつて見ざる活発な論議を展開、軍官民渾然一体の輿論を盛り上がらせて来た[20]」と位置付けたうえで、情報局総裁に就任した緒方竹虎の談話を掲載した。

緒方が重要として示した見解は、第一が「国体に対する信仰を喚起昂揚し宣戦の大詔の御趣旨を浸透し決戦的戦局意識の徹底を図ること」、第二が「報道宣伝に当っては事実を率直に知らしめるを旨とすること」、第三が「国民の間より出づる公正なる言論は之を尊重し純真なる動機、目的を以て民間より自発的に起る国民運動は之を放任すること」、第四が「戦時下国民の気分の明朗化を図ること」の四点であり、「政府は深く国民の忠誠心を信頼し共に憂へ共に勤むといふ気持をもって輿論指導をする根本観念に基き此の要綱を策定し又之を実現して行く所存である[21]」と結んでいた。

すなわち小磯内閣の言論暢達政策の根本は、「戦局の現段階が国家の存亡を決する重大時機にあることを十分に報道」することが前提であり、そのうえで、「戦略、外交等に関し機密を要すべき事項は勿論報道出来ない」という限界は堅持していた。また「政府から国民に呼掛けたり上から引摺って行くような運動を行うこともさること乍ら真に国民の憂国の至情に出た公正なる言論又は自発的の運動こそ望むべき」なので、言論を尊重するというロジックは、内閣が上からの統制の限界を認識し、内閣の意向に沿うような言論が沸き上がることを期待するスタンスだったことには留意しなければいけない。特に文化統制の矛盾や限界を認識していたことは、「政府としては映画、演芸等の国民が真に心から楽しんで明日の戦力増強に役立つような娯楽を適当に与ふることも考慮すると共に一連政策の上に於ても不必要に国民を圧迫干渉したり日常生活に不必要な負担を掛けるやうなことは慎みたいと思ふ」というコメントに端的に表れている(22)。

緒方も言及しているとおり、日米開戦を契機とした情報局や内務省の、雄渾にして健全雄大にして健全な娯楽を積極的に指導し、瑣末な取り締まりはおこなわないという内閣のスタンスをあらためて鮮明にしながら、決戦非常措置要綱の趣旨を徹底させることが最大の目的であり、そのための言論暢達政策だったと位置付けることができるだろう。

2 立法の娯楽認識

帝国議会では、一九四四年九月以降も娯楽政策についての議論が展開されていた。それは、言論暢達政策や思想統制とも関連した議論であり、絶望的抗戦下の内地の社会状況や内閣や立法がもつ国民統治の意識を反映した内容だったといえる。

第八十六回帝国議会（一九四四年十二月二十六日—四五年三月二十五日）では、対外宣伝、映画やラジオ放送などの啓発宣伝や戦意高揚に関連した娯楽政策についての質疑がおこなわれていた。

一九四五年一月二十三日の衆議院予算委員会（第三回）では、阿子島俊治議員（翼賛政治会）が、対外宣伝について啓発宣伝事業としての映画や放送、芸能などの位置付けについて質問した。これに対して緒方竹虎情報局総裁は、映画対策は「戦争ノ現段階ニ於テ潤達明朗ナル国民ノ気風ヲ昂揚サセマスル上ニ貢献致シタイ」としながらフィルムなどの資材供給が滞っている状況があり「出来ルダケノ供給ヲ得マシテ映画政策ノ達成ヲ期シタイ(23)」と答弁した。また吉田茂軍需大臣は、「宣伝啓発等ニ関シマスル大切ナ器材ハ、決戦下洵ニ或ル意味ニ於キマシテ、武器同様ノ大切ナモノデアル」としてその確保に尽力することを答弁した。この質疑は対外宣伝に関するものだが、そこでも映画が重視されていたことは、啓発宣伝や占領地など外地の人々の娯楽の活用の手段として、映画を重要なツールと位置付けていたことを物語っている。

また同月二十六日の衆議院予算委員会（第六回）では、前述した決戦輿論指導要綱についても議会での議論がみられた。作田高太郎議員（翼賛政治会）が、決戦輿論指導要綱に関連して、指導団体との関係、輿論尊重などの言論暢達政策、国民気分の明朗化の矛盾などを指摘して、言論暢達政策が国民や言論界の意識を弛緩させると内閣の姿勢を批判した。これに対し緒方情報局総裁は、決戦輿論指導要綱は「決戦段階ニ当リマシテ、輿論ヲ指導スルニ付キマシテ、拠ルベキ物差ヲ政府トシテ拵ヘタイモノデアリマシテ、新聞、映画等ノ指導ハ勿論、政府ノ施策ニ、総テアノ気持ヲ持ッテ行キタイト云フ考ヘカラ、閣議ニ於テ決定シタ方針デアリマス」と説明し、「戦局ノ推移ニ応ジテ、出来ルダケ希望ヲ持タセナガラ、同時ニ頑張ル力ヲ昂揚サセテ行カナケレバナラナイ」のであり言論暢達であっても「国体ノ信仰ヲ苟クモ掻キ乱スヤウナ言論、反戦的ナ気分ヲ苟クモ煽ル嫌ヒノアル言論、或ハ国内分裂ニ導クト云フヤウナモノ、特に国体ノ信仰ヲ掻キ乱スヤウナモノニ付テハ、言論ノ暢達ヲ努メル一方ニ、厳重ニ取締ヲシテ居ル積リデゴザイマス」と答弁し、あくまで国体の尊厳を厳守し治安を維持するという前提の言論暢達政策を基本として、娯楽を含めた輿論形成を重視する認識を明らかにした。[24]

映画をめぐる議論は、同月二十八日の衆議院予算委員第三分科会（大蔵省および文部省所管）第一回にも継続した。ここでも阿子島議員が、検閲、放送による対外宣伝、輿論指導について質している。特に「国民ニ対スル輿論指導ト云フモノガ、モウ少シ徹底シテ行カナケレバナラナイ」として「文化面ノ文化団体ナリ、文化財ノ根コソギ動員ヲ此ノ際シナケレバナラナイ」「国民皆労動員ト云フ面カラ行キマシテ、文化団体ハ其ノ文化団体本来ノ啓発宣伝ノ使命ニ邁進スルヤウニ動員サレルコトガ本当デナカロウカト思フ」として重点的な動員の必要性を提起した。これに対し三好重夫情報局次長は、「是非サウシナケレバ相成ラヌト考ヘテ居ル」と答弁した。また阿子島議員は、続けて映画について「政府ハ此ノ映画ト云フモノヲ、此ノ切迫シタ決戦下ニ於テ国民ノ戦意昂揚、斯ウ云フ面カラ云ヒマシテ果シテ必要ト考ヘテイラレルカ」と質した。これに対し赤羽譲情報官は、「啓発宣伝ト云フ見地ノミナラズ、寧ロ戦意ノ昂揚、国民ニ潤ヒヲ持タセルト云フ各般ノ点カラ検討致シマシテ必要ナモノデアル（略）映画ト云フモノヲ国策ノ一ツト考ヘマシテ、今日ノ時局ニ最モ相応ハシイ映画ノ展開ヲ期シテ行キタイ[25]」と答弁した。

さらに同年二月一日の貴族院予算委員会（第三回）では、野村益三議員（子爵）が、戦力増強と文化政策のなかでも映画を重視しているとして、内閣の認識を質した。これに対して児玉秀雄文部大臣が「文化政策ガ兎角軽視サレル傾ガアルコトハ誠ニ遺憾ナコトデアル」として、教育映画について「教育的デアリ、又ソレニ趣味ヲ加ヘマシテ、サウシテ大衆ノ意向ニ応ズルヤウナ工夫ヲ致シ」たい、吉田軍需大臣が映画の原材料などの資材を「配給ノ出来マスヤウニ尽力致シタイ」、緒方情報局総裁が「文化ノ上カラ、又銃後生活ヲ拡充シマシテ、従ッテ国民意識ヲ昂揚スル上カラモ是非共、是ハ出来ルダケ供給ヲシテ貰ハナケレバナラヌ」と、それぞれ答弁した[26]。

続いて、同月八日の衆議院決算委員会（第四回）では、前川正一議員（翼賛政治会）が映画の方針を質したのに対し、緒方情報局総裁は映画の指導力や影響力を重視しながらも「観客層ノ気持ト云フモノヲ逃ガサヌヤウニ捉ヘテ行クヤウナ工夫ヲ要シハシナイカト考ヘテ居リマス」と答弁した。さらに前川議員は「モウ少シ農山漁村ノ人達ヲ映画ヲ以テ引摺ッテ行クト云フ方法ヲ大イニ講ジテ戴キタイ」と要望したのに対し、緒方情報局総裁は、日本移動映写連盟を発足させたことを述べて「相当普及ヲ図リツツアル積リデアリマス」と答弁した[27]。

また同年三月二十二日の衆議院請願委員会（第七回）では、坂東幸太郎議員（翼賛政治会）から、ラジオ放送が国民の思想的な影響が大きいとして「神懸リ気分ノ多量ナル放送、其ノ他娯楽物ニセヨ国民ノ気持ニシックリ来ルヤウナモノヲ選択スベキ」として「「ラジオ」放送内容改善ニ関スル請願」を提起した。これに対し武藤富男情報官は、「事実ノ報道ノミナラズ、健全ニシテ明朗ナル慰安、娯楽ヲモ与ヘマシテ、国民士気ノ昂揚ニ努メタイ」として、国民の意識把握に力を入れると答弁したあと、請願を可決している[28]。

これら立法や内閣の意識には、逼迫化する経済情勢のなかで、国民の治安維持や民心安定のための娯楽の提供、対外宣伝としての文化動員が喫緊の課題になっていたこと、その娯楽のなかでも、映画がその影響力や人々の支持のうえからも特に重要視されていたことが見て取れる。何より立法の基本的なスタンスは、あくまで総力戦遂行のために国民意識を弛緩させることなく統合し、戦意高揚と民心安定を最優先するというもので、そのためにうまく娯楽をコントロールする必要があるという意識が通底していた。その観点からは、言論暢達政策に批判や懸念を示す議員もいたわけで、むしろ内閣のほうが民意を的確に把握し、統制や強制だけでは限界があることを認識し、治安維持の一方での暢達政策というバランスを重視して政策を遂行していたのである。

3　音楽界の取り組み

音楽面でもこの傾向は顕著で、情報局でもそのための取り組みを継続していた。情報局が注力したのは、国民への危機意識の発揚と移動音楽で指導する楽曲の創作だった。国民の意識高揚や啓発宣伝、教化動員を目的とした上からの公的流行歌である「国民歌」は、日中戦争期以降、メディアが主体になって公募形態をとりながら創作・発表と普及がおこなわれた。情報局は、この「国民歌」の創作普及では、後援や協力として関与するケースが大半だったが、決戦非常措置要綱の発表以降は、自ら「国民歌」制定を推進した。

一九四四年八月には、サイパン島陥落の時局認識と士気高揚を図る目的で、日本文学報国会に作詞を委嘱し、佐藤春夫「一億総進撃の歌」と尾崎士郎「復仇賦」を得て、作曲を音文に委嘱した。音文では三人の作曲家への委嘱と会員への公募で候補作を提出させ、八月五日に情報局（第二部長・赤羽穣、文芸課長・井上史朗、情報官・松浦晋、嘱託・登川尚佐、庄田海軍少佐ほか）が実演審査会を開催し、草川信作曲「一億総進撃の歌」、中村俊介作曲「復仇賦」を選定して発表した。(29)九月十三日には、「週報」に楽譜を掲載、同月十七日からは日本放送協会のラジオ番組『国民合唱』でも放送され、周知が開始されている。

さらに同年十二月二十一日には、「愛国行進曲にならふ一億必唱の歌として募集」された「必勝歌」の杉江健司の作詞入選と「勇壮活発にして万人の唱和と行進に適する」という規定の作曲公募が発表され、一九四五年二月六日に大村能章の作曲入選が発表された。[30]「必勝歌」は、同月十一日に日比谷公会堂を中央会場とし、名古屋、福岡、小倉で「必勝歌」発表大演奏会が開催されたほか、同日から『国民合唱』で放送された。[31]

また一九四五年六月には「国民義勇隊の精神をはっきりと国民の胸に刻み込むため、また国民義勇隊の結集や出勤、勇ましい行進や作業にあたって隊員の士気を昂揚する」目的で、作詞は堀内敬三、佐伯孝夫、勝承夫、藤浦洸、梅木三郎の共作、作曲は橋本國彦による「国民義勇隊の歌」が六月二十四日に発表され、同日から『国民合唱』でラジオ放送された。

決戦非常措置要綱の発表以降の娯楽政策は、情報局が移動演劇や移動音楽を積極的かつ主体的に推進し、「積極的指導」をおこなった。決戦非常措置要綱の発表から一年間で四曲の楽曲が情報局の選定で創作され発表されたこと、その楽曲が音楽挺身隊によって歌唱指導されていたことから、これが移動音楽を意識した取り組みであり、そのための楽曲の創作普及を情報局主導で推進していたことが見て取れる。

例えば、「復仇賦」は、一九四四年十一月八日の恒例大詔奉戴日宮城参拝後の京橋区泰明国民学校で開催された慰問演奏や、同月二十九日の宮前国民学校での被爆地激励慰問演奏、十二月二十日の内務省慰問演奏で演奏されていることをみても、これらの楽曲が、国民教化動員や啓発宣伝のツールとして重視されていたことが理解できる。[32]しかし一方で、戦局の悪化に伴い、輿論指導や士気高揚のための施策が強化されていたことも事実である。要綱では「国体を護持する」という文言が記されるようになり、また「週報」では、食糧に関する記事が目につくようになるなど、国策協力や日々の日常生活をいかに維持するかという危機的状況が現実だった。

4　敗戦という経験

敗戦に至る高級享楽停止

一九四四年二月の決戦非常措置要綱閣議決定から敗戦に至る過程は、逼迫化する社会情勢のなかで、本土空襲、人々の根こそぎ動員、危機的な食糧事情など、日々の生活そのものが機能不全ともいえる状況に追い込まれていく過程でもあった。このような状況にあっても、娯楽政策は基本的に従前のスタンスが踏襲され、人々は日々悪化する過酷な状況下でも、一時の娯楽を享受しようとしていた。そのために、移動演劇や移動音楽が推奨され、都市に偏重する文化・芸術を農山漁村などの地方でも等しく享受する機会を創出することが、決戦非常措置要綱の一つの狙いだった。しかし、その狙いが必ずしも徹底できなかったことは、四四年九月の新聞記事からもうかがえる。四一年に飛驒文化連盟を創立して活動していた作家の江馬修は、次のように述べている。

当地では昨年の秋頃から、文化活動がやりにくくなって来た。ひと口にいへば時局の逼迫が然らしめるのであらう（略）決戦下には当然それに即応した文化活動がある筈だし、ある意味では却って文化活動を強化すべきにならうかと思ふが、少なくも私たちの零細組織には、この烈しい時局下でなほ活発に活動するだけの人も力も無くなってきたといふのが偽らぬ現状である[33]

また、「読売報知」は、警視庁管内では一九四四年十二月になって「決戦下の健全娯楽として戦ふ都民に潤ひをあたへてゐる演劇、映画も逼迫した情勢に即応するため終了時間を十八日から約三時間繰り上げることとなり十七日警視庁から業者に通牒した」として正午開始の三回興行であれば午後六時に終わらせることになり、「このため産業戦士たちは殆ど劇、映画を観賞する機会に恵まれなくなるので、警視庁、東京産報支部協力のもとに職場観賞の機会をもっと多くすることとなった[34]」と報じた。都市部や農山漁村などの地方を問わず、戦局の悪化と経済情勢の逼迫は深刻だったのが現実で、娯楽政策が推奨されていても、物理的・経済的にその施策が実施できない状況が顕在化していた。

このような状況にあって、内閣は、一九四五年一月二十六日に「高級享楽停止ニ関スル措置要綱」を閣議諒解し、「高級享楽ノ停止ハ三月五日以後尚当分ノ間之ヲ継続スルコト[35]」を決定した。この要綱では「参考」として、転廃業者の物的設備を生産設備、工員宿舎、疎開残留者の合宿所、空襲罹災者の収容施設などに転活用すること、「残存労務」は「勤労動員計画」に基づき動員して配置すること、地方では実情に応じた対応を可とするも高級享楽停止の本旨に反する事項には取り締まりを実施すること、休転廃業者に対する援護措置は「従来ノ例ニ依ルコト」と合わせ、「興行ニ付テハ国民ニ娯楽ト慰安トヲ提供シ明朗敢闘ノ気魄ト生活ノ余裕トヲ与フル様必要ナ措置ヲ講ズルコト」と指示している。そして、同年二月六日には、内務次官が各庁県府長官に対し、「高級享楽停止措置延長ニ関スル措置要綱実施上ノ注意事項」として「業界指導ニ付遺憾ナキヲ期セラレ度[36]」と示達した。

このように決戦非常措置要綱は一九四五年一月二十六日に当面の間の延長を閣議決定するが、延長については、「読売報知」がその背景に言及していた。高級享楽停止の問題については「休業中の待合が依然馴染み客相手の闇営業をつゞけ、或は工場の集会所や寮という看板だけで一部幹部の宴会場などに悪用されてゐる嫌ひがあり十分に戦力化されていない向きもある」とか「地方によってはこの措置が徹底されてゐない向きもあるので、さらにこれを強化徹底する一方□□寮をはじめ闇待合、飲食店などで業務用物資を横流し自家消費にあてゝゐるやうな悪徳業者に対しては断乎取締を行ふ[37]」という状況が現実であり、需給物資が逼迫化するなかでの措置延長によるさらなる徹底が急務だったことがうかがわれる。

さらに同記事では、高級享楽停止の状況も報告されていた。一九四四年二月現在の営業状況について「読売報知」は、四四月以降に休業下命を受けた料理店・待合・飲食店・バーは全国で十七万七千軒のうち五万五千八百四十五軒であり、そのうち転廃業した店舗は一万千十軒、慰安所などに転用された店舗は二万五千四百八十二件、現在休業中の店舗は一万九千三百五十三軒と報道していた[38]。また労務対策では、全国の芸妓四万二千五百六十八人のうち休業下命を受けた者は四万二千三十九人で、このうち一万六百十四人と接待婦になった七千三百四十七人を除いた、残りの一万八千七十八人が生産部門に挺身しているはずだが、「なかには時局をよそに徒食しているような不心得ものもいるので、これに対しても積極的に挺身隊の結成或は自発的な挺身を勧奨していくことになっている」(39)というように、政府の思惑を逆手に取って逃げ道を確保するケースもあり、政策への反発が表面化していた。

この接客を伴う飲食業の影響は、娯楽や経済警察の側面から内閣も的確に把握していた。内務省は、「高級享楽停止措置調整参考資料（極秘）」で、「輿論ノ趨勢」として対象施設のカテゴリーごとに現況、要望、備考の三点で整理している(40)。これは、内閣が要綱の影響を詳細に把握していたことがわかる資料であり、当時の状況が概観できる内容なので、その「現況」の分析をそのまま引用する。

一．飲食施設
現状ヲ以テ可トスルモノ乃至ハ更ニ一般ト強化スベキトスル論多キモ、
（イ）軍及軍需関係者、有閑者其ノ他特殊ノ者ノ独占ニ委ネラレ一般大衆トハ遊離シ従来ノ料理屋的性格還元シツヽアリ
（ロ）増税ト営業者ノ利益追求ノ結果、闇取引ノ巣窟ト化シ或ハ業務用物資ノ自家消費横流シニ依リ殆ド休業又ハ売切ノ状況ニシテ一般ノ利用価値低下セリ
（ハ）各種ノ会食ニハ物資ノ持込ヲ慫慂スル者多ク現在持込ハ常識化セラレツヽアリ
（ニ）物資ノ不足ニヨル経営難深刻化シ企業整備気運濃化シツヽアル
二．意思疎通機関
集会所ハ一般人ノ利用困難ニシテ一部階層ノ独占利用ニ委ネラレツヽ、アリトスルモノ多ク、
（イ）集会所ハ漸次往時ノ料理屋ト何等選ブ所ナキモノト化シツヽアリ
（ロ）利用者ハ必要外ノ集会ヲ開催シテ闇取引スハ流言ノ温床ノ如キ状況ニアリ
（ハ）而モ一般ニハ友人同志ニテ話シ合フ施設モナク不便ナリ
三．慰安施設

従業婦ノ不足極メテ深刻ニシテ之ガ為ニ、
（イ）営業者ハ経営難ニ陥リ又ハ利益追求ヲ策シ料金ヲ不当ニ吊上グル者アリ或ハ税率余リニ高クシテ一般ニハ遊興費ノ増高ヲ来シ遊興出来サル状況ナリ
（ニ）待合ノ転換セル慰安施設ハ従来ノ馴染関係ヨリ大衆性ヲ失シツヽアリ
四．其ノ他
（イ）休転廃業者ノ物的施設ニ工場其ノ他ノ倶楽部化ノ傾向ニアリ
（ニ）待合ニ於テハ潜行的ニ従来ノ営業ヲ為ス者多シ(41)

これらの「現況」に対して、「要望」はその指摘事項を解決することを述べているが、「備考」はこれらの現状を内務省がどのように捉えていたのかがより具体的に把握できる。

一．飲食施設
一．調整ヲ図ル為ニハ労務者向乃至ハ労務者指定ノ如ク一部層ノミノ考慮ニテハ足ラザルベシ寧ロ各階級ニ適応スル飲食処ヲ設置スルノ要アルベシ
二．不正行為防止ノ為可及的ニ公営又ハ組合営ニ移ス如ク指導スルハ適当ナリト認ム
三．料理品ノ統制ハ極メテ困難ナルヲ以テ暴利ノ取締ノ徹底ニ俟チ強力ナル指導ハ差控ヘルヲ可トス
四．企業整備ハ自主的整備タラシメ援護ニ付キテハ従前ノ例ニヨリ考慮スベシ。但シ共助金ノ国庫補助ハ行ハズ
二．意思疎通機関
（イ）集会所其ノモノ、性格ハ弊害アルニ非ズ。只従来ノ高級料理（飲食）店ヲ転換セシメタル為弊害ヲ生ジタルモノナルヲ以テ今後ハ簡素ニシテ安易ニ利用シ得ル意思疎通機関考慮ノ余地アリ（茶店式或ハ

飲食店）
（ロ）工場地帯ニ於ケル勤労者ノ慰安モ兼ネ勤労者倶楽部ヲ設置スルモ適当ナリト認ム
三．慰安施設
一．婦女ノ確保ノ為ニ公娼ヲ廃止シ私娼トセントスル傾向アルモ充分研究ノ上已ムヲ得ズシテ為ス場合ハ之ヲ許容スルモ支障ナシ
二．遊興料金ノ取締ヲ強化スルノ必要アルベシ
接待婦置屋ニ付テハ爾後恒久的施設トシテ指導スル為漸減ノ方針ヲ採ル必要アルベシ
四．其ノ他
物販施設ハ戦力化スルニ努ムルベシ
各階層向飲食店ノ設置ニヨル不便ヲ緩和スル反面取締ヲ強化ス(42)

これらの総括は、内務省警保局警務課が一九四五年一月にまとめた「高級享楽停止に伴ふ接客業の現況と輿論」の結果を踏まえたものと推測される。「高級享楽停止に伴ふ接客業の現況と輿論」では、「関係業界の現状と趨向」として、「所期の目的を完全に達成しつゝあるとは云ひ難い」として、その原因を次のように分析している。

（1）業務用諸物資の逼迫、慰安婦の減少、雇入難等の為、営業の継続に致命的な支障を生じつゝある事
（2）本措置は国民簡素生活の徹底と併行して始めて所期の効果を挙げ得るものなるにも拘らず其の方面に於ける政府の施策、国民の覚悟に於て尚徹底せざるものありたる事
（3）本措置実施に当り飲食社交性的慰安等の機関は考慮せられたりとは云へ其の業態余りに機械的に峻別せられ（例、集会所に於ける飲食の制限）社会の実情にそぐはざる為、機能が円滑に果されざりし事

（４）業者の旧態依然たる利益追求観念等を指摘する事を得べく斯くして今日尚業界の一部に享楽的残渣の存在を認むると共に全体として其の社会的機能自体を漸次喪失しつゝある状況は注目を要する処である

休業者に付ては何れも戦局の推移に鑑み当局の措置を是認すると共に休業期間満了後の復活についても極く一部の者を除き諦静的態度を持しつゝある模様である。又転廃業者は残存業者の現状に鑑み、むしろ早期転廃の賢明なりし事を喜び居る状況である。(43)

この整理からは、決戦非常措置発表以降、一九四五年段階に至る状況下にあっても、制約のなかでも人々が日常生活で娯楽・慰安を希求するスタンスが不変であることを物語るものであり、内閣がこの状況を冷静に分析し透視していたことがうかがわれる。ここには、飲食施設、集会所・倶楽部、性風俗施設など人々が娯楽・慰安のために集まる施設を享楽施設と位置付けて、民意の動向を施設の利用状況から捉え、営業継続と取り締まりの両面から統制を図ろうとする内務省のスタンスが鮮明に見て取れる。

敗戦に至る娯楽政策

①内閣の対応

しかし、決戦非常措置要綱は延長されたまま解除されることなく敗戦に至る。

もっとも、内閣は高級享楽停止の影響に対して全く対策を講じなかったわけではない。前述のとおり、特に休業者への対応は急務と認識し、休業や転廃業の補償についていくつかの施策を講じていた。具体的には、取り立て猶予の斡旋、国民厚生金庫の組合への融資、国民厚生金庫の資産引き受け、生活援護金国庫補助、租税減免と徴収猶予、従業者に対する援護の六項目の施策が整理されていた。債務取り立て猶予については、警察の斡旋対応や建物転活用などの方策が示されたが活用例なし、ただし芸妓の前借りは免除や月賦償還などの協定などの警察の側面的支援がなされた。国民厚生金庫の組合への融資は、奈良県で六十一業者に三万千円だけが報告された。また国民厚生金庫の資産引き受けは、十七府県で二千九十六人の申請に対して千三百十七人、二百十三万六千三百四十三円が決定されていた。生活援護金国庫補助は、業者の組合に対して一業者最高六百円までの補助で総額五百九十四万六千三百円を地方に配賦した。従業者援護は、離職中もしくは離職後の生活困窮者に対する生活援護金支給であり、二十一府県で二万四百九十五人、総額百一万六千百七十円四十一銭を支給し、さらに審査が継続中と報告している。(44)

決戦非常措置要綱と高級享楽停止は、従来の娯楽政策を継続させながら、逼迫化する人的・物質的な資源の動員と有効かつ効率的な活用をおこなうための方策として実施された。しかし、劇場の一時閉鎖や営業を停止させる業種業態の判断基準など客観的合理性を欠く側面や、閉鎖された劇場の転用や再開などの対応の矛盾、飲食・接客業者の転廃業の一方での不正行為の発生や行き届かない補償、従業員の軍需産業への振り向けの不徹底など、当初のもくろみが十分に機能しきれない面が散見された。一方で娯楽政策の面では、業界による主体的な移動演劇・移動音楽へのシフトの徹底と挺身活動の展開へと収斂し、文化統制の強化となって機能していたといえるだろう。もっとも、この転換も空襲などによる都市機能の低下や、召集や勤労動員などの人的資源の払底、日常生活に追われる人々の娯楽観の変化など、社会経済情勢の緊迫化が必然的に文化領域にも影響していたとも捉えられる。

②立法の対応

立法も、決戦非常措置要綱に起因する問題を認識していた。

一九四四年九月九日の第八十五回帝国議会衆議院建議委員会（第三回）で、「国民戦時生活確保ニ関スル建議案」の審議で質問した川口壽議員（翼賛政治会）は、決戦非常措置要綱に関連して、休業者の補償や享楽施設での闇営業の横行など「社会国家ノ風紀ヲ頽廃セシメ、国民ノ思想精神ヲ軟化セシムルベキ現象アリト致シマシタナラバ、是ハ最モ憂慮スベキ所ノ結果ヲ招来致ス」(45)として内閣を質している。これに対し、第五回委員会議事録の参照で、書面答弁として内務省は次のように回答している。

> 本措置ニ依リマシテ風俗営業全般ニ亘リマシテノ弊害ヲ生ジマスコトハ考究ヲ加フベキ所デアリ（略）風俗保安ノ観点カラ適切ナル指導取締ヲ実施致シマスト共ニ、健全ナル慰安娯楽ノ面ニモ慎重ナル考慮ヲ致シマシテ、国民挙ッ《（ママ）》テ明朗闊達ニ聖戦目的貫徹ニ邁進セシム《（ママ）》ル様致シタイ(46)

このように、内閣や立法に通底する意識は、決戦非常措置要綱と高級享楽停止に連動した問題、特に接客を伴う飲食業や性風俗産業の休業などに関して、人々の慰安・娯楽への制約が、国民意識の低下や勤労意欲の減退に直結すること、闇営業が横行する一方で休業者への補償が後追いになっている現状をどのように克服するかに躍起になっていたことが見て取れる。

内務省は、決戦非常措置要綱が決定する段階から、一貫して公娼制度をどのように機能させるかに細心の注意を払っていて、立法もこの点を重視していたといえる。また、映画などの娯楽が、フィルムなど資材の枯渇や営業時間の短縮などで十分に機能していないことなども、立法で問題視されているなかで、国民生活の明朗化や健全かつ明朗な慰安・娯楽の提供が死活問題になっていたこと、内閣と立法がこの問題を的確に把握し、タテマエのうえでは、その対策を講じようとしていたことが見て取れる。

敗戦直後の内閣の動向

内閣の娯楽政策は、敗戦を挟んだ状況でも粛々と継続していた。

一九四五年八月十五日の鈴木貫太郎内閣総辞職と翌日の東久邇宮稔彦内閣発足という状況のなかで、同年八月十四日には、内務大臣と警保局長の事務引き継ぎ事項案を回付し、八月十六日に事務引き継ぎを実施しているが、

そこでも風俗警察について二点言及されている。(47)

まず「高級享楽ノ停止ニ伴フ転廃業者生活援護措置」については、生活援護金の国庫補助を要するため予算要求資料の作成中であることが明記された。そして「飲食店ノ企業整備ニ伴フ転廃業者生活援護措置」については、一九四五年五月七日の外食券制度整備に伴う業務用食糧配給停止のための企業整備が継続中の状況で、転廃業者への生活援護金の国庫補助実施の資料を取りまとめ中であることが明記されている。この引き継ぎからは、四四年三月以降、転廃業を余儀なくされた営業者や従業者に対する支援が十分には行き渡らず、敗戦になったこの時点でもまだ「目下概算要求の作製中」である状況が明らかであり、国策によって切り捨てられる国民の実像がみえてくる。決戦非常措置要綱で強制的に娯楽を剥奪せざるをえない状況と、その影響をこうむる転廃業者への経済的支援が、敗戦になってもなお喫緊の課題として継続していたのが実態だった。

写真23　東久邇宮内閣。天皇の新任式後に首相官邸で（1945年）（毎日新聞社提供）。4列目右端が緒方

その後、九月十一日の閣議で、東久邇宮内閣総理大臣は、「将来ノ施策ノ踏ミ切リヲモ準備シナケレバナラナイ」として、「各ニ於テ将来為スベキコト」を洗い出すことを指示した。これを受けて、内務省も施策を取りまとめているが、娯楽政策としては、九月二十日の内務省行政警察課「戦後再建等ニ関スル緊急施策ニ関スル事

項」で国民娯楽と高級享楽停止に関する措置を明記していた。これは、敗戦直後の内閣が、いち早く文化振興を提示した例として注目できるだろう。以下、全文を掲載する。

一、国民娯楽機関ノ復興ニ関スル件

興行等ノ国民娯楽ニ就テハ戦後ニ於ケル国民ニ慰楽ヲ嗜マセルノ機会ヲヨリ多ク与ヘ以テ健全明朗ナル気概ノ培養ニ資シ新日本文化向上ニ寄与セシムルトノ方針ノ下ニ左ノ要領ニ基キ健全ナル映画、演劇、演芸等ノ普及ノ方途ヲ講ズルモノトス

国民娯楽ノ復興ニ関スル方針

(一)決戦非常措置要綱(昭和一九・二・二五日)ニ基ク興行ノ取締ハ爾今之ヲ撤回スルコト

(二)各都市ニ於ケル戦災興行等の復旧ヲ可及的速ヤカナラシムルコト

(三)右復興ニ至ル迄ノ暫定措置トシテ常設興行場ニ代ルベキ臨時興行場ノ設置ニ努ムルコト

(四)映画フィルムノ減少ニ伴ヒ昭和二十年二月一日ヨリ休止セル常設映画興行場ニ付テハ映画用フィルムノ増加ニ従ヒ逐次営業ニ転ジ利用度高キモノヨリ之ヲ復活セシムルコト

(五)巡回映画移動演劇等ハ事情ノ許ス限リ之ヲ活用シ特ニ戦災都市及農村ニ重点ヲ置カシムルコト

(六)映画、演劇、演芸等ノ内容ハ、

(1)民心ニ明ルキ慰楽ヲ与フルモノ

(2)日本古来ノ醇風美俗ヲ育クムモノタラシメ国民感情ニ合致セザルモノ或ハ之ヲ刺戟スルモノ及不健全ナルモノハ之ヲ避クルコト

趣旨徹底ノ措置

右方策ニ関ハル趣旨徹底ニ関シテハ内務省警保局長並情報局第二部長連名ヲ以テ昭和二十年九月十八日附各庁府県長官宛通牒為スト共ニ常時各新聞紙ヲ通ジ公表以テ之ガ趣旨普及ニ努メ各地方長官ニ在リテハ直ニ

関係業者ニ示達之ガ実行ニ努メッツアリ

二．高級享楽停止復活ニ関スル件

待合、料理店、芸妓置屋等ノ施設

高級享楽停止ニ関スル件（昭和一九．三．一内務次官発各地方長官宛通牒）ニ基キ営業停止中ノ待合、料理店、芸妓、カフェー・バー等ノ復活ニ関シテハ物資ノ需給状況ト民心ノ意向トヲ勘案シ之ヲ許容スルモ健全ナル社会生活ニ支障ナシト認メラルルニ至リタルトキ之ガ制限ヲ緩和到度モノト思料セラル

措置

右制限緩和ノ措置ニ関シテハ地方長官ヲシテ適宜行ハシムルモノトス

備考

大衆的飲食店等ニ関シテハ戦時中ニ於テモ之ヲ制限セルコトナカリシモ事実上ニ於テハ物資ノ需給事情等ヨリシテ殆ド休止状態ニテ推移シ来リ《（ママ）》タルモノナリ

三．聯合軍ニ対スル慰安施設

本件ニ関シテハ一定ノ地域ヲ限定スルモ各種慰安施設ノ営業ニ就テハ従来ノ取締標準ニ拘泥スルコトナク積極的ニ指導整備ニ努メシムルコトトシ既ニ聯合軍ノ進駐セル地域ニ於テハ之ガ需要ニ応ゼシメッツアリ

（昭和一八．八．一八警保局長名ヲ以テ各地方長官宛□□通牒）(48)

ここで言及された三点は、戦後復興に向けた内閣の意識をうかがい知ることができるものといえる。まず第一の国民娯楽機関の復興は、決戦非常措置要綱の撤回と興行施設の復旧、映画フィルムなどの統制の解除など戦時期の統制を解除するものだが、その眼目は健全明朗な娯楽の普及であり、その目的自体は情報局が日米開戦直後に打ち出した施策が継続していた。第二の高級享楽停止の解除は、地域の状況を踏まえて統制の緩和を進めていく方針を打ち出しているが、実質的には食糧などの物資の需給が逼迫し続けている状況が影響していることがう

かがわれる。その一方で、第三の連合国軍の慰安施設対応は迅速な整備を推進することを促していて、国民生活への視点よりも占領軍への配慮を優先していることが見て取れる。

もっとも、東久邇宮首相の閣議での発言は「天皇陛下より戦争終結後の国民生活を明るくする為め例へば灯火管制を直ちに中止し街を明るくせよ、また娯楽機関の復興を急ぎ、図書の検閲等も直ちに停止せよという有難き御沙汰を賜った旨の発言があり」と報じられたとおり、昭和天皇からの指示に基づいて閣議で指示をしていたのが実情だった。[49]しかし、この緊急施策に関する事項で明らかなように、内務省は敗戦前の基本的なスタンスを堅持しながらも、停滞していた娯楽の復興を意識している。敗戦で荒廃していた文化を一刻も早く復興させて国民の意識喚起を促そうとする新たな文化政策のスタートといえるだろう。

アジア・太平洋戦争期から敗戦に至る時期の娯楽政策は、日米開戦時に明確化した、娯楽を積極的に指導し「雄大ニシテ健全、明朗ニシテ清醇ナル娯楽ヲ与ヘル」というスタンスを敗戦に至るまで堅持していた。しかし、戦略的守勢から絶望的抗戦という戦局の悪化、空襲の激化に伴う社会経済活動の逼迫化、人的・物的資源の枯渇と食糧事情の悪化という国内情勢の変遷は、人々の日常生活を限界まで制約し、いくら施策としての娯楽振興を打ち出したところで、その担い手の確保や安定した活動の継続は困難を極める状況だった。さらに敗戦まで継続した決戦非常措置要綱や高級享楽停止という内閣の方針は、演劇、映画、音楽などの業界の活動そのものを制約し、移動演劇・移動音楽に特化した活動へのシフトを強制するものとして機能し、また料理飲食業や接客業では業者の転廃業や従業員の解雇・転業を余儀なくされ、その補償も十分に行き渡ることなく、切り捨てられる状況だったのである。

注

（1）「宣伝機関を簡素化」「読売報知」一九四四年二月十七日付
（2）「情報宣伝戦時生活ノ明朗化ニ関スル件」（ＪＡＣＡＲ〔アジア歴史資料センター〕Ref:A03025364500、各種情報資料・主要文書綴〔三〕）
（3）同資料
（4）同資料
（5）前掲『戦中・戦後文化論』二八五ページ
（6）「翼賛会副総裁 緒方国務相に委嘱」「読売報知」一九四四年八月十一日付
（7）「官報号外昭和十九年九月七日　第八十五回帝国技官衆議院議事速記録第一号」一九四四年九月七日
（8）同資料
（9）「官報号外昭和十九年九月九日　第八十五回帝国技官衆議院議事速記録第二号」一九四四年九月八日
（10）「第八十五回帝国議会衆議院予算委員会議録（速記）第三回」一九四四年九月九日
（11）同資料
（12）同資料
（13）「第八十五回帝国議会衆議院建議委員会議録（速記）第二回」一九四四年九月八日。言論暢達政策への指摘は、アジア・太平洋戦争期の文化についての考察で前掲『戦中・戦後文化論』や、映画に関する古川隆久『戦時下の日本映画——人々は国策映画を観たか』（吉川弘文館、二〇〇三年）などがそれぞれの視点から考察している。
（14）「言論暢達なくて戦意昂揚なし」「朝日新聞」一九四四年九月九日付、「言論の暢達昂揚 根本策考究」「読売報知」一九四四年九月九日付
（15）「陣影」「読売報知」一九四四年九月十日付
（16）「敵前議場 首相答弁愈々さゆ《ママ》」、同紙
（17）「言論暢達の意義とその限界」、同紙

(18)「情報宣伝 決戦輿論指導方策要綱決定ノ件」(JACAR〔アジア歴史資料センター〕Ref:A03025364100、各種情報資料・主要文書綴〔三〕)。この資料では内閣書記官長名で各省大臣、法制局長官、情報局総裁宛に示達されているが、「情報官以上ニ写配布済」と手書きされていることから、情報局の内部でも周知徹底がおこなわれていたことがうかがえる。

(19) 同資料

(20)「決戦輿論指導要綱閣議決定 公正な言論尊重」「読売報知」一九四四年十月七日付

(21) 同記事

(22) 同記事

(23)「第八十六回帝国議会衆議院予算委員会議録(速記)第三回」一九四五年一月二十三日

(24)「第八十六回帝国議会衆議院予算委員会議録(速記)第六回」一九四五年一月二十六日

(25)「第八十六回帝国議会衆議院予算委員第三分科(大蔵省及文部省)会議録(速記)第一回」一九四五年一月二十八日

(26)「第八十六回帝国議会貴族院予算委員会議事速記録第三号」一九四五年二月一日

(27)「第八十六回帝国議会衆議院決算委員会議録(速記)第四回」一九四五年二月八日

(28)「第八十六回帝国議会衆議院請願委員会議録(速記)第七回」一九四五年三月二十二日

(29)「「復仇賦」なる」「音楽文化協会会報」第七号、日本音楽文化協会、一九四四年九月、「一億総進撃の歌と復仇賦」「朝日新聞」一九四四年八月二十三日付

(30) 作詞入選の発表は「東京朝日新聞」一九四四年十二月二十二日付、作曲入選の発表は、旋律譜を掲載のうえ「東京朝日新聞」一九四五年二月六日付に発表された。当時、情報局第二部芸文課の嘱託だった吉田秀和は、情報局勤務時代のことを回顧するなかで、「必勝歌」制定について、「ある午後おそく、課長室に呼ばれた。こんなことは始めて。「日増しに深刻化する戦局の好転を計り、国民の士気昂揚のため勇壮活発な愛国歌を制定する。しっかりやってくれ」という命令。「歌一つで戦況が変わるのでしょうか。それに日本人は軍歌でさえ短調の悲しい調べでうたいたがる…」といいかけたら、課長の顔色がみるみる変わり「音楽は何の役にも立たんのか! 文句をいわず仕事をしろ」

とすさまじい剣幕でどなり出した。私は言葉を失い茫然と立ちつくした（略）しょうがない。公募ということにして、詩人や作曲家の先生方に審査をお願いしに歩いた。すぐに引き受けてくれる人もあり、断りきれず承知してくれた人もあり。思えば迷惑をおかけしたものである。「戦争はどうなるの」ときかれ、「さあ」としか答えられないこともあった。これもどこをどうまわったか、課長の耳に入り「そんな態度だと敗北主義者として憲兵隊にしょっぴかれるぞ」と厳重注意された」と述べている（「音楽展望　50年前、情報局での日々」「朝日新聞」一九九五年十月二十四日付）。

（31）「「必勝歌」発表大演奏会」「朝日新聞」一九四五年二月七日付、「「必勝歌」の発表会」「朝日新聞」一九四五年二月十二日付

（32）「挺身隊出動記事」「音楽文化協会会報」第十号、日本音楽文化協会、一九四四年十二月、「音楽文化協会会報」第十一号、日本音楽文化協会、一九四五年一月。泰明国民学校での慰問演奏では、演奏順に「決戦の秋は来れり」「起て一億」「特幹の歌」「突撃ラッパ鳴り渡る」「国難に起つ」「復仇賦」「大航空の歌」のあとに、全員合唱として「愛国行進曲」だった。この記録からは、挺身活動でどのような楽曲が演奏され、歌われていたのか、その状況を見て取ることができる。

（33）「娯楽を渇望する山村」「朝日新聞」一九四四年九月二十七日付

（34）「映画、演劇昼だけ」「読売報知」一九四四年十二月十八日付

（35）「高級享楽停止ニ関スル措置要綱」（ＪＡＣＡＲ〔アジア歴史資料センター〕Ref:A05020304500、「警務課長会議資料」、種村氏警察参考資料第百十三集）

（36）「高級享楽停止措置延長ニ関スル措置要綱実施上の注意事項」（ＪＡＣＡＲ〔アジア歴史資料センター〕Ref:A05020304500、同資料所収）

（37）「高級享楽の停止 当分継続に決まる」「読売報知」一九四五年二月二日付

（38）同記事

（39）同記事

（40）「高級享楽停止措置調整参考資料（極秘）」（ＪＡＣＡＲ〔アジア歴史資料センター〕Ref:A05020304500、前掲「警

務課長会議資料」）
（41）同資料
（42）同資料
（43）警保局警務課「高級享楽停止に伴ふ接客業の現況と輿論　昭和二十年一月」（ＪＡＣＡＲ〔アジア歴史資料センター〕Ref.A05020304500、前掲「警務課長会議資料」）
（44）同資料
（45）「第八十五回帝国議会衆議院建議委員会議録（速記）第三回」一九四四年九月九日
（46）「第八十五回帝国議会衆議院建議委員会議録（速記）第五回」一九四四年九月十一日
（47）「内務大臣及警保局長事務引継に関する件」（ＪＡＣＡＲ〔アジア歴史資料センター〕Ref.A05032375400、警保局長決裁書類・昭和二十年〔下〕）
（48）「戦後再建等に関する緊急施策に関する件回答」（ＪＡＣＡＲ〔アジア歴史資料センター〕Ref.A05032376100、警保局長決裁書類・昭和二十年〔下〕）
（49）「畏し国民生活に大御心　灯管中止、娯楽を復興」「読売報知」一九四五年八月二十日付

おわりに

戦時期の文化は、好むと好まざるとにかかわらず、その時々の政治や軍事のありようと密接に関係し、また関係させられていた。内閣は、政治・軍事状況を踏まえた国民統治の方策を、社会状況に注視しながら綿密に見極めていた。娯楽政策に限ってみれば、日中戦争期の内務省・府県警察による取り締まりや、国民精神総動員運動（以下、精動と略記）の成果を冷静に見据え、以降の政策に反映させていたのである。

これらの政策は、商工省、内務省や警視庁・各府県警察、外務省、情報局がそれぞれの所轄に基づいて推進し、その政策が法令、閣議決定や閣議諒解、通牒などとして関係する業界の管轄団体や懇談会に示達され、これらの組織主導で具体的施策を立案・実行させていた。このように示達された政策は、ときに拡大解釈や自主規制をも伴いながら、国民生活を規制し強制となって実施されていく。特に内閣と立法が自らの政治課題を推進するために閣議決定や諒解、通牒によって、人々の娯楽や慰安に関わる音楽を通じた政策を遂行した結果、敗戦という国民の日常を破綻に導いた事実は、現在に通じる課題として再考すべき問題である。

この閣議決定による政策決定のあり方は、現在と共通するものだろう。すなわち、大日本帝国憲法体制下での内閣の意思決定は「内閣官制」（勅令第百三十五号、一八八九年十二月）に基づいていた。内閣官制第五条と第六条では、次のように規定されている。

第五条　左ノ各件ハ閣議ヲ経ヘシ

一　法律案及予算決算案

二　外国条約及重要ナル国際条件
三　官制又ハ規制及法律施行ニ係ル勅令
四　諸省ノ間主管権限ノ争議
五　天皇ヨリ下付セラレ又ハ帝国議会ヨリ送致スル人民ノ請願
六　予算外ノ支出
七　直任官及地方長官ノ任命及進退其ノ他各省主任ノ事務ニ就キ高等行政ニ関係シ事体稍重キモノハ総テ閣議ヲ経ヘシ
第六条　主任大臣ハ其ノ所見ニ由リ何等ノ件ヲ問ハス内閣総理大臣ニ提出シ閣議ヲ求ムルコトヲ

一方、日本国憲法体制下の内閣の意思決定は日本国憲法と内閣法によるもので、次のような立て付けになる。まず日本国憲法では、

「第六十五条　行政権は、内閣に属する。
第六十六条　内閣は、法律の定めるところにより、その首長たる内閣総理大臣及びその他の国務大臣でこれを組織する。
2　内閣総理大臣その他の国務大臣は、文民でなければならない。
3　内閣は、行政権の行使について、国会に対し連帯して責任を負う。
第七十三条　内閣は、他の一般行政事務の外、左の事務を行う。
一　法律を誠実に執行し、国務を総理すること。
二　外交関係を処理すること。
三　条約を締結すること。但し、事前に、時宜によっては事後に、国会の承認を経ることを必要とする。
四　法律の定める基準に従い、官吏に関する事務を掌理すること。

五　予算を作成して国会に提出すること。
六　この憲法及び法律の規定を実施するために、政令を制定すること。但し、政令には、特にその法律の委任がある場合を除いては、罰則を設けることができない。
七　大赦、特赦、減刑、刑の執行の免除及び復権を決定すること。」

と内閣を規定し、内閣法（法律第五号、一九四七年一月公布）で次のように定めている。

第一条　内閣は、国民主権の理念にのっとり、日本国憲法第七十三条その他日本国憲法に定める職権を行う。
2　内閣は、行政権の行使について、全国民を代表する議員からなる国会に対し連帯して責任を負う。
第四条　内閣がその職権を行なうのは、閣議によるものとする。
2　閣議は、内閣総理大臣がこれを主宰する。この場合において、内閣総理大臣は、内閣の重要政策に関する基本的な方針その他の案件を発議することができる。
3　各大臣は、案件の如何を問わず、内閣総理大臣に提出して、閣議を求めることができる。

内閣官制と内閣法という違いはあるにせよ、内閣の意思決定が閣議決定によるものであることや、慣例で閣議の開催曜日や非公開であることも戦前から戦後まで変わっていないこと、そして閣議決定の重さも、私たちはしっかり認識すべきだろう。

例えば、本書で詳述した決戦非常措置要綱。何ら法的根拠に基づかないものが閣議決定や閣議諒解として決定され実施されている事実は、人々の生活基盤を剝奪する政策が、内閣だけの意思決定でおこなわれていることを浮き彫りにする。しかし、このような進め方は、戦時期に限ったことではない。直近でも、第二次安倍内閣が、二〇一四年七月一日に「国の存立を全うし、国民を守るための切れ目のない安全保障法制の整備について」を閣議決定し、集団的自衛権の行使を一部容認した。さらに、一七年三月二十一日に「組織的な犯罪の処罰及び犯罪収益の規制等に関する法律等の一部を改正する法律案」を閣議決定し、同年六月には改正組織的犯罪処罰法が成立した。また岸田内閣は、二二年十二月十六日に「防衛力整備計画」「国家防衛戦略」「国家安全保障戦略」を閣議決定し、安全保障関連文書を改定した。閣議決定の恣意的運用や意思決定過程の不透明さなどが、戦時期から戦後に継続している事実がある。私たちが選挙で選んだ国会議員が内閣を組織し意思決定していることをあらためて認識しなければいけない。

そして人々の日常生活に活力と潤いを与えてくれる娯楽も、その時々の社会状況や政治に翻弄され続けてきた。戦時期に内務省や内閣情報部・情報局が主体になって推進していた娯楽政策は、ときに業界や人々の自主規制や忖度もはたらきながら機能していた。総力戦体制構築の手段として動員された娯楽は、しかし人々の間でしたたかに、また優しく生き続けていたが、戦争遂行という国家目的のなかで翻弄され続けていたことは、本書で考察したとおりである。

もっとも、敗戦を契機に、娯楽をめぐる文化政策も大きく転換し、文化の積極的指導や活用から振興へ変化した。文化の国策利用自体は、最近でもクール・ジャパン、インバウンド、ジャポニズム二〇一八や日本博、世界遺産の選定など対外宣伝や国威発揚などの意識となって表れている。これら内閣の狙いは、「文化立国」「観光立国」などの施策として文化・経済戦略の一環に位置付けられるなど、常に内閣のスタンスに表れている。しかしその一方で、戦前の教訓を踏まえ、文化芸術の自主性の尊重や奨励・育成を目的として、一九四五年十二月に文部省社会教育局に芸術課が設置された。その後、六六年に文化局に改組され、六八年六月に文化局と文化財保護委員会が統合されて文化庁が発足し、文化財保護を含む文化政策全般を担うことになる。そして九五年の「音楽文化の振興のための学習環境の整備等に関する法律」、二〇〇一年の文化芸術振興基本法を発展させて一七年の第百九十三回国会で、全会一致で可決成立した「文化芸術振興基本法の一部を改正する法律」(文化芸術基本法)、さらに文化に関する施策の総合的推進、芸術に関する教育や博物館に関する事務を文化庁所管とするため、内閣提出で一八年十月一日に「文部科学省設置法の一部を改正する法律」が施行された。このように文化振興が法令の整備と合わせて拡充されていることもまた事実である。

前述のとおり、本書で考察してきた戦時期の娯楽政策や娯楽のありようは、戦時期に限った表象ではない。何より、収束の兆しさえみえない新型コロナウイルス感染症の感染拡大、ロシアによるウクライナ侵略という現況で、文化・芸術がどのような状況に置かれ、いかに危機に瀕しているかを直視してみると、この歴史から学ぶべきこと、教訓とすべきことが浮かび上がってくるのではないか。

二〇二〇年四月七日から五月三十一日までの一回目の緊急事態宣言の発出は、文化・芸術にも様々な公演・ライブ・イベントの中止や活動停止・自粛を強制する結果になった。しかし活動停止に対する支援・助成措置は講じられることなく、アフターコロナの新たな活動への支援・助成という限定的な予算措置しか立てられなかった。しかも、コロナ禍の収束後の対応として予算措置が講じられたはずの「Go To トラベル」が二〇年七月に、「Go To Eat」「Go To イベント」が同年十月に開始されるなどの混乱した政策が推進された。以後も、二一年一月七日から三月二十一日まで二回目の、二一年四月二十五日から五月三十一日まで三回目の緊急事態宣言が発出され、文化・芸術でも施設の利用制限やイベントの無観客開催の要請など、活動の根幹に支障が出る事態が継続した。また飲食業やサービス業では、営業時間の短縮や酒類提供の制限、果ては東京都が励行したネオンサインなどの照明看板の消灯など、まさに精動や決戦非常措置要綱と酷似した政策が次々に打ち出され、実施された。

コロナ禍という状況のなかで、文化・芸術の当事者たちは、立法への要望、検証実験の実施やガイドライン策定、ジャンルを横断した支援や助成の依頼など、必死の模索や取り組みを推進した。しかし、業界一丸となった取り組みは、支援や助成があまりにも脆弱であるという現実を一層あらわにした。新型コロナウイルス感染症の感染拡大防止を理由とした文化・芸術活動の制約、停止を余儀なくされた活動や文化・芸術の担い手への支援の欠如、飲食業や旅行業などへのバッシングや営業への制約など、戦時期と現在という背景の違いこそあれ、そこに顕在化している問題は共通する。その一助になればと戦時期の娯楽政策を再考したが、この歴史にも様々なせめぎ合いがあり、また業界や国民が一気呵成にその時々の状況に流され、自主規制し、忖度した事実が刻印されていることが明白になった。

さらに、二〇二二年二月二十四日に始まるロシアによるウクライナ侵略という戦争が現実になり、文化・芸術でも、ウラジーミル・プーチン大統領との蜜月が指摘されている指揮者のヴァレリー・ゲルギエフの解任や降板、演奏や作品創作を通じた反戦や平和への希求など、様々な影響や動きが現実化している。例えば、ロシアによるウクライナ侵略が現実となった二二年三月から四月にかけて、複数の日本のオーケストラが、公演で演奏予定だったチャイコフスキー作曲「序曲一八一二年」の演奏を中止し曲目を変更した。従前は、オーケストラの名曲コンサートや、自衛隊観閲式という公式行事でこの曲が華々しく堂々と演奏されていたが、ナポレオン戦争でのロシアの勝利を賛美する音楽という理由で、いまはまったく演奏されない。むろんロシアの戦争で他国を侵略する行為は断じて容認できない。しかし、楽曲の由来を知ったうえで意識高揚や祝典の象徴のように演奏されていた楽曲を、手の平を返したかのようにタブー視し、封印していいのだろうか。これはまさに本書で言及した、敵性文化の排斥以外の何ものでもない。

また、前述のように具体的施策が閣議決定や、国会審議を必要としない政令や省令で対応される問題がある。そして公文書を残さない、管理しないという内閣の姿勢も糾弾すべきではないか。公文書が、政策の企画・検討や実施過程の記録と検証でいかに重要であるかは、本書で明らかにしてきた。これら最近の内閣のスタンスの危うさは、本書でも縷々述べてきた戦時期の娯楽政策の展開と共通するものであることを指摘しておきたい。

あらためて私たちは、この歴史から学ぶことが大切なのではないだろうか。政治のありようを凝視し、二度と同じ過ちを繰り返さないために、何をなすべきか。しっかりと考え行動していかなければならない。

あとがき

二〇〇八年に初の単著『音楽を動員せよ――統制と娯楽の十五年戦争』(〔越境する近代〕、青弓社)を、続けて一〇年に『「国民歌」を唱和した時代――昭和の大衆歌謡』(〔吉川歴史文化ライブラリー〕、吉川弘文館)をそれぞれ刊行して以来、三冊目の単著をようやく上梓することができました。この間も、編著や資料復刻などを通じて、戦時期から戦後の社会と音楽文化の考察は継続してきたわけですが、国内外の政治・経済・文化をめぐる情勢はますます混沌とし錯綜しているなかにあって、あらためて歴史の事実を見据え、学ぶこと、行動することの重さを実感し、何とか自分の問題意識を発信したいと考え続けていました。

ここ十年あまりのそのような変遷は、私自身の置かれた生活環境にも変化をもたらしました。二〇一九年三月末をもって、大学卒業から三十数年間勤務した会社を定年前に退職し、第二の人生を自分の課題に専念したいという一心だけで何のあてもないままスタートさせました。そんな先が全くみえない状況だったのですが、二〇年六月からは、縁あって一般社団法人日本音楽著作権協会理事と一般社団法人全日本合唱連盟監事を拝命することになり、学術研究とは異なる視点で音楽文化の最前線の実践にも関わることになりました。

折しも、二〇二〇年一月以降から新型コロナウイルス感染症が日本でも蔓延するなかで、全日本合唱連盟でのガイドライン策定や、二一年度から本格的な議論が始まった公立中学校部活動の地域移行の問題などを通じて、現在の文化・芸術や教育が直面する課題と向き合うことになりました。そこで直面している様々な課題や、文化・芸術に対する内閣や立法、人々の意識を見聞きするなかで、あらためて日本という国の「文化」のありようや「文化」に対する意識を考えさせられています。本書のテーマを「音楽文化をめぐる戦時期の娯楽政策」としたのも、私自身が直面した現在の日本の文化状況を考えるうえで、歴史を教訓にしたいと思えたからにほかなりません。さらに「文化」のありようを考えたときに、その文化を規定する根拠は何かがはなはだ曖昧で判然としないという疑問が常につきまとっていました。

戦時期の音楽文化をめぐる問題であれば、ダンスホールの閉鎖は何を根拠に断行されたのか、レコード検閲がスタートする出版法改正はどのようなものだったのか、アジア・太平洋戦争期にはなぜ情報局が文化統制を担ったのか、ジャズに代表されるアメリカやイギリスの音楽作品統制はどのように展開したのか、劇場一時閉鎖や移動音楽を強制することになった決戦非常措置要綱はどのような根拠で、なぜ、どのように実施されたのかなど。これらの施策が関係する娯楽政策は、どのようなエビデンスに基づいて実施されたのか、内閣や立法がどのように政策を企画立案し議論したのか、その政策をメディアや人々はどのように受け止めたのか。この根拠を突き止め、歴史に位置付けて検証し、歴史の教訓として学ぶことが、コロナ禍を生きる私たちに必須の課題なのではないか。その思いを本書に集約させたつもりです。事実の羅列になってしまったかもしれませんが、まず政策のエビデンスを公文書から明らかにすることに注力したのも、このような思いにかられていたからです。

また、本書を書くにあたり、第二次安倍内閣、菅内閣、岸田内閣での公文書や統計の偽造や軽視、閣議決定を駆使した傲慢な政治運営を目の当たりにしたこと、そして二〇二一年四月から都留文科大学、二二年四月から明星大学で非常勤講師として大学生と直接議論を交わすなかで、若い世代の近・現代日本の文化に対する積極的な意識を吸い上げたいという気持ちも、本書を書く大きな動機になっています。

もっと幅広い資料を検証したかったのですが、コロナ禍という制約がありかないませんでした。本書の問題提起をもとに、さらに個々の政策の検証を引き続き深めていきたいと思いますので、読者のみなさんのご批判やご教示をいただければ幸いです。

本書は全編書き下ろしになりました。執筆にあたり、睦沢町立歴史民俗資料館の久野一郎さん（現在は月の沙漢記念館館長）と山口文さんには、所蔵資料の閲覧・調査でご助力をいただきました。また研究員として参加している日本大学文理学部史学科の古川隆久先生と古川ゼミのみなさん、洋楽文化史研究会のみなさんをはじめ、たくさんの方々から考察のヒントをいただきました。そして、何より本書を刊行できたのは、企画の段階から編集に至るまで的確に進行していただいた青弓社の矢野未知生さんのおかげです。この場を借りて各位にお礼を申し上げます。

二〇二三年六月

［著者略歴］
戸ノ下達也（とのした たつや）
1963年、東京都生まれ
立命館大学産業社会学部卒。都留文科大学・明星大学非常勤講師、日本大学文理学部人文科学研究所研究員、洋楽文化史研究会会長
専攻は近・現代日本の社会と音楽文化
著書に『「国民歌」を唱和した時代――昭和の大衆歌謡』（吉川弘文館）、『音楽を動員せよ――統制と娯楽の十五年戦争』、編著に『〈戦後〉の音楽文化』『日本の吹奏楽史――1869－2000』、共編著に『日本の合唱史』『総力戦と音楽文化――音と声の戦争』（いずれも青弓社）など。また「音楽文化新聞――戦時期文化史資料［復刻版］」『厚生音楽資料全集――戦時期の音楽文化』（ともに金沢文圃閣）などの資料復刻や演奏会監修による「音」の再演にも注力している。第5回 JASRAC 音楽文化賞受賞

戦時下《せんじか》日本《にほん》の娯楽政策《ごらくせいさく》　文化・芸術の動員を問う

発行――2023年8月14日　第1刷
定価――2800円＋税
著者――戸ノ下達也
発行者――矢野未知生
発行所――株式会社青弓社
〒162-0801 東京都新宿区山吹町337
電話 03-3268-0381（代）
http://www.seikyusha.co.jp
印刷所――三松堂
製本所――三松堂

ISBN978-4-7872-2100-1　C0021

青木 学

近代日本のジャズセンセーション

大正末期から戦前・戦中にジャズが若者を中心に一大センセーションを巻き起こした。多くの史料を渉猟して、自由でモダンな空気を当時の人々にもたらし、多様な文化に影響を与えたジャズ受容のインパクトに迫る。　定価3000円＋税

永嶺重敏

歌う大衆と関東大震災

「船頭小唄」「籠の鳥」はなぜ流行したのか

関東大震災と前後して大流行した「船頭小唄」と「籠の鳥」。同時に、労働運動の高まりを受けてメーデー歌が各地で歌われた。歌う大衆が出現した時代を、流行歌を伝播するメディアと大衆の受容の変遷から描く。　定価2000円＋税

佐野明子／堀 ひかり／渡辺 泰／大塚英志 ほか

戦争と日本アニメ

『桃太郎 海の神兵』とは何だったのか

戦時下で公開された日本初の長篇アニメ『桃太郎 海の神兵』。その映像テクストを精緻に検証し、作品の社会的な背景を探って、『桃太郎 海の神兵』の映像技法の先駆性・実験性や戦争との関わりを照らし出す。　定価2400円＋税

近藤和都

映画館と観客のメディア論

戦前期日本の「映画を読む／書く」という経験

映画館で作品を「見る」だけでなく、プログラムの文字と紙を「読むこと」、投稿や概要、批評を「書くこと」が分かちがたく結び付いていた戦前期日本の横断的な映像経験を豊富な資料に基づいて明らかにする。　定価3600円＋税

鈴木貴宇

〈サラリーマン〉の文化史

あるいは「家族」と「安定」の近現代史

各時代の文学作品や漫画、映画、労働組合の文化活動はサラリーマンをどのように描いてきたのか。「ありふれた一般人」の集合体が一億総中流の象徴として「安定と平凡な家庭生活」を求めた実態を分析する労作。　定価4000円＋税